New Collection

03

고등학교 영어로 다시 읽는 세계명작

집 없는 아이

넥서스콘텐츠개발팀 지음

넥서스

고등학교 영어로 다시 읽는 세계명작
New Collection 03
집 없는 아이

지은이 넥서스콘텐츠개발팀
펴낸이 안용백
펴낸곳 (주)넥서스

초판 1쇄 인쇄 2011년 5월 31일
초판 1쇄 발행 2011년 6월 5일

출판신고 1992년 4월 3일 제311-2002-2호
121-840 서울시 마포구 서교동 394-2
Tel (02)330-5500 Fax (02)330-5555

ISBN 978-89-5797-647-0 14740
ISBN 978-89-5797-462-9 14740 (세트)

저자와 출판사의 허락없이 내용의 일부를
인용하거나 발췌하는 것을 금합니다.

가격은 뒤표지에 있습니다.
잘못 만들어진 책은 구입처에서 바꾸어 드립니다.

www.nexusbook.com

머 리 말

어릴 적 즐겨 읽었던 『이상한 나라의 앨리스』나 『작은 아씨들』을 이제 영어로 만나 보세요. 지난날 우리들을 설레게 했던 명작들을 영어로 읽어봄으로써, 우리말로는 느끼지 못했던 또 다른 재미와 감동을 느낄 수 있습니다. 또한 친숙한 이야기를 영어로 바꿔 읽는 것은 그 어느 학습 자료보다도 효과적입니다. 자신이 알고 있는 이야기를 떠올리며 앞으로 전개될 내용을 상상하며 읽어 나가면, 낯선 내용을 읽을 때만큼 어렵거나 부담스럽지 않기 때문입니다.

『중학교·고등학교 영어로 다시 읽는 세계명작 시리즈 New Collection』은 기존에 나와 있는 명작 시리즈와는 달리, 소설책을 읽듯 추억과 감동에 빠져들 수 있도록 원서의 느낌을 최대한 살렸습니다. 또한, 영한 대역 스타일을 탈피하여 우리말 번역을 권말에 배치함으로써 독자 여러분이 스스로 이야기를 이해하는 연습을 할 수 있도록 하였습니다. 더불어 원어민 성우들이 정확한 발음과 풍부한 감성으로 녹음한 MP3 파일은 눈과 귀로 벅찬 감동을 동시에 경험하며, 최대의 학습 효과를 얻을 수 있도록 제작되었습니다.

'순수하고 가슴 뭉클한 그 무엇'이 절실한 요즘, 주옥같은 세계명작을 다시금 읽으며 잠시나마 마음의 여유를 갖고 영어소설이 주는 감동에 빠져 보세요.

넥서스콘텐츠개발팀

이 시리즈의 특징

1 읽기 쉬운 영어로 Rewriting
한국인이 가장 좋아하는 세계명작만을 엄선하여, 원문을 최대한 살리면서 중고등학교 수준의 쉬운 영어로 각색하였다. 『중학교 영어로 다시 읽는 세계명작 시리즈 New Collection』은 1,000단어, 『고등학교 영어로 다시 읽는 세계명작 시리즈 New Collection』은 2,000단어 수준으로 각색하고, 어려운 어휘는 별도로 설명하여 사전 없이도 읽을 수 있다.

2 학습 효과를 배가시키는 Summary
각 STORY 및 SCENE이 시작될 때마다 우리말 요약을 제시하여 내용을 추측하면서 읽을 수 있기 때문에, 원서의 부담을 덜면서 더 큰 학습 효과를 얻을 수 있다.

3 학습용 MP3 파일
전문 원어민 성우들의 실감나는 연기가 담긴 MP3 파일을 들으면서, 읽기와 함께 듣기 및 말하기까지 연습할 수 있다.

4 독자를 고려한 최적의 디자인
한 손에 쏙 들어오는 판형, 읽기 편한 서체와 크기 등 독자가 언제 어디서나 오랜 시간 즐겁게 읽을 수 있도록 최상의 편집 체제와 세련된 디자인으로 가독성을 높였다.

추 천 리 딩 가 이 드

step 1 **청해** 들으면서 의미 추측하기
책을 읽기에 앞서 MP3 파일을 들으며 이야기의 내용을 추측해 본다.

step 2 **속독** 빨리 읽으면서 의미 추측하기
STORY 및 SCENE의 영문 제목과 우리말 요약을 읽은 다음, 본문을 읽으면서 혼자 힘으로 뜻을 파악해 본다. 모르는 단어나 문장이 나와도 멈추지 말고 전체적인 흐름을 파악하는 데 주력한다.

step 3 **정독** 정확히 읽으면서 의미 파악하기
어구 풀이와 권말 번역을 참고하면서 정확한 의미를 파악한다.

step 4 **낭독** 소리 내어 읽으면서 소리와 친해지기
단어와 단어가 연결될 때 나타나는 발음 현상과 속도 등에 유의하면서 큰 소리로 또박또박 읽어 본다.

step 5 **섀도잉** 따라 말하면서 회화 연습하기
MP3 파일을 들으며 원어민의 말을 한 박자 늦게 돌림노래 부르듯 따라 말하면서, 속도감과 발음 등 회화에 효과적인 훈련을 한다.

이 시리즈의 구성

우리말 Summary
이야기를 읽기 전에 내용을 짐작해 봄으로써, 편안한 마음으로 읽을 수 있도록 우리말 요약문을 제시하였다. 이를 힌트 삼아 보다 효과적인 내용 이해가 가능할 것이다.

영문
부담스러워 보이지 않고 편안하게 술술 읽히도록 서체와 크기, 간격 등을 최적의 체제로 편집하였다.

어구 풀이
이야기를 이해하는 데 도움이 되도록 어려운 어구를 순서대로 정리하였다. 이야기에 사용되는 의미를 우선순위로 하였으나, 2차적 의미가 중요하거나 불규칙 활용을 하는 경우도 함께 다뤄주어, 보다 풍부한 어구 학습이 되도록 배려하였다.

우리말 번역

문장 구성과 어구의 쓰임을 효율적으로 학습할 수 있도록 직역을 기본으로 하여 번역하였다. 가능하면 번역에 의존하지 말고 영문과 어구만으로 이야기를 이해하도록 하며, 번역은 참고만 하도록 한다.

페이지 표시

영문을 읽다가 해결되지 않는 부분이 있을 때 그에 대응하는 번역 부분을 손쉽게 찾을 수 있도록 해당 영문 페이지의 번호를 표시해 놓았다.

MP3 파일
www.nexusbook.com에서 다운로드

전문 원어민 성우들의 생생한 연기를 귀로 들으며, 바로 옆에서 누군가가 동화책을 읽어주는 것처럼 더욱 흥미롭고 효과적으로 학습할 수 있다.

저자 소개

엑토르 말로(Hector Malot, 1830-1907)는 프랑스의 소설가이자 문학 비평가이다. 그는 파리에서 법학을 공부하고, 아버지와 마찬가지로 한 공증인 사무실에서 일했다. 그러나 문학에 대한 열정을 이기지 못하여 곧 직장을 그만두고 창작에 몰두했다. 1859년에 첫 번째 소설 「연인들(Les Amants)」를 발표한 후, 40년 동안 70편이 넘는 소설을 발표하였다 그러나 불행히도 대중에게 널리 알려진 엑토르 말로의 소설은 1878년에 발표한 「집 없는 아이(Sans Famille)」 한 편뿐이다. 「집 없는 아이(Sans Famille)」의 성공에 힘입어 말로는 1893년 「집 없는 소녀(En Famille)」를 발표하였으나 전작에 비해 그리 관심을 끌지 못했다.

성공작이 별로 없는 관계로 대중들에게 잊혀지면서 현재는 그의 생애에 대해서도 알려진 바가 거의 없다. 일각에서는 그가 한 편의 성공작을 보유했다고 하여 단일 작가(single author)라고 부르기도 한다. 그러나 프랑스 문화부 장관을 지냈던 앙드레 말로가 엑토르 말로를 일컬어 시대를 잘못 타고난 작가로 평한 것처럼, 엑토르 말로는 프랑스의 유명 작가 오노레 드 발자크, 에밀 졸라와 동시대에 작품 활동을 펼치면서 사람들의 주목을 크게 받지 못하는 비운을 겪은 것이 사실이다.

우리나라에서는 엑토르 말로의 소설로 「집 없는 아이(Sans Famille)」와 「집 없는 소녀(En Famille)」가 출간되어 있다.

작품 소개

엑토르 말로의 소설 「집 없는 아이(프랑스 원제: Sans Famille, 영어 제목: Nobody's Boy)」는 욕심 많은 삼촌에 의해 유괴당해 타국에 버려진 레미의 모험담이다.

레미는 영국의 부유한 밀리건 가문의 장남으로 태어난다. 그러나 병약한 아버지의 재산을 노리는 삼촌 제임스 밀리건의 의뢰를 받은 장물아비 존 드리스콜에 의해 생후 6개월 만에 유괴되어 프랑스 파리 한복판에 버려진다. 파리에서 일하던 석공 제롬은 길을 가다가 우연히 값비싼 옷을 입은 채 버려진 레미를 발견한다. 그는 레미의 부모를 찾아주고 수고비를 받을 요량으로 레미를 데려다 샤바농에 사는 부인에게 맡긴다. 자신의 출생에 대해 아무것도 알지 못하는 레미는 다정다감한 바르브랭 부인을 어머니로 여기고 행복하게 살지만, 8살이 되던 해 작업 중 사고를 당해 고향 샤바농으로 내려온 제롬을 통해 자신이 그들의 친자식이 아니라는 충격적인 소식을 접하게 된다.

얼마 안 있어 제롬에 의해 동물 악단을 이끄는 비탈리스 할아버지에게 팔린 레미는 동물들과 공연을 하며 유랑 길에 나선다. 비탈리스 할아버지는 친절하고 교양 있는 사람이라서 레미는 그로부터 여러 가지 언어와 연기, 노래 수업을 받고 또한 인생 경험도 쌓으면서 배려 깊고 인정 많은 아이로 자라난다. 비탈리스 할아버지의 부재와 사망으로 레미는 많은 어려움에 처하기도 한다. 그런 위기의 상황 때마다 레미는 다행히도 자신을 도와줄 친절한 사람들을 만나게 되고, 자신의 곁을 변함없이 지켜주는 영리하고 정 많은 동물 친구들로부터 위안을 받으면서 세상사에 찌들지 않고 올곧은 사람으로 성장해 나간다. 결국 레미는 친어머니와 형제를 찾고 불우한 유년 시절의 생활을 보상받는다.

엑토르 말로는 「집 없는 아이」에서 동화적 요소를 추구하면서도 당시 산업 혁명 이후의 극심한 빈부 격차로 인한 암울한 사회 현실과 하층민들의 생활상을 적나라하게 보여 준다. 이런 요소들을 통해 말로는 사회 부조리에 대한 독자들의 공감대를 끌어내고 있는데, 어떤 사람들은 말로의 전공이 법학인지라 작가 본인의 정의감이 작품 속에 어느 정도 반영된 것이라고 평가하기도 한다. 이와 동시에 말로는 우울한 상황 속에서도 좋은 성정을 잃지 않고 자라는 주인공 레미를 통해 독자들에게 미래에 대한 희망을 품게 함으로써 어려운 현실 속에서도 꿈이 실현되는 카타르시스를 경험하게 해 준다.

한편, 「집 없는 아이」는 1977년 일본에서 총 51편의 애니메이션으로 제작되어 당시 일본의 어린이들뿐만 아니라 우리나라 어린이들에게도 널리 사랑을 받은 바 있다.

Contents

Chapter 01	My Village Home 나의 고향 마을	14
Chapter 02	My Adoptive Father 양아버지	21
Chapter 03	Mr. Vitalis's Company 비탈리스 할아버지의 극단	29
Chapter 04	The Maternal House 어머니의 집	39
Chapter 05	On a Journey 여행 중에	45
Chapter 06	My Debut 나의 첫 무대	50
Chapter 07	Child and Animal Learning 배우는 아이와 동물	59
Chapter 08	One who Had Known a King 왕을 알았던 사람	64
Chapter 09	Arrested 체포되다	70
Chapter 10	Homeless 집 없는 생활	78
Chapter 11	Another Boy's Mother 또 다른 소년의 어머니	94
Chapter 12	The Master's Consent 주인의 동의	104

Chapter 13	**Weary Dreary Days** 지치고 음울한 날들	110
Chapter 14	**The Death of Joli Coeur** 졸리케르의 죽음	127
Chapter 15	**Faithful Friends** 충실한 친구들	139
Chapter 16	**The Padrone** 왕초	143
Chapter 17	**Poor Mr. Vitalis** 가련한 비탈리스 할아버지	153
Chapter 18	**New Friends** 새로운 친구들	159
Chapter 19	**Disaster** 재앙	168
Chapter 20	**Mattia** 마띠아	177
Chapter 21	**Meeting Old Friends** 옛 친구들과의 만남	190
Chapter 22	**Imprisoned in a Mine** 광산에 갇히다	197
Chapter 23	**Once More upon the Way** 다시 길을 떠나며	210
Chapter 24	**Friendship that Is True** 진정한 우정	215

Chapter 25	Mother, Brothers and Sisters 어머니, 동생들, 그리고 누이들	222
Chapter 26	Bitter Disappointment 쓰디쓴 실망	229
Chapter 27	A Distressing Discovery 참담한 발견	233
Chapter 28	A Mysterious Stranger and the Escape 수상한 방문자 그리고 탈출	243
Chapter 29	Hunting for the Barge 유람선을 찾아서	248
Chapter 30	Finding a Real Mother 진짜 어머니를 찾아서	251
Chapter 31	The Dream Comes True 꿈이 이루어지다	258

Chapter 01

My Village Home

프랑스 어느 시골 마을에 레미라는 이름의 소년이
어머니와 함께 젖소를 키우며 가난하지만 행복하게 살고 있다.
어느 날 레미가 여덟 살이 되던 해에
사고를 당해 장애를 갖게 된 아버지가 나타난다.

My name is Remi. Until I was eight years of age, I had lived with my mother. Mother used to take my feet between her hands and warm them, while she sang to me. If a storm came on while I was out looking after our cow, she would run down the lane* to meet me. Then, she would cover my head and shoulders with her cotton* skirt to keep me dry.

She used to treat* me as any mother would treat her son. She talked kindly to me when I was wrong and praised me when I was right.

The village where I was brought up* was called Chavanon. It is one of the poorest villages in France. People tried their best to farm* on the dry, infertile* ground. We lived in a little house down by the brook.*

I had never seen a man in my house until I was eight. My father, Jerome Barberin, was a stonecutter* who worked in Paris. Occasionally* his companions* told us news about him.

People called my mother Mrs. Barberin. Although Father was away from home, he

---

lane 골목길, 좁은 길 cotton 무명, 면 treat 대우하다, 다루다 bring up 키우다 farm 농사짓다 infertile 메마른, 불모의 brook 시내, 개천 stonecutter 석수 occasionally 이따금, 가끔 companion 동료

was still on good terms with* Mother. He lived in Paris simply because his work kept him there.

One November evening a man came to our door.

"Here, boy," said the man. "Does Mrs. Barberin live here?"

"Yes, please come in," I said.

I had never seen such a dirty person in my life. It was easy to see that the man had traveled on bad roads. On hearing our voices, Mother came out.

"I've brought some news from Paris," the man said.

Something in the man's tone of voice alarmed* Mother.

"Oh, dear, has something happened to my husband?" she cried.

"I'm afraid you're right," said the man. "Jerome has been hurt, but he isn't dead. He might be disabled.* I can't stay long because it's getting late."

But Mother begged* him to stay for dinner. She wanted to know more.

"You could go early in the morning," she said.

"Yes, I'll stay for the night," the man said.

During dinner he told us how the accident* had occurred.*

"Jerome had been terribly* hurt by a falling scaffold,*" said he. "But his boss refused to pay him indemnity.* He claimed* that the accident was Jerome's fault."

"Poor Jerome," said the man, "He's got no luck. Some men would get a lot of money out of an affair* like this. But your man won't get anything! He should sue*

---

be on good terms with ~와 좋은 관계에 있다, ~와 사이가 좋다 alarm 놀라게 하다 disabled 장애가 있는 beg 사정하다, 애원하다 accident 사고 occur 일어나다, 생기다 terribly 지독하게, 몹시 scaffold 비계, 발판 indemnity 보상금, 변상 claim 주장하다 affair 사건, 일 sue 고소하다

the building company."

"A lawsuit* costs a lot of money," said my mother.

"Yes, but imagine you won!" the man said.

The next morning we went into the village and consulted* the priest.* He wrote to the hospital where they had taken my father. A few days later, he received a reply from Father saying that my mother did not need to go there. Father also asked Mother to send him some money so that he could sue the building company.

Over many weeks, Mother sent him more and more money. One day, when there was no more money left, Father asked Mother to sell the cow, Rousette.

Only those who live in the country know the importance* of a cow. We got butter from Rousette to put in the soup, and milk to moisten* our potatoes. But our cow did not only give us nourishment.* Rousette was also our friend. We spoke to her and stroked* her and kissed her, and she understood us.

Rousette loved us and we loved her, but we knew we had to part with* her. It was only by the sale of the cow that Father would be satisfied.*

When a cattle dealer* came to my house, poor Rousette knew what was happening. She refused to come out of the barn* and began to bellow.*

"Go in at the back and chase her out,*" the cattle dealer said to me. He held out a whip* which he had carried round his neck.

"No!" cried Mother. She then began

---

lawsuit 소송, 고소　consult 상담하다, 상의하다　priest 사제, 신부
importance 중요성　moisten 적시다, 축축하게 하다　nourishment
자양물, 음식　stroke 쓰다듬다, 어루만지다　part with ~와 헤어지다
satisfied 만족한　dealer 상인, 판매업자　barn 헛간, 외양간　bellow (소가)
크게 울다, 울부짖다　chase out 몰아내다　whip 채찍

to speak gently to Rousette. "There, my beauty, come... come along* now."

Rousette did as she was told. When she got to the road, the man tied her up* behind his cart. When his horse began to trot off,* Rousette had to follow.

We spent the next few weeks living off bread and butter borrowed* from our neighbors. We were more devastated* by the loss of Rousette than our new state* of poverty.* Then one day, somebody knocked on the door with a stick.*

"Who's there?" Mother asked without turning round.

A man came in. I could see him carrying a big stick in his hand.

"Don't let me disturb* you," the man said in a rough voice.

"Oh, Lord!" cried Mother. "Is that you, Jerome?"

Chapter 02
My Adoptive* Father

어느 날 갑자기 집에 들이닥친 아버지는
레미가 평소에 생각했던 자상한 아버지와는 거리가 멀다.
게다가 레미는 지금의 어머니가 친어머니가 아니라는 것을
알게 되어 큰 충격을 받는다.

Mother dragged* me toward the man who had stopped in the doorway.*

"Here's your father," she said.

Mother kissed Father on the cheek.

---

come along 따라 오다 **tie up** 묶다, 잡아매다 **trot off** 빠른 걸음으로 가다
borrow 빌리다 **devastate** 망연자실케 하다, 황폐해지다 **state** 상태, 형편
poverty 빈곤, 가난 **stick** 지팡이 **disturb** 방해하다 **adoptive** 양자 관계의
drag 끌다, 잡아끌듯이 데려가다 **doorway** 문간, 출입구

"So he's still here?" Father said to Mother as he looked at me.

She did not answer. He stepped toward me with his stick raised.* I looked at him timidly,* and he turned from me and began to speak to mother.

"I'm starving,*" he said.

"I was making some pancakes," Mother said.

"Here are some onions," said he. "You can cook some nice soup with these and some butter. Stop cooking the pancakes and fry the onions in the pan!"

Mother obeyed* without delay.* Leaning* against the table, I looked at Father. He was around fifty years of age. He had a hard face and a rough voice. His head leaned a little bit toward his right shoulder, probably from the accident.

"You're going to use only a spoonful of* butter?" he asked Mother. With that, he seized* the plate* of butter and threw it all into the pan.

"No butter for pancakes!" I thought to myself.

I was too frightened* of Father to get upset.* I was also startled* at the fact that this cruel,* vulgar* man was my father. My father! I had always imagined him to be my mother with a manly* voice. But looking at my father, I felt greatly worried and frightened.

"Don't just stand there!" he suddenly said to me. "Put the plates on the table."

Mother served the soup on the plates. Then Father began to eat silently, stopping only from time to time to glance at* me. I also looked at him, but out of the corner of my eyes.*

"If you're not hungry, just go to bed and sleep," Father said to me. I obeyed without hesitation.*

After some time, I felt someone coming over to my bed. I knew at once that it was not Mother. I felt a warm breath* on the back of my neck.

"Are you asleep?" Father whispered* harshly.*

"He's asleep," said Mother before I could react.*

Maybe I should have told them that I was awake, but I was too terrified* of Father to say anything.

"Well, what about your lawsuit?" Mother asked.

"I lost," Father said. "The judge* said that I was to blame.*" Father banged* his fist* on the table and began to swear.*

"Calm down dear," Mother said.

"How can I calm down* when I've lost everything we had?" Father said bitterly.* "And I come back to find out that you've kept that kid?"

"I couldn't just give him over to the orphanage,*" said Mother. "I've fed* him with my own milk and he's like my child."

"Well, we've waited long enough for his parents to come and find him," said he. "I was a fool for thinking that we may be able to get some money out of looking after him. I'm going to take him to the orphanage tomorrow, and that's that. I'm going out for a drink. I'll be back in an hour."

As soon as Father was out the door, I sat up in bed and began crying.

---

out of the corner of one's eyes 곁눈질로　without hesitation 주저하지 않고　breath 숨, 호흡　whisper 속삭이다　harshly 거칠게, 귀에 거슬리게　react 반응하다　terrified 겁에 질린, 무서운　judge 판사　blame ~에게 책임 지우다, ~의 탓으로 돌리다　bang 탕 치다　fist 주먹　swear 욕하다　calm down 진정하다　bitterly 비통하게, 통렬하게　orphanage 고아원　feed (젖먹이에게) 젖을 주다, 양육하다

"Mamma!" I cried.

She ran over to my bed.

"Are you going to make me go to the orphanage?" I asked.

"No, my little Remi, no," she said, holding me tight* in her arms.

"Am I not your child?" I asked.

"Perhaps I ought to have told you the truth," said she. "Jerome found you one day in a street in Paris, the Avenue* de Breuteuil. He looked about, and as he did so, a man came out from behind a tree and ran away. Jerome then took you to the police station. They undressed* you and held you before the fire. You were a beautiful boy, and you were dressed in lovely, expensive clothes. The lieutenant* wrote down a description* of the clothes and where you were found. Jerome volunteered* to look after you until your parents would come and find you."

"Oh, please don't send me to the orphanage," I cried.

"You're not going anywhere," said she in a soothing* tone. "Go back to sleep. When Jerome returns, he mustn't find you awake."

I wanted to fall asleep, but I couldn't. A million different thoughts were in my head. In the village there were two children from the orphanage. They had numbered metal* plaques* round their necks. They were badly dressed, and were always so dirty! All the other children laughed at them and threw stones at them. The boys chased them as they chase a stray* dog, for fun. Like a stray dog, they had no one to protect* them.

"I do not want to be like those children!"

---

tight 단단히, 꽉 **avenue** 거리, 길 **undress** ~의 옷을 벗기다 **lieutenant** 경위(경찰의 한 계급) **description** 묘사 **volunteer** 자발적으로 나서다, 자청하다 **soothing** 달래는, 위로하는 **metal** 금속, 금속의 **plaque** 명판 **stray** 길 잃은 **protect** 보호하다, 막다

I thought to myself. "I don't want to have a number hung* round my neck!"

The very thought of being a child from the orphanage made me feel cold and my teeth chatter.* I could not go to sleep, and horrible* Father was coming back soon! Fortunately, he did not return until very late, and I was sound asleep by the time he returned.

Chapter 03

Mr. Vitalis's Company

제롬은 레미를 데리고 읍장에게 가던 중
동물 극단을 이끌고 있는 비탈리스라는 노인을 만난다.
비탈리스 씨는 레미를 자신의 극단에 고용하겠다며
제롬과 임금을 협상한다.

Mother said nothing to me the next morning. At noon, Jerome told me to put on my cap and follow him. I looked at Mother, wishing she would help me. She said nothing. As I passed her, she tapped*

---

hang 걸다, 달아매다   chatter 이를 딱딱 부딪치며 소리 내다   horrible 무서운, 무시무시한   tap 가볍게 두드리다, 톡톡 치다

me gently on my shoulder to let me know that I had nothing to fear.

After a good hour's walk, we arrived in the village. As Jerome and I were about to pass the tavern,* a man who was standing in the doorway called to him and asked him to go in. Jerome took me by the ear and pushed me in before him.

Jerome sat down at a table with the man who had asked him to go in. He seemed to be the owner of the tavern. He and Jerome talked in low voices. I knew that I was the subject* of their conversation.*

"I've brought him to the village to take him to the mayor*'s office so that the mayor could get the orphanage to pay me for keeping him," Jerome said.

Just then, a curious-looking* old man appeared* from a corner of the tavern. He had evidently* been listening to their conversation.

"Is that the child that's in your way*?" the old man said to Jerome in a foreign accent,* pointing at* me.

"That's him," Jerome answered.

"There may be a way to get rid of* him now and to make a little money while you're at it," the old man said after a moment's thought.

"If you'll show me how, drinks are on me," Jerome said.

"Order the drinks first, and then we have a deal,*" the old man said.

"Sure?" asked Jerome.

"Sure," replied the old man.

The old man got up and took a seat opposite* Jerome. He took a sip* of his liquor,* and looked at Jerome.

---

tavern 술집   subject 주제   conversation 대화   mayor 읍장, 시장   curious-looking 호기심이 있어 보이는   appear 등장하다, 나타나다   evidently 분명히, 명백히   in one's way 방해(장애)가 되어   accent 어투, 말투   point at ~을 가리키다   get rid of ~을 제거하다, 떼어내다   have a deal 거래하다   opposite 맞은편의   take a sip 한 모금 마시다   liquor 술

"You won't keep this child unless somebody pays for it. That's it, isn't it?" the old man said.

"Yes... because...," Jerome began to speak.

"Never mind the reason," the old man cut him off.* "That's none of my business. Now if you don't want him, just give him to me. I'll take charge of* him."

"You?" Jerome said, astonished.*

After that, Jerome and the old man engaged in* a bargaining* match. For a long time they wrangled* over my good and bad points.

"Well, I'll take him, but mind you,* I won't buy him outright,*" said the old man at last. "I'll hire him. I'll give you twenty francs* a year for him."

"Only twenty francs!" Jerome cried.

The old man ignored* Jerome's remark* and pulled a leather purse from his pocket. He took out silver coins, and threw them down on the table.

"But think, this child's parents may come and find him one day, and they might be rich," cried Jerome. "He'll be of even more value* then!"

"I don't care about that," said the old man. "All I need for him to do is keep me company* and walk and jump, and then walk and jump some more. He'll take his place* in Mr. Vitalis's company."

"Where's this company?" Jerome asked.

"I am Mr. Vitalis, and I'll show you the company right here."

With this, the old man opened a bag. A monkey with large, black eyes close together jumped out of the bag and onto the old man's shoulder.

---

cut off (말 등을) 자르다 take charge of ~을 맡다 astonished 깜짝 놀란 engage in ~에 착수하다, 시작하다 bargaining 거래, 흥정 wrangle 말다툼하다, 옥신각신하다 mind you 잘 들으시오 outright 현찰로 franc 프랑(프랑스의 옛 화폐 단위) ignore 무시하다, 묵살하다 remark 말, 의견 of value 가치 있는, 값나가는 company 동행하다, 극단 take one's place ~의 자리를 차지하다, 존재를 인정받다

"Oh, what an ugly monkey!" cried Jerome.

A monkey! My eyes opened so wide that they nearly popped out.* I had never seen a monkey before.

"So, this little tiny creature* that looks like a hairy* black baby is a monkey!" I said to myself.

"This is the star of my company," said Mr. Vitalis. "This is Mr. Joli Coeur. Now, Mr. Joli Coeur, say hello to my friends."

The monkey put his hands to his lips and threw a kiss at each one of us.

"Now, let me introduce Mr. Capi," continued Mr. Vitalis. He signaled* to the corner of the tavern and a handsome, white spaniel* came over to us. The dog got up on his hind* legs and bowed* politely* to us, with his paws* on his chest.* Then he signaled with one paw to the corner of the tavern, still standing on his hind legs. Two more spaniels came out of the corner. The two dogs, whose eyes had been fixed* on the white spaniel, got up at once and gave each one of us his paw, shaking hands as one does in polite society.*

"The one I call 'Capi' which is an abbreviation* of Capitano in Italian, is the chief,*" said Mr. Vitalis. "He is the most intelligent* dog and he conveys* my orders* to the others. That black haired young dandy* is Mr. Zerbino, which signifies* 'the sport.*' The modest* one there is Miss Dolce. She is English, and her name is chosen on account of* her sweet disposition.*"

---

pop out 갑자기 튀어나오다 creature 동물, 생물 hairy 털이 많은 signal 신호를 보내다 spaniel 스패니얼 (개) hind 뒤쪽의, 후방의 bow 절하다 politely 공손히, 예의 바르게 paw (개나 고양이의) 발 chest 가슴 fix 고정시키다 polite society 상류사회 abbreviation 약어, 준말 chief 대장, 두목 intelligent 총명한, 영리한 convey 전달하다 order 명령 dandy 멋쟁이 signify ~을 의미하다, 나타내다 sport 오락, 재미 modest 겸손한, 신중한 on account of ~의 이유로, ~ 때문에 disposition 성격, 기질

Mr. Vitalis then spent the next ten minutes showing us the different tricks* the dogs could do.

"You see how intelligent they are?" said Mr. Vitalis. "Their intelligence* would be even more appreciated* if I had a fool* to act* with them. That is why I want your boy."

"So you want Remi to be the fool," Jerome interrupted.*

"It takes a clever man to play a fool," said Mr. Vitalis. "I believe your boy will be able to act the part* with a few lessons.*"

"Oh, sir, please let me stay with Mother. Please let me stay," I cried.

Capi's loud* barking* interrupted me. At the same moment the dog sprang* toward the table upon which Joli Coeur was seated. The monkey had seized his master's glass, which was full of wine, and was about to drink it. But Capi was a good watch dog. He had seen the monkey's trick and like the faithful* servant* that he was, he had stopped the scoundrel.*

"So now, do we have a deal?" Mr. Vitalis said to Jerome. "Thirty francs is generous,* no?"

"I want forty," Jerome said.

Another bargaining war broke out,* but Mr. Vitalis soon stopped it.

"This doesn't concern* the child," said Mr. Vitalis. "Let him go outside and play."

"Yes, go out into the yard at the back," said Jerome harshly. "Don't go anywhere. If you run, I will catch you. Trust* me."

I went into the yard, but I wasn't interested in playing. I sat down on a big

---

trick 재주 intelligence 영리함 appreciate 높이 평가하다 fool 광대, 바보 act 연기하다 interrupt (말 등을) 중간에서 방해하다 part 역할, 배역 lesson 수업, 연습 loud 시끄러운 barking (개 등이) 멍멍 짖는 소리 spring 도약하다 faithful 충실한 servant 하인 scoundrel 불한당 generous 후한 break out (전쟁이) 발발하다 concern 걱정시키다 trust 신뢰하다

stone and waited impatiently.* They were deciding what was to become of my future. They talked for a long time. An hour later, Jerome came out into the yard. He was alone. Had he come to fetch* me to hand me over* to Mr. Vitalis?

"Come," said he. "Let's go back home."

"Home!" shouted I. "Do I get to stay with Mother?"

Jerome didn't answer, and I asked no more questions because he seemed to be in a very bad mood. We walked home in complete* silence.* Just before we arrived home, Jerome who was walking ahead of* me stopped.

"Listen to me," said he, taking me roughly* by the arm. "If you say anything about what you heard today to anyone, you'll be in serious trouble, okay?"

The Maternal House

레미는 제롬과 함께 다시 집에 돌아온다.
어머니가 장에 간 사이 제롬은 비탈리스 씨에게
레미를 팔아넘긴다.

It seemed that Jerome had obviously* given up the idea of driving a bargain with Mr. Vitalis. I wanted to speak to Mother about what had happened, despite*

---

impatiently 성급하게, 초조하게 fetch 가서 가지고(데리고) 오다 hand over ~을 넘겨주다, 인계하다 complete 완전한, 철저한 silence 침묵 ahead of ~ 앞에, ~의 전방에 roughly 거칠게, 우악스럽게 obviously 명백하게, 분명히 despite ~에도 불구하고

Jerome's threats.* Jerome never left my side, however, so I could not speak to her. I went to sleep thinking that I would tell her the next day.

The next morning, I found out that Mother had gone into the village without telling me. I began to feel anxious.* To escape from being alone in the house with Jerome, I ran into the yard.

I must have played in the yard for no more than an hour when I heard Jerome calling me impatiently. I hurried back to the house. To my immense* surprise,* I saw Mr. Vitalis and his dogs standing before the fireplace.*

I could see the whole picture clearly. Jerome had sent Mother to the village so that she could not stop me from going with Mr. Vitalis. I knew full well that I could expect nothing from Jerome, so I ran up to Mr. Vitalis.

"Oh, don't take me away," I pleaded.* "Please, sir, don't take me away." I began to cry.

"Don't worry, little boy," said Mr. Vitalis kindly. "You won't be unhappy with me. I don't ever hit children, and you'll have my beautiful dogs to keep you company."

I cried and begged them to let me stay, but was ignored. Jerome gave me a bag which contained* a few of my dirtiest clothes, and Mr. Vitalis and I were off.*

"Come on, my little fellow,*" said Mr. Vitalis. "What's your name?"

"Remi," I replied.

"Well, then, Remi, walk along next to Capi," he said.

As we walked off, I turned my head and took a last look at my house. I can still

---

threat 위협, 협박   **anxious** 불안한, 걱정스러운   **immense** 이루 헤아릴 수 없는   **to one's surprise** 놀랍게도   **fireplace** 벽난로   **plead** 간청하다, 탄원하다   **contain** 담고 있다, 포함하다   **be off** 떠나다, 출발하다   **fellow** 녀석, 친구

see in my head how poor and pathetic* it looked. Nevertheless,* I did not want to leave it. It was the only home I had ever known till then.

Soon we were walking up a hill. I could still see Mother's house in the distance,* but it was getting smaller and smaller. Fortunately, the hill was long, so I could look at my childhood home for a little while longer. At last, we reached the top, and I was too fatigued* to walk.

"Will you let me rest a bit?" I asked.

"Sure, my boy," he replied.

I saw Mr. Vitalis make a sign to Capi, and the dog came and sat next to me. I was being guarded* by a dog. In the distance, I could see the corner of my mother's garden. I had planted many vegetables there with her, and I knew I would never be able to taste them again.

"Shall we go on now?" asked Mr. Vitalis.

I didn't answer. My eyes and my mind were fixed on a figure* far in the distance. It was my mother. She was walking quickly as if she were in a hurry to get home. She pushed open the house door abruptly* and rushed* in. She did not stay long in the house. She ran back out and began running to and fro,* in the yard, with her arms stretched out.*

It was clear she was looking for me.

"Mamma! Mamma!" I cried at the top of my lungs,* but she could not hear me.

"What's the matter? Have you gone insane*?" Mr. Vitalis asked.

I did not answer. My eyes, filled with tears, were still fixed on Mother. She looked for me in the yard and then went

---

pathetic 애처로운, 연민을 자아내는 nevertheless 그럼에도 불구하고 in the distance 먼 곳에, 멀리에서 fatigued 지칠 대로 지친 guard 감시하다, 경계하다 figure 형체 abruptly 갑자기, 벌컥 rush 돌진하다, 서둘러 달려오다(가다) to and fro 이리저리, 앞뒤로 stretch out 팔다리를 뻗다 at the top of one's lungs (목청이 터지도록) 큰 소리로 insane 제정신이 아닌, 미친

out onto the road, looking frantically* up and down. I cried louder and louder, but all in vain.*

Mr. Vitalis figured out* what was happening, and he came and stood next to me. His eyes now also followed my mother, and he gently put a hand on my shoulder.

"Poor boy," he said softly to himself.

"Oh, let me go back home," I said, encouraged* by his words of sympathy.*

"You are now rested," said he, taking me by the wrist.* "So we'll go on."

I tried to run away, but could not escape* his firm* grip.*

"Capi! Zerbino!" he shouted at the dogs. The two dogs charged* at me, Capi from behind, Zerbino from the front. They did not growl,* but I knew they would bite me if I tried to run away. We began to walk over the hill, and soon my mother and her house were out of sight.

Chapter 05

On a Journey

비탈리스 씨는 갑작스레 집을 떠난 레미의 심정을 이해해 준다.
낙담하고 지친 레미 역시 자신의 처지를 이해하게 되고
자신을 잘 따르는 까삐에게 마음을 연다.

Mr. Vitalis was not a bad person. I noticed* this early on in our journey.* We had been walking in silence for some time,

---

frantically 미친 듯이, 정신이 나가서 **in vain** 헛되이, 공연히 **figure out** 이해하다, 파악하다 **encourage** 용기를 북돋우다 **sympathy** 동정(심), 연민 **wrist** 손목 **escape** 피하다, 도망치다 **firm** 견고한, 단단한 **grip** 잡음, 손아귀 힘 **charge** 돌격하다, 습격하다 **growl** 으르렁거리다 **notice** 알아채다, 인지하다 **journey** 여행

and I let out a sigh.*

"I know how upset you must be," said Mr. Vitalis, "But you should know that this will benefit* you in the end. Those people are not your parents. Your stepmother* has been good to you and I know that you love her, which is why you feel so bad. But she cannot keep you if her husband doesn't want you. You have to understand your stepfather*'s position* too. He is ill and can't work anymore. He's going to have a difficult time just to survive.*"

Everything he said was true. But I was too upset over being separated with* my mother to acknowledge* it.

Mr. Vitalis walked at a fast pace with big strides.* The dogs and Mr. Vitalis seemed to have infinite* energy, but I was exhausted.* I dragged my feet along the ground, yet I did not ask Mr. Vitalis to let me rest.

"It's those wooden shoes that tire you," Mr. Vitalis said, looking down at me. "When we get to Ussel, I'll buy you some new shoes."

These words gave me courage. I had always longed for* a pair of shoes.

"Is Ussel far from here?" I asked.

"Ah, you're full of energy all of a sudden,*" said Mr. Vitalis, laughing. "So you want to have a pair of shoes, don't you? Well, I'll buy you a nice pair of leather shoes. And I'll also get you a pair of velvet* pants, a vest and a hat. I hope they'll cheer you up."

"Leather shoes!" I screamed* with joy in my head. It was grand enough to have a pair of shoes, but a pair of leather shoes?

---

let out a sigh 한숨을 내쉬다   benefit ~의 이익이 되다, ~에게 이롭다
stepmother 양어머니, 계모   stepfather 양아버지, 계부   position 입장, 태도   survive 살아남다, 생존하다   separate with ~와 헤어지다
acknowledge 인정하다   stride 큰 걸음, 활보   infinite 무한한, 끝없는
exhausted 녹초가 된, 지친   long for ~을 열망하다   all of a sudden 갑자기   velvet 벨벳, 우단   scream 소리치다

No country boy I had ever known had leather shoes.

At the next village Mr. Vitalis took me to an inn.* But all the rooms were taken. He managed* to find a hospitable* villager who let us stay the night in his barn. Once Mr. Vitalis, his three dogs, Joli Coeur and I sat comfortably* inside, Mr. Vitalis took out a big loaf of bread from his bag. He then cut it into six equal pieces. I ate one of them in silence.

Completely exhausted, I sat there trembling* with cold in my wet clothes. It was night now, but I did not want to fall asleep.

"Your teeth are chattering," said Mr. Vitalis. "Are you cold?"

"A little," I murmured.* I heard him open his bag.

"Take this," said he. "Here's a dry shirt and a vest you can put on. Stay underneath* the hay and you'll soon get warm."

I was too disheartened* to fall asleep soon. As tears rolled down my cheeks, I felt a warm breath pass over my face. It was Capi. He had come softly to me, and was gently sniffing* me. He lay down on the straw, quite close to me, and very gently began to lick* my hand. I was moved by this gesture.*

I sat up on my straw bed and, throwing my arms round his neck, kissed his moist,* cold nose. He made a small, gasping* noise, and put his paw in my hand. We remained* quite still, staring at* each other. My fatigue* and my sorrow* left me, for I was no longer alone. I had a friend.

---

inn 여인숙, 여관 manage 용케 ~하다 hospitable 우호적인, 손님 접대를 잘하는 comfortably 편안하게 tremble 떨리다 murmur 중얼거리다 underneath ~의 아래에 disheartened 상심한, 낙담한 sniff 코를 킁킁거리다 lick 핥다 gesture 몸짓, 제스처 moist 축축한, 습한 gasping 헐떡거리는 remain ~대로이다, 여전히 ~이다 stare at ~을 바라보다 fatigue 피로, 피곤 sorrow 슬픔, 비애

Chapter 06

*My Debut**

인내심 많고 인정 어린 비탈리스 씨에게 연기 수업을 받을 후
레미는 난생 처음으로 공연 무대에 선다.
공연은 큰 성공을 거두고 레미는
비탈리스 씨 극단의 단원으로 제 역할을 하게 된다.

We were on our way* again early next morning. The birds were singing gaily* in the trees and the dogs scampered* around us. Every now and then* Capi stood up on his hind paws and barked into my face. I knew what he meant. He was my friend. He was intelligent, and he understood everything. Also he knew how to make others understand him.

As we walked into Ussel, I glanced about* in every direction* to find a shoe store. Suddenly Mr. Vitalis turned into an old, dusty shop behind the market. How could such beautiful things as leather shoes be sold in such a terrible place? Yet Mr. Vitalis knew the shop, and soon I had my very own pair of leather shoes. He also bought me a blue velvet coat, a pair of trousers, and a hat.

The clothes he bought me were secondhand,* and they were all pretty worn down.* But dazzled* by so much finery,* I was unconscious of* their hidden* imperfections.*

---

debut 데뷔, 첫 무대 be on one's way 출발하다 gaily 흥겹게 scamper 장난치며 뛰어다니다 every now and then 때때로, 이따금 glance about 흘긋흘긋 두리번거리다 in every direction 사방팔방으로 secondhand 중고의 worn down 닳아서 해진 dazzle 눈부시게 하다 finery 아름다운 옷 be unconscious of ~을 눈치 채지 못하다 hidden 숨겨진, 숨은 imperfection 결함, 결점

When we got back to the inn, Mr. Vitalis took a pair of scissors and cut the two legs of my trousers to the height of the knees. I stared at him with round eyes.

"Sir, why are you cutting my new trousers?" I asked in astonishment.*

"I don't want you to look like all the other boys," he explained.

I put on my velvet trousers. They reached my knees. Mr. Vitalis interlaced* red cords* all down my stockings. Then, he twisted* some red ribbon all over my hat, and decorated* it with a bunch of* woolen* flowers.

I don't know how I looked in others' eyes, but I thought I looked superb.* Capi must have thought the same, for he stared at me for a long time, and then held out his paw with a satisfied* expression.* Capi's approval* made me happy.

"Now you're ready," said Mr. Vitalis.

"Now let's get to work, because tomorrow is market day and we must give a performance.* You must play in a comedy* with the two dogs and Joli Coeur.

"But I've never played a comedy before," I cried, terrified.*

"I'll teach you," said Mr. Vitalis. "You can't know unless you learn. My animals have studied hard to learn their parts. They had to work very hard, but see how clever they are now. The play is called, *Mr. Joli Coeur's Servant*. Mr. Joli Coeur's servant, named Capi, is about to leave him because he is getting too old and he needs to retire.* And Capi has promised Mr. Joli Coeur that before he leaves he will get him another servant. Now this successor* is not

---

in astonishment 깜짝 놀라서   **interlace** 서로 엇갈리게 짜다, 배배 꼬다
cord 끈, 노끈   **twist** 꼬다, 꼬아 합치다   **decorate** 장식하다   **a bunch of** 한 다발의, 한 묶음의   **woolen** 모직의, 양모의   **superb** 최고의, 훌륭한   **satisfied** 만족하는   **expression** 표정, 표현   **approval** 승인, 동의   **performance** 공연, 연기   **comedy** 희극   **terrified** 겁에 질린, 두려운   **retire** 은퇴하다
successor 후임자, 상속자

to be a dog, but a country boy. A country boy named Remi."

"Oh..."

"You have just come from the country to be employed* by Mr. Joli Coeur."

"But sir, monkeys don't have servants."

"In plays they do," answered Mr. Vitalis with a smile. "Anyway,* you've just come straight* from your village and your new master thinks that you're a fool."

"Oh, I don't like that!" I cried, cringing.*

"I'm not saying that you're a fool in real life," Mr. Vitalis said in a soothing tone. "It's all for comedy. What does it matter if it makes the people laugh? Okay, so you have come to this gentleman to be his servant and you are told to set the table. Here is the same one as we shall use in the play. Go and set it."

On this table there were plates, a glass, a knife, a fork, and a white tablecloth.* I didn't have the faintest* idea on how to arrange* these things. I pondered* over this problem, leaning forward with my hands stretched out and my mouth wide open, not knowing where to begin. Mr. Vitalis suddenly clapped* his hands and laughed heartily.

"Bravo! Bravo!" he cried. "That's perfect. You are natural.* That is splendid.*"

"But I don't know what I have to do!" I said.

"That's why you are so good!" Mr. Vitalis replied, looking happy. "After a while, you'll know what you're doing and you will have to pretend* just what you are feeling now. If you can get that same expression on your face every time, you'll

---

employ 고용하다 anyway 어쨌든, 아무튼 straight 곧장 cringe (겁이 나서) 움찔하다 tablecloth 식탁보 faint 어렴풋한 arrange 가지런히 하다, 정돈하다 ponder 숙고하다, 곰곰이 생각하다 clap 박수 치다 natural 타고난, 선천적인 splendid 훌륭한, 뛰어난 pretend ~인 체하다

be a great success. To play this part to perfection,* you only have to act and look as you did just then."

Mr. Joli Coeur's Servant was not a great play. The performance lasted* less than twenty minutes. Mr. Vitalis made us do it over and over again. I was surprised to see how patient* Mr. Vitalis was. The lesson lasted a long time, and the animals and I made many mistakes. Mr. Vitalis, however, did not get angry, and did not swear a single time.

"Look at the dogs," Mr. Vitalis said while teaching me. "Joli Coeur is quick and intelligent, but he is not patient. The dogs, on the other hand, are slower learners than Joli Coeur, but they are patient and attentive.* That's why the dogs will always be superior* to Joli Coeur. Do you understand?"

"I think so," I said.

"You are intelligent and attentive. Be patient and do your best in what you have to do. Remember that all through life."

I summoned up* the courage to ask him about what had astonished me during the lesson.

"How can you be so wonderfully patient with the dogs and the monkey?" I asked. "In my village, all the men were rough and cruel to animals."

"One gains very little by being cruel, but one can obtain* a lot, even if not all, by being gentle," Mr. Vitalis said, smiling. "It is precisely* because I am never unkind to my animals that they are what they are. Being with them has also taught me patience.* As I have given lessons to my animals, I too have received lessons from

---

to perfection 완전히, 완벽하게 **last** 계속하다, 지속하다 **patient** 인내심 있는 **attentive** 주의 깊은, 주의력이 좋은 **superior** 우수한, 뛰어난 **summon up** 소환하다, 불러일으키다 **obtain** 얻다, 획득하다 **precisely** 정확하게 **patience** 인내, 참을성

them. I have developed their intelligence, while they have formed my character.*"

I was very nervous* the next day when we marched off* in a procession* to the marketplace* where we were to give our performance. The patient and encouraging lesson Mr. Vitalis had given me the previous* day, together with the presence* of my friend Capi, helped me through the performance. Before I knew it, the play was over and a big crowd of* people were applauding* us.

On the way back to our inn, Mr. Vitalis complimented* me, and I appreciated* this praise* from him. I already felt like I was a professional* comedian.*

Chapter 07

Child and Animal Learning

레미는 비탈리스 씨로부터 본격적으로 교육을 받는다.
영리한 레미는 곧 능숙하게 글을 읽고 쓰는 법을 배우지만,
악보를 보고 노래하는 것은 생각보다 쉽지 않다.

Just three days after our arrival in Ussel, we were on our way again.

"Do you know how to read?" Mr. Vitalis

---

character 인격, 성질 **nervous** 긴장한, 초조한 **march off** 행진해 떠나다
procession 행렬, 행진 **marketplace** 장터, 시장 **previous** 앞의, 이전의
presence 존재, 현존 **a crowd of** 많은 **applaud** 박수갈채를 보내다
compliment 칭찬하다 **appreciate** 고맙게 생각하다, 감사하다 **praise** 칭찬
professional 직업의, 전문가의 **comedian** 희극 배우, 코미디언

suddenly asked me.

"No," I replied.

At the time, many villages in France didn't even have schools. I had attended* school for about a month when I was around five years of age. But my teacher was a shoemaker,* and he taught nothing.

The next day, as we were walking along, Mr. Vitalis bent down* and picked up a piece of wood covered with dust.

"I'm going to teach you how to read," he said. "See, this is the book from which you are going to learn to read."

Mr. Vitalis took out his knife and began to cut the wood into twenty-six pieces of equal size. He then carved* a letter onto each one.

"Once you have memorized* all the letters, I'll teach you words," Mr. Vitalis said. "When you can read words, then you shall learn from a book."

While teaching me letters, Mr. Vitalis also taught Capi.

"If a dog can learn to tell the hour from a watch, why could he not learn the letters?" he said. He spread out* the letters on the ground, and Capi was taught to choose* the correct* letters with his paw.

It felt to me as if Mr. Vitalis were making me compete* with an animal. This hurt my feelings greatly, so I studied as hard as I could. My efforts* were successful.* While my dear friend Capi could get no farther than pulling out the four letters which spelled* his name, I finally learned to read from a book.

"That's great, Remi," Mr. Vitalis complimented me. "Now that you know

---

attend 다니다, 출석하다 **shoemaker** 구두 만드는 사람, 제화업자 **bend down** 몸을 구부리다 **carve** 새기다, 조각하다 **memorize** 기억하다, 암기하다 **spread out** 펼치다 **choose** 고르다, 선택하다 **correct** 옳은 **compete** 경쟁하다, 겨루다 **effort** 노력, 분투 **successful** 성공한 **spell** ~의 철자이다, ~이라고 읽다

how to read books, would you like to learn how to read music*?"

"If only it will help me sing like you!" I answered, excited.

My music lessons with Mr. Vitalis were not as simple as reading lessons. Mr. Vitalis, who never lost his temper with* Capi and the others, lost his patience with* me many times.

"When dealing with an animal, one can control* oneself, because one is dealing with a poor dumb creature," he cried. "But you are an intelligent boy, and your poor performance is enough to drive* me mad!"

At first I was disheartened by such comments,* but I recovered* soon and studied hard whenever I could. Finally, after many weeks of study, I was able to sing a song from a score* that Vitalis himself had written.

"If you continue to work hard like this,

you'll become a great singer one day," Mr. Vitalis said, patting me on the head.

---

music 악보　lose one's temper with ~에게 화내다　lose one's patience with ~에게 참을성을 잃다　control 통제하다, 제어하다　drive ~한 상태에 빠뜨리다　comment 언급, 비평　recover 회복하다　score 악보

Chapter 08

One who Had Known a King

레미는 비탈리스 씨가 들려주는 얘기를 통해
그가 예사롭지 않은 사람임을 어렴풋이 알게 되고
점점 그의 과거에 대해 궁금증을 갖게 된다.

"Remember you are a young boy traveling through France," Mr. Vitalis said as we were walking. "Others of your age are in school, but you can still learn many things while traveling. If you come across* anything you don't understand or are curious about,* always ask me to explain them to you. You see, I have learnt many things in my life that I have not yet shown you."

"Like what?" I asked.

"I'll tell you another time," Mr. Vitalis answered.

I began to wonder* what Mr. Vitalis had been like in the past.

We walked on until we came to the plains* of Quercy, which were very flat* and desolate.* In the middle of the plain we arrived at a small village called Bastide-Murat. There, we found an innkeeper,* who let us sleep in his barn.

"It was in this very village that a boy was born who one day became king," said Mr. Vitalis. "His name was Murat. He was a hero, and they named this village after

---

come across ~을 우연히 만나다 be curious about ~대해 궁금하다, 호기심을 갖다 wonder 궁금하다, 알고 싶어 하다 plain 평야 flat 평평한 desolate 황량한, 적막한 innkeeper 여관 주인

him. I knew him and often talked with him in Naples, where he was king."

"You know a king!" I shouted.

For the next few hours Mr. Vitalis told me the story of Joachim Murat. All the while, I couldn't stop wondering about what kind of a man Mr. Vitalis had been in his youth.

We set off again at sunrise the next day. We marched on for the whole day, and even by nightfall,* we still hadn't reached a village. Mr. Vitalis and I were both tired, so we stopped to sleep by the road. However, I was overcome with* the desire to sleep in a warm room. So I volunteered to climb a nearby hill to see if there was a village close by.

It was deep into the night and there was no moon. The higher I climbed, the thicker became the trees and shrubs,* so I had to crawl* through them to get by.* I struggled* to get to the top of the hill, and was sorely* disappointed to see that there were no lights to be seen in any direction.

All of a sudden, a chill* went down my spine* and I was consumed with* fear. My heart beat quickly, as if I had been running. I glanced around and noticed a great thing moving among the trees.

"Could that be Mr. Vitalis?" I asked myself. No. The thing was too big to be a human being. I immediately* began to run away. I threw myself into the thistles* and brambles,* scratching* myself at every step. I looked back over my shoulder. The gigantic* animal was coming nearer! It had almost caught up with* me!

I don't know how, but I reached the

---

nightfall 황혼, 해 질 녘 be overcome with ~ 때문에 압도당하다, ~에 굴복할 수밖에 없다 shrub 관목 crawl 기어가다 get by 그럭저럭 해 나가다 struggle 고군분투하다 sorely 심하게, 몹시 chill 냉기, 으스스함 spine 등뼈, 척추 be consumed with ~으로 기운이 다 빠지다 immediately 곧, 즉각 thistle 엉겅퀴 bramble 가시나무, 들장미 scratch 할퀴다 gigantic 거대한, 거구의 catch up with ~을 따라잡다

bottom of the hill in one piece,* and ran as fast as I could to Mr. Vitalis.

"A beast*!" I screamed falling at Mr. Vitalis's feet.

"Foolish child," he said, laughing. "Look up and take a closer look."

I looked up and saw the silhouette* of the gigantic creature standing in the middle of the road. It was dark, and I still could not figure out what the creature was.

"Can you tell me if we are far from the village?" Mr. Vitalis asked the creature politely.

"There are no houses near here," the creature answered to my astonishment.* "But there is an inn about half a mile from here. I can take you there, if you want."

"That would be most helpful. Thank you," Mr. Vitalis said.

I walked closely behind Mr. Vitalis.

"Are there giants in this part of France, then?" I whispered to Mr. Vitalis.

"Yes, when men are walking on stilts,*" he replied.

Then he explained to me how the locals,* so as to walk safely over the marshy* plains without sinking* in up to their hips, stride* about the country on stilts.

What a scared, little fool I had been!

---

in one piece 무사히   beast 짐승   silhouette 윤곽   to one's astonishment 놀랍게도   stilt 죽마   locals 현지 주민들   marshy 늪의, 습지의   sink 가라앉다, 빠지다   stride 활보하다, 큰 걸음으로 걷다

Chapter 09

Arrested

한 경관이 툴루즈에 도착한 비탈리스 씨와 레미가
공연 준비를 하는 것을 보고 못마땅하게 생각한다.
경관과 신경전을 펼치던 중 비탈리스 씨는 레미를 보호하려고
경관에게 맞서다가 재판에 회부된다.

We traveled through many towns and villages. Then one day, we came to a great town with ugly red brick houses. Mr. Vitalis told me that we were in Toulouse and that we were going to stay there for a long time.

As we prepared to give a performance, a

police officer stood by watching us closely. He seemed annoyed,* probably because he did not like dogs. He tried to send us away. Mr. Vitalis thought that as he was not breaking the law, he should have police protection* like any other citizen. So when the officer wanted to send us away, he refused to leave. Mr. Vitalis was very polite about the whole thing.

"I don't care what you think!" the police officer shouted. "Just get out of our town."

"Very well," replied Mr. Vitalis. "I promise that I will do as you say as soon as you let me know by what authority* you are commanding* me to leave."

The police officer, angered by his inability* to provide an appropriate* answer, turned around and walked away.

---

annoyed 심기가 불편한, 불쾌한 **protection** 보호 **authority** 권한, 직권
command 명령하다, 명하다 **inability** 무능, 무력 **appropriate** 적당한, 적절한

The next day, however, the police officer returned. He jumped over the ropes which enclosed* our theater, and sprang into the middle of the performance.

"Muzzle* those dogs," he said roughly to Mr. Vitalis.

"Muzzle my dogs!" Mr. Vitalis said. "In your dreams!"

"If your dogs are not muzzled by tomorrow, you'll be arrested,*" said the police officer. "That's all."

That night, Mr. Vitalis came up with* a plan to embarrass* the police officer.

"Now, tomorrow you are to go and perform alone with Joli Coeur," he said to me with a smile. "You will arrange the ropes, and play a few songs on your harp. When you have a large audience,* the police officer will arrive on the scene. That is when I'll come with the dogs. Then the event will begin."

I did not like going alone the next day at all, but I knew that my master was he who must be obeyed.

As soon as I got to our usual* place I roped off* an enclosure* and commenced* the act.*

Soon a large crowd* gathered* around us, and the police office appeared. Without warning, he quickly jumped the ropes. In a moment he was upon me, and had knocked me down with one blow.* When I opened my eyes and got to my feet, Mr. Vitalis was standing before me. He had just grabbed* the police officer's wrist.

"I will not let you hit that child!" he shouted. "What a cowardly* thing to do!"

---

enclose 에워싸다, 둘러치다　muzzle 입마개(재갈)을 씌우다　arrest 체포하다　come up with ~을 짜내다, 제안하다　embarrass 난처하게 하다　audience 청중, 관중　usual 평소의, 평상시의　rope off 밧줄을 치다　enclosure 울, 담　commence 시작하다, 착수하다　act 연극, 연기　crowd 군중, 인파　gather 모이다　with one blow 한 대 쳐서, 주먹질 한 방에　grab 붙들다, 움켜쥐다　cowardly 비겁한

"You! Come with me!" said the police officer. "You're under arrest.*"

"Why did you hit that child?" asked Mr. Vitalis.

"Stop talking. Follow me," replied the police officer angrily.

"Go back to the inn and stay there with Capi and the others," Mr. Vitalis turned round to me and said. "Wait for me to send you a message there."

Before he could say more, the police officer dragged him off. The crowd had quickly dispersed.* A few drunks* remained to discuss* what had happened.

"For how long would they send Mr. Vitalis to prison*?" I asked myself. "What should I do during that time? How will I survive?"

Mr. Vitalis was in the habit of* carrying his money on him, and he didn't have a chance to give me anything before he was dragged off. I only had a couple of coins in my pocket. I spent the next two days in despair,* not daring to leave the inn. The monkey and the dogs were also very sad. At last, on the third day, a man brought me a letter from Mr. Vitalis. He wrote me that he was to be tried* for resisting* police authority, and for attacking* a police officer.

"It was foolish of me to get into a temper,*" he wrote. "This may cost me dearly, but it is all too late now. I'll be tried on Saturday. Come to the court* that day, and you will learn a lesson." Then he gave me some advice, and sent his love to me, asking me to caress* the animals for him.

I got to the court at sunrise on Saturday

---

under arrest 체포되어, 구인되어　**disperse** 흩어지다　**drunk** 술주정뱅이　**discuss** 토론하다, 토의하다　**prison** 감옥, 감방　**be in the habit of** 습관적으로 ~하다　**in despair** 절망하여, 낙심하여　**try** 재판하다, 공판에 회부하다　**resist** 저항하다, 반항하다　**attack** 공격하다　**get into a temper** 화내다, 울화통을 터뜨리다　**court** 법정, 재판소　**caress** ~에게 사랑으로 대하다

morning. Many villagers who had witnessed* the scene with the police office were there.

"You assaulted* the police officer who arrested you," said the judge.

"I did not hit him, your honor,*" said Mr. Vitalis. "I only grabbed his wrist. When I got to the place where we were planning to give our performance, I saw the police officer knock a child down to the ground with a blow. The little boy travels with me, and I felt obliged to* protect him."

"The child is not even yours," the judge said coldly.

"No, but I love him as if he were my own son," Mr. Vitalis replied. "When I saw him getting hit, I lost my temper and seized the police officer's wrist so that he could not hit the poor child again."

The police officer then said what he had

to say, to which the judge listened more sympathetically.*

Mr. Vitalis's eyes roamed* around the courtroom.* I knew at once that he was looking to see if I was there. I went and stood beside him. His face lit up with joy when he saw me.

The trial* ended soon. Mr. Vitalis was sentenced to* two months' imprisonment* and a fine* of one hundred francs.

"Two months in prison!" I shouted.

Through my tears I saw him being led out by a police officer, and the door closed behind him.

"Two months without Mr. Vitalis!" I said to myself. "Where should I go? What should I do?"

---

witness 목격하다 assault 폭행하다, 구타하다 your honor 존경하는 판사님 feel obliged to ~하지 않을 수 없다고 느끼다 sympathetically 공감하여 roam 배회하다, 떠돌아다니다 courtroom 법정 trial 공판, 재판 be sentenced to ~형을 선고받다 imprisonment 감금, 투옥 fine 벌금

Chapter 10

Homeless

비탈리스 씨가 감옥에 갇히게 되자
레미와 동물들은 여관에서 쫓겨난다.
음악과 춤으로 허기를 잊으려고 하던 레미 일행은
유람선을 타고 있는 병약한 소년과 그의 어머니의 초대를 받는다.

I returned to the inn with a heavy heart and swollen* eyes. The innkeeper was standing in the yard waiting for me.

"Well, how did it go?" he asked.

"My master is sentenced to imprisonment," I replied.

"For how long?"

"Two months."

"Is there a fine as well?"

"Yes. One hundred francs."

"Two months... one hundred francs," the innkeeper repeated* two or three times. "Your master already owes* me a lot of money, so I can't let you stay here for two months without knowing if I shall be paid. You'll have to leave now. Hurry up and get out! You've got five minutes. If I find you here when I come back, you're going to regret it. If Vitalis sends you letters, I'll keep them here for you. Come and get them whenever you like."

As I walked quickly away, the dogs looked up at me in a way I could not fail to understand. They were hungry. I was also very hungry. We had had no breakfast. I did not stop, however, because I just

---

swollen 부은, 팽창한 **repeat** 되풀이하다, 반복하다 **owe** 빚지고 있다

wanted to get away from the wretched* town.

We must have walked for at least* two hours before I dared to stop. At last I felt that we were far enough away from the town to be safe. I walked into the first bakery that I came across, and asked for one and a half pounds of bread.

"You'd do well to* take a two-pound loaf," said the baker. "That's not too much for your animals. You have to feed the poor dogs and the monkey."

It was not too much for my animals, but it was too much for my purse. I left the shop with the bread clutched* tightly in my arms. The dogs jumped joyfully around me, and Joli Coeur pulled my hair and smiled with glee.*

We walked on. At the first tree that we saw I sat down on the grass. To divide* the meal was a delicate* matter. I cut the bread into five parts, as near the same size as possible, and handed out* the slices.*

"Capi, Dolce, Zerbino and Joli Coeur, I have very bad news," I said after our brief meal. "We will not see our master for two whole months." I could see that Capi was the only one that understood me.

After we had rested awhile,* we began to walk again. We had to find a suitable* place to stay overnight* and earn some money for our food for the next day. We walked for half an hour and arrived at a village. I quickly dressed the dogs and the monkey, and in as good marching order as possible, we made our entry.*

After a few minutes, however, I realized that no one was following us. I began to

---

wretched 야비한, 아주 불쾌한   at least 적어도, 최소한   would do well to ~하는 게 좋겠다   clutch 움켜쥐다   glee 환희, 큰 기쁨   divide 나누다, 분배하다   delicate 세심한 주의가 필요한, 민감한   hand out 나누어 주다, 분배하다   slice 얇게 썬 조각, 한 조각   awhile 잠깐   suitable 적당한, 알맞은   overnight 하룻밤, 일박   entry 입장

play my harp. I played on and on, Zerbino and Dolce went round and round, but no one seemed to care. I told Zerbino and Dolce to lie down, and I began to sing a song. I saw a man in a police uniform, and I felt that he was coming toward me.

"What are you doing here, young rogue*?" he said.

"Singing, sir," I replied as politely as possible.

"Do you have permission* to sing in a public square* in our village?" he asked.

"No, sir."

"Well, get out of here. If you don't, I'll have you arrested."

I remembered what had happened to Mr. Vitalis when he refused to obey a police officer. I hurried off.

When we were far enough away from the village, I signed to the animals to stop. The three dogs made a circle around* me, Capi in the middle. The weather was beautiful, and sleeping out in the open* was not going to be a problem. We only had to keep out of the way of* the wolves, if there were any in this part of the country.

Before going to sleep, I told Capi that I counted on* him to keep watch. Capi, the faithful dog that he is, lay down like a sentinel* at the entrance of our quarters.*

We had to make money the next day. I walked through a nearby village to find a favorable* place for a performance, and also to note* the expressions of the people. I was trying hard to guess if they were enemies or friends. My intention* was not to give a performance straight away. My

---

rogue 악당, 부랑자 permission 허가, 허락 square 광장 make a circle around ~ 주위에 원을 만들다, ~ 주위를 둘러싸다 open 공터, 노천 keep out of the way of ~을 피하다, 비키다 count on ~을 의지하다, 믿다 sentinel 보초, 파수병 quarter 처소, 막사 favorable 유리한, 적합한 note 주목하다 intention 의도, 목적

plan was to find a place and to come back in the middle of the day.

I suddenly heard someone shouting behind me. I turned round and saw Zerbino racing toward me, followed by an angry, old woman. It was obvious* what had happened. Zerbino had run into a house and stolen a piece of meat. He was running at top speed, carrying his booty* in his jaws.*

"Thief! Thief!" cried the old woman. "Catch him! Catch all of them!"

When I heard her say this, I felt somewhat* responsible for* Zerbino's crime,* so I began to run away as well. If we were arrested, they would have put us in prison. Seeing me flying down the road, Dolce and Capi soon followed my example. Joli Coeur, whom I carried on my shoulder, clung* round my neck so as not to fall.

"Stop the thieves!" someone else shouted. Soon, more than a dozen people joined in the chase. The dogs and I kept on running. Fear gave us speed. I never saw Dolce run so fast. We ran down an alleyway and through vast fields, and soon we lost our pursuers. But I did not stop running until I was completely out of breath. We had run at least two miles.

Capi and Dolce were at my heels, and Zerbino was in the distance. He had stopped probably to eat his stolen piece of meat. I called him, but he ran away as fast as he could because he knew I was going to punish him.

If I wanted to maintain discipline in my group, I had to punish the guilty. If not, in the next village Dolce would do the same, and then Capi would give in* to the temptation.* I knew I had to punish Zerbino publicly.* But in order to do that I had to catch him first, which was not an easy thing to do. I turned to Capi.

"Go and get Zerbino," I said gravely.*

I sat down near a canal* and waited patiently for Capi to bring back Zerbino. An hour passed, and still Zerbino did not return. I sent Capi once more to look for Zerbino, but at the end of half an hour he came back alone. I decided to wait until evening, but I was too worried about the little rogue and too hungry to sit still.

Then I remembered that Mr. Vitalis had told me that when a regiment* was tired out by a long march, the military* band should play a joyful song to make the soldiers forget their fatigue.

"If I play some joyful music on my harp, perhaps we would forget our hunger," I said to myself. "We are all so faint* and sick, but if I play something lively and make the two poor dogs dance with Joli Coeur, the time might pass more quickly."

I took my harp, which I had placed up against a tree and, turning my back to the canal I put my animals in position and began to play a dance. At first neither the dogs nor the monkey wanted to dance. All they wanted was food. My heart ached* to see the pitiful* animals so disheartened.

"They must forget their hunger, poor little things!" I said. With that, I played louder and quicker. Then, little by little, the music produced the desired effect.* They danced and I played on and on. Then, suddenly, Zerbino came out from behind a bush.* He boldly took his place

---

give in 굴복하다   temptation 유혹   publicly 공개적으로   gravely 근엄하게   canal 운하   regiment 연대   military 군대의   faint 연약한, 기운이 없는   ache 아프다, 쑤시다   pitiful 가엾은   effect 효과   bush 관목 숲

among them.

"Bravo!" a child's voice said from behind. I turned around quickly.

A barge* had stopped on the canal. It was a strange barge, the likes of which I had never seen before. It was much shorter than the other boats on the canal, and the deck* was decorated like a beautiful veranda, covered with plants and foliage.*

I could see two people on the barge. There was a relatively* young lady with a beautiful sad face, and a boy about my own age, who seemed to be lying down. I was very surprised at what I saw. I lifted* my hat to thank them for their applause.

"Are you playing for your own pleasure?" asked the young lady, speaking French with a foreign accent.

"I am training my dogs. It also diverts* their attention,*" I said.

"From what?"

"From their hunger."

"How much do you charge* for seats at your performance?" asked the lady.

"People usually pay according to* the pleasure we have given them," I replied.

"Then, Mamma, you must pay him a lot," said the child. He then said something in a language* that I did not understand.

"My son would like to see you and your actors* up close," the lady said.

I made a sign to Capi. He sprang onto the boat with delight.*

"And the others!" demanded* the little boy. Zerbino and Dolce followed Capi's example.

"And the monkey! Please!" the boy said.

I was worried that Joli Coeur might do something silly* to make the lady mad. I

---

barge 유람선 deck 갑판 foliage 잎, 나뭇잎 relatively 상대적으로, 비교적
lift 들어 올리다, 올리다 divert 딴 데로 돌리다 attention 주의, 관심 charge
청구하다, 값을 매기다 according to ~에 따라 language 언어 actor
배우 delight 기쁨, 환희 demand 요구하다, 요청하다 silly 어리석은

hesitated.*

"Is he violent*?" she asked.

"No, madam," I answered. "But he is not always obedient,* and I am afraid that he will not behave himself.*"

"Well, bring him on yourself," she said. "Do you have a father, my child?"

"I have a master," I said. "But I am alone at the moment. He has been wrongfully* imprisoned."

"For how long?"

"For two months."

"Two months! Oh, poor little boy!" the lady cried. "Then you must all be very hungry."

At the lady's last word, which the animals well knew, the dogs began to bark and Joli Coeur rubbed* his stomach* vigorously.*

"Oh, Mamma!" cried the young boy.

The lady said a few words in a foreign

language to a woman. Almost immediately the woman appeared with trays* of food.

"Sit down, my child," said the lady.

I did as she asked. Putting my harp aside, I sat down carefully in a chair at the table. The dogs grouped themselves around me. Joli Coeur jumped onto my lap.*

"Do your dogs eat bread?" asked the young boy, who introduced himself as Arthur.

"They love bread!" I answered.

I gave each of the dogs a piece of bread, which they devoured* ravenously.*

"Poor, poor child!" said the lady. "What would you have eaten tonight if you had not met us?"

---

hesitate 주저하다, 머뭇거리다　**violent** 난폭한, 폭력적인　**obedient** 순종하는, 고분고분한　**behave oneself** 얌전하게 굴다　**wrongfully** 잘못하여
rub 문지르다, 비비다　**stomach** 배, 아랫배　**vigorously** 격렬하게, 세차게
tray 쟁반　**lap** 허벅지　**devour** 게걸스레 먹다　**ravenously** 게걸스럽게, 탐욕스럽게

"We probably wouldn't have had anything to eat," I replied politely.

"And tomorrow?" asked Arthur.

"Perhaps tomorrow we might have had the luck to meet someone nice like we have today," I said.

Arthur then turned to his mother. For a few minutes, they spoke together in a foreign language.

"Would you like to stay with us?" Arthur finally spoke.

I looked at him with my mouth wide open. I was so surprised by the question that my mind went blank.*

"My son wants to know if you would like to stay with us?" the lady repeated.

"On this boat?" I asked.

"Yes, my little boy is ill and he is not to walk or run too much. That is why I take him about in this boat, to make his time more pleasurable.* While your master is in prison, if you like, you may stay on this boat with us. Your dogs and your monkey can give us a performance every day. Arthur and I would love to be your audience."

I did not know what to say. I just took her hand and kissed it.

"Will you play something for us?" asked Arthur.

He beckoned* to his mother and she sat down beside him. He took her hand tenderly* and kept it in his. Meanwhile,* I performed* all the songs and plays that Mr. Vitalis had taught me.

---

blank 백지의, 멍한   pleasurable 즐거운, 유쾌한   beckon 손짓으로 부르다
tenderly 살짝, 상냥하게   meanwhile 한편, 그동안   perform 공연하다, 연주하다

Chapter 11

Another Boy's Mother

밀리건 부인은 처음에 레미를
아픈 아들의 놀이 동무 정도로 생각했으나,
집중력이 없는 아들의 공부를 도와주는 것을 보고 난 후
레미를 친아들과 마찬가지의 애정으로 대하기 시작한다.

Arthur's mother, Mrs. Milligan, was from England. She was a widow,* and Arthur was her only child. She had another son before Arthur, but when the child was six months old he had been kidnapped.* Soon after the kidnapping, Mrs. Milligan's husband died due to* an unknown illness.*

Her brother-in-law,* Mr. James Milligan, searched* everywhere* for the child. When the child was not to be found, he expected* to inherit* his brother's wealth.* Mr. James Milligan inherited nothing from his brother, however, because seven months after the death of his brother, Mrs. Milligan's second son, Arthur, was born.

Doctors said that Arthur was too weak to survive. Mr. James Milligan waited and hoped for the death of the child, but the doctors' predictions* turned out* to be wrong. Arthur survived, thanks to his mother's loving care. Arthur was still very weak, and he could not spend much time walking or playing outside. Mrs.

---

widow 미망인, 과부 kidnap 유괴하다, 납치하다 due to ~ 때문에 illness 병 brother-in-law 시동생 search 찾다, 수색하다 everywhere 모든 곳 expect 예상하다, 기대하다 inherit 상속하다, 물려받다 wealth 재산 prediction 예측, 예언 turn out 결국 ~임이 드러나다, ~으로 밝혀지다

Milligan could not bear the thought of her son being closed up in a house. She had a beautiful barge built for him, and was now traveling through France on the various* canals.

After my first night on the barge, I woke up very early. I wanted to know if my animals had passed the night without problems. I found them all at the place where I had left them the night before. They were fast asleep as if the beautiful barge had been their home for years.

Soon after breakfast, the barge began to move down the canal once again. The barge glided* effortlessly* over the water. The only sound to be heard was the song of the birds, the swish* of the water against the boat, and the gentle breathing of the dogs.

"Did you sleep well?" Arthur asked. "Better than in the field, I hope?"

"Yes, Arthur," I replied. "I slept very well, thank you."

"And the dogs?" asked Arthur.

I called to the dogs, and they came running up. Joli Coeur was on Zerbino's back. Mrs. Milligan asked her son to sit next to her in the shade.*

"Now, can you take the dogs and the monkey away?" she said to me. "We are going to study."

I took the animals to the front of the boat, and listened to Mrs. Milligan teach her son a poem* from a book. Arthur made many mistakes, but Mrs. Milligan was very patient with him.

"No, Arthur," she said at last. "You have to concentrate.*"

"I can't, Mamma, I just can't," he said.

---

various 다양한, 여러 가지의   glide 미끄러지듯 움직이다   effortlessly 힘들이지 않고   swish 물 등이 철썩 부딪히는 소리   shade 응달, 그늘   poem 시   concentrate 집중하다

"I'm sick, remember?"

"You're not sick in your head," she said. "I can't allow you to grow up in utter* ignorance* just because you're sick, Arthur."

That seemed very harsh* to me, yet she spoke in a sweet, kind manner.

"Do you want to make me unhappy, Arthur?" she asked. "You know how I feel when you refuse to learn."

"I cannot, Mamma. I cannot." Arthur began to cry.

Mrs. Milligan did not let herself be won over* by her son's tears. She did, however, look touched* and even unhappier.

"I won't let you play with Remi and the dogs until you memorize the poem," said Mrs. Milligan. With that, she gave the book to Arthur and walked away, leaving him alone. She went inside the boat.

I could see that Arthur was trying very

hard. But soon he took his eyes off* the book, and began to gaze at* the sky and the passing trees. Our eyes met. I made a sign to him to continue memorizing the poem. He smiled, as if he thanked me, and again fixed his eyes on* the book. But as before, he could not concentrate for long.

"I can't learn this," he said. "I wish I could." I went over* to him.

"It isn't as difficult as you think," I said.

"Yes, it is," he said. "It's very, very difficult."

"It isn't, really," I said with a smile. "I was listening while your mother read it, and I almost learned it myself."

Arthur smiled as if he did not believe me.

"Do you want me to recite* it?" I said,

---

utter 완전한, 철저한 ignorance 무지, 무식 harsh 가혹한, 엄한 win over ~을 설득하여 자기편으로 만들다 touched 감동받은, 마음이 동요된 take one's eyes off ~에서 시선을 떼다 gaze at ~을 응시하다 fix one's eyes on 시선을 ~에 고정시키다 go over 건너다, 넘다 recite 암송하다, 낭독하다

and I began to recite the verse* perfectly.

"What! How did you do that?" Arthur asked.

"I listened carefully while your mother read it without looking about to see what was going on around me," I told him.

His face reddened,* and he turned away his eyes.*

"It's okay Arthur," I said encouragingly.* "If you concentrate, you'll be able to learn it just as quickly as me."

"I will try, like you," he said. "But can you help me?"

"Of course!" I said.

I sat with him, and we went over* the lines together. At the end of half an hour, he had mastered* the whole poem.

"Oh, Mamma's going to be real pleased!" he cried.

When Mrs. Milligan came out, she seemed unhappy to see me with him.

She obviously thought that we had been playing, but Arthur did not give her time to say a word.

"I know the poem!" he cried. "Remi taught it to me."

Mrs. Milligan looked at me in surprise, but before she could say a word Arthur began to recite the poem. I looked at Mrs. Milligan. Her beautiful face broke into* a warm, gentle smile.

"You are a good boy," she said to Arthur. "And so are you," she said, looking at me.

Only a few hours ago, I had been nothing but a little homeless kid who had come on the barge with his animals to amuse* a sick child. But now I was a companion, almost a friend, to the sick

---

verse 운문 redden 붉어지다 turn away one's eyes 시선을 돌리다
encouragingly 격려하여, 격려하듯이 go over 되읽다 master 숙달하다,
통달하다 break into 갑자기 ~하기 시작하다 amuse 즐겁게 하다

boy.

From that day Mrs. Milligan treated me with love and respect.* And between Arthur and myself there grew a strong friendship. I never once felt isolated* or neglected.* This may have been due to Mrs. Milligan's kindness, for she often spoke to me as if I were also her child.

She reminded me of my mother,* and every night I dreamt of seeing Mother Barberin again. That would make me very happy, but I could not call her Mother now. After all,* she was not my mother.

"I'm alone...," I thought to myself. "I should always be alone... I'm nobody's boy."

I had been through enough to know that one should not expect to have too much in this world. I thought I should be thankful that I have good friends because I had no family, no father or mother. And

I was so happy to be on that barge. But the happiness was not to last very long. The day for me to go back to my old life was drawing near.*

---

respect 존중, 존경 **isolate** 소외시키다 **neglect** 무시하다 **remind A of B** A에게 B를 생각나게 하다 **after all** 어쨌든 **draw near** 다가오다

Chapter 12

The Master's Consent

비탈리스 씨의 출소일이 다가오면서
레미는 비탈리스 씨와의 생활과 유람선 안에서의 생활 중
어떤 것이 더 좋은지를 놓고 갈등을 겪는다.
비탈리스 씨는 레미의 미래를 두고 밀리건 부인과 담판한다.

"I don't want you to leave, Remi!" Arthur cried when he heard me ask his mother how long it would take me to return to Toulouse. I wanted to be there when Mr. Vitalis came out of prison.

When Arthur began to throw a tantrum,* I explained to him that I belonged to Mr. Vitalis because I had been sold to him. I didn't tell them that I was an orphan,* because I was afraid that Mrs. Milligan wouldn't like a boy who'd never seen his father or mother to be around Arthur.

"Mamma, please make Remi stay," continued Arthur.

"I would love to have him stay with us, but there are two things to consider.*" Mrs. Milligan said. "First, does he want to stay? Second, will his master allow him to?"

Arthur looked at me with eager* eyes. Mr. Vitalis had been a kind and generous master, but my life with Mrs. Milligan and Arthur was a lot better. I respected Mr. Vitalis, but I loved Mrs. Milligan and Arthur. I didn't say anything, but I could

---

throw a tantrum 화를 내다, 성질을 부리다 orphan 고아 consider 고려하다, 숙고하다 eager 열망하는, 갈망하는

tell that Mrs. Milligan knew how I felt.

"Well, we will have to get consent* from Remi's master," continued Mrs. Milligan. "The train is the only way to get to Toulouse in time. I will write to him and ask him to come and visit us because Arthur cannot travel by train. Once we get his permission, we will talk to Remi's parents."

I stared at Mrs. Milligan with wide eyes. I didn't want her to find out that I was an orphan. Mrs. Milligan and Arthur saw the fear in my eyes. She asked me what was wrong, but I said nothing. Probably thinking that I was afraid of Mr. Vitalis's imminent* return, she did not insist on* an answer.

Three days later Mrs. Milligan received a reply from Mr. Vitalis. It said that he was coming on the first train the following Saturday.

When the day came, I asked Mrs.

Milligan for permission to go to the train station with the dogs. At eight o'clock, the train pulled into the station. Mr. Vitalis was very happy to see us, and for the first time, he hugged* me and kissed me.

When we got to the barge, Mr. Vitalis told me to stay outside with the dogs. As always, I obeyed my master. I waited impatiently for him to come back out of the barge.

"Go and say goodbye to the lady," Mr. Vitalis said as he got off the barge.

I was so shocked by* what I had just heard that I did not know how to respond.* Without saying a word, I entered Mrs. Milligan's room on the barge. Arthur was crying in his mother's arms, and her eyes were also full of tears.

---

consent 동의, 승낙 imminent 임박한, 박두한 insist on ~을 주장하다, 고집하다 hug 껴안다 be shocked by ~에 충격을 받다, 경악하다 respond 반응하다, 대답하다

"What happened?" I asked, trying to swallow back* my tears. "What did my master say?"

"Remi, your master loves you very much," Mrs. Milligan said. "This is what he said. 'I love that child, and he loves me. The life lessons that I give him are good for him. With you, he'll get an academic* education.* That will form his intelligence, but not his character. It is the hardships* of life that form a man's character. He will be my son, not yours. That will better than being a plaything* for your sick child, however sweet he may be.'"

I understood Mr. Vitalis's point of view.* He was doing what he believed to be the best for me.

"Don't worry, Arthur," Mrs. Milligan said. "I will write to Remi's parents and find out what they think. They live in Chavanon, don't they Remi?"

The thought of Mrs. Milligan finding out that I was an orphan was unbearable.* Without replying, I went up to Arthur and put my arms around him. I held him tight for a moment, and then I turned and held out my hand to Mrs. Milligan.

"Poor, poor child," she said, kissing me on the forehead.* I hurried to the door.

"Arthur, I will always love you," I said, "and I will never, ever forget you, Mrs. Milligan."

"Remi! Remi!" cried Arthur. Tears began to roll down* Mrs. Milligan's beautiful, rosy cheeks.

"Off we go," Mr. Vitalis said. I held back* my sobs* and tried my best to smile. That was how I parted* from my first true friend.

---

swallow back ~을 도로 삼키다　academic 학원의　education 교육
hardship 고난, 고충　plaything 노리개, 장난감　point of view 관점
unbearable 견딜 수 없는, 참기 어려운　forehead 이마　roll down 굴러
떨어지다　hold back 거두어들이다　sob 흐느낌, 오열　part 헤어지다

Chapter 13

Weary Dreary Days

심한 눈보라 속에 다음 마을로 가는 길을 서둘렀던
비탈리스 씨와 레미 일행은 눈 속에 고립된다.
밤에 비탈리스 씨와 레미는 번갈아가며 불을 지키지만,
깜박 잠이 든 레미는 불을 꺼뜨리고 만다.

Mr. Vitalis was much kinder to me than he had ever been before. It seemed to me that prison had softened* him up a little. I began to feel that he was more to me than a master now. My loneliness often made me want to embrace* the man, but something held me back. At first it had been fear that kept me at a distance, but now it was something that vaguely* resembled* respect.

When I left Chavanon, Mr. Vitalis seemed like a typical* man of the poorer class. The two months that I had spent with Mrs. Milligan, however, had opened my eyes and developed my intelligence. Observing* my master with more attention, I noticed that in manner and bearing* he appeared* to be very superior to others of his class. He thought and spoke as Mrs. Milligan did.

Soon after I left Arthur, winter was upon us. We had to tramp* along wearily* in the blinding* rain and slush.* One night, we arrived at a wretched inn, more

---

soften 나약하게 하다, 물러지게 하다 embrace 포옹하다, 껴안다 vaguely 모호하게, 막연히 resemble ~을 닮다 typical 전형적인, 대표적인 observe 관찰하다, 주시하다 bearing 몸가짐 appear ~인 듯하다 tramp 터벅터벅 걷다 wearily 지쳐서 blinding 눈을 멀게 하는, 한 치 앞도 안 보이게 하는 slush 진창길

like a barn, completely exhausted. We were all wet to the skin, and despite my fatigue, I could not fall asleep. I looked over at Joli Coeur, and he seemed as sad and mournful* as me.

Our goal was to get to Paris as quickly as possible, because it was only in Paris that we had a chance to give performances during the winter. We did not make much money, so taking the train was not an option.*

Approximately* two weeks into the winter, the sky began to fill with great black clouds and the wintry sun disappeared altogether. Mr. Vitalis knew at once that a snowstorm was coming. This made him very anxious to get to the next big town, where we could stay and give performances until the snowstorm* was over.

"Go to bed quickly," he said when

we got to another miserable* inn one night. "We are going to leave very early tomorrow morning because I don't want to be caught in* the snowstorm."

"If I were in your place, I wouldn't venture* out," said the innkeeper to Mr. Vitalis the next morning. "There's going to be a terrible snowstorm."

"We have to get to Troyes before nightfall," Mr. Vitalis explained. With that, he set off, and the dogs and I followed.

Mr. Vitalis held Joli Coeur tight against his body to keep him warm. The dogs, pleased with the hard dry roads, ran ahead of us. Mr. Vitalis had bought a sheepskin* coat for me at Dijon. Its inside was lined with* thick wool, and it kept me from freezing* to death.

---

mournful 슬픔에 잠긴, 애처로운   option 선택권   approximately 대략, 대체로   snowstorm 눈보라   miserable 보잘것없는, 형편없는   be caught in ~에 걸리다, ~을 만나다   venture 위험을 무릅쓰고 ~하다   sheepskin 양가죽   be lined with ~로 안감이 대어져 있다   freeze 얼다, 얼어붙다

There was no one on the roads, or in the fields. There was not a single sound of cart* wheels, nor the crack* of a whip.*

"We will have to take shelter* in the first house we come across," murmured Mr. Vitalis. "I'm afraid we will not make it to Troyes tonight."

Our feet sunk into the white bed of snow, deeper and deeper. We must have walked a good five miles in the blistering* snow in silence. Then, suddenly, without saying a word, Mr. Vitalis pointed to the left. The snow blurred* my vision,* but I could make out* a hut* made of branches.

The snow was thicker than ever before now. With great difficulty, we managed to reach the hut and get inside. The dogs, overcome with joy, rolled over and over on the dry ground, barking incessantly.* My satisfaction* was no less keen* than theirs.

Once we had gotten a fire going, Mr. Vitalis took out a loaf of bread from his bag. It was all we had, but the dogs, Joli Coeur and I were just glad that we had something to eat. Unfortunately, we were only able to have a very small piece each.

"We do not know how long we will have to stay in this hut," Mr. Vitalis said, "so we'll have to save some for later."

I agreed, but the dogs did not. When they saw the bread put back in the bag before they had scarcely* eaten, they held out their paws to their master. They began to scratch his neck, whining* and performing pantomime* gestures to make him open the bag again. Their eyes seemed permanently* fixed on the bag. But Mr.

---

cart 마차   crack 날카로운 소리, 철썩 하는 소리   whip 채찍   shelter 은신처, 피난처   blistering 격렬한   blur 흐리게 하다, 무디게 하다   vision 시야   make out 분간하다, 알아보다   hut 오두막   incessantly 끊임없이   satisfaction 만족   keen 열망하는   scarcely 거의 ~ 않는   whine 낑낑거리다   pantomime 무언극, 팬터마임   permanently 영구히

Vitalis took no notice of* them, and the bag was not reopened.

I do not recall* when I fell asleep. I also do not know how long I slept. When I awoke, the snow had stopped falling. I looked outside. The snow was very deep. It would have been foolish to venture out, because the snow would have reached high above our knees.

It was difficult to tell the time because everything was lit up very brightly by the snow and the atmosphere* was misty.* I could not ask Mr. Vitalis either. His big silver watch, by which Capi had learned to tell the time, had been sold. He had spent all his money to pay his prison fine, so in order to buy me my sheepskin coat at Dijon, he had sold his silver watch.

Mr. Vitalis and I spent a few hours talking about our time away from each other. When the sun started to go down, he took out the loaf of bread from his bag again. Only half of it remained. Within a few minutes, it was all gone.

"Don't worry," Mr. Vitalis said. "We will set off at sunrise tomorrow morning, and we will get to a town by noon. There, we will get some more food."

By Mr. Vitalis's insistence,* I slept first. In the small hours of the night, Mr. Vitalis woke me. The fire was still burning,* and everything was quiet.

"It's my turn to sleep now," said Mr. Vitalis. "Listen carefully. If the fire starts to die down,* just throw some wood on the fire."

Mr. Vitalis had piled up* a heap of* small wood next to me. Mr. Vitalis, who was a very light sleeper,* did not wish me

---

take notice of ~에 주의하다, ~을 알아차리다   **recall** 상기하다, 생각해 내다
atmosphere 대기, 공기   **misty** 안개가 자욱한   **insistence** 주장, 고집
burn 불타다   **die down** 죽어 가다, 사그라지다   **pile up** 쌓다, 쌓아 올리다
a heap of 한 더미의   **light sleeper** 잠귀가 밝은 사람

to wake him by pulling down the wood from the walls each time I needed it. Thanks to the heap that he had prepared, I could take the wood and throw it on the fire without making much noise. It was a wise thing to do, but neither Mr. Vitalis nor I knew what the result would be.

When the fire began to die down, I placed three long pieces of wood crosswise* upon one another. I sat down on the stone which I had used as a pillow,* and watched the night sky. Mr. Vitalis was sleeping calmly* and the dogs and Joli Coeur were also fast asleep.

The flames* leaped* from the fire and swirled* upward to the roof, throwing out bright sparks.* The spluttering* flame was the only sound that broke the silence of the night. I watched the sparks for a long time, and then little by little, I began to get drowsy.*

If I had to get the wood myself from the walls, I would have been kept busy, and more alert.* In that case, I would have stayed awake. But seated before the fire with nothing to do, I became very sleepy very fast. And yet, all the while, I thought that I could manage to keep awake.

I sprang up* suddenly, awakened by a violent shriek*! The fire was out, which meant that I had probably been asleep for a very long time. No flames lit up the hut now. Capi was barking loudly and furiously.* To my shock and horror,* there were no sounds from Zerbino or Dolce.

"What's the matter?" cried Mr. Vitalis, rubbing his eyes to clear his vision.

"I don't know," I said, panicking.*

---

crosswise 엇갈리게 pillow 베개 calmly 고요히, 조용히 flame 불꽃, 불길
leap 껑충 뛰다 swirl 소용돌이치다 spark 불꽃, 불티 splutter 지글거리다
drowsy 졸리는, 꾸벅꾸벅 조는 alert 방심하지 않는, 조심하는 spring up 튀어 오르다 shriek 비명, 날카로운 목소리 furiously 맹렬히 horror 공포, 전율 panic 공포에 질리다, 공포

"You've been asleep, and the fire's gone out!" Mr. Vitalis shouted, adding to my panic. "There might be wolves in the area! Where are Zerbino and Dolce?"

"I don't know!" I cried. "They must have gone out while I was sleeping!"

With busy hands, Mr. Vitalis got the fire going again.

"Light up a torch,*" he said, "we must go and help them."

When I was in Chavanon, I had heard all sorts of terrible stories about wolves. Yet I did not hesitate. I ran back for a torch, and then followed my master out into the open.

Mr. Vitalis whistled* and shouted for the missing dogs. There was no answer. Mr. Vitalis shouted and shouted and shouted, but it was all in vain.

"Oh, poor Zerbino! Poor Dolce!" That was all I could say. I kept on repeating the words, and tears ran down my face like never before.

"The wolves have got them," said Mr. Vitalis. "Why did you let them go out?"

I had nothing to say. I just looked to the ground and cried.

"The fact that they're not answering my call means that they are a long way off," Mr. Vitalis said. "We must not go on into the forest. The wolves might attack us as well. We cannot defend* ourselves against wild beasts."

It was dreadful* to have to leave the poor dogs to their fate.* The worst, most painful part was that I knew that I was responsible. If I had not fallen asleep, they would not have gone outside the hut.

Mr. Vitalis headed back to* the hut. I followed, looking back at each step,

---

torch 횃불　whistle 휘파람을 불다　defend 방어하다, 지키다　dreadful 무서운, 끔찍한　fate 운명　head back to ~로 다시 향하다(나아가다)

hoping to see Zerbino and Dolce running toward me. There was nothing; nothing but the snow.

There was another surprise waiting for us back at the hut. The branches that Mr. Vitalis had thrown on the fire were aflame* and lit up the darkest corners of the hut. But Joli Coeur was nowhere to be seen! Mr. Vitalis called his name, but the monkey did not show up.*

Mr. Vitalis said that when he awoke, the monkey was right next to him. It was while we were out looking for the dogs that he had disappeared. With our burning torches held down to the snowy earth, we started to look for him. There were no traces* of him anywhere.

Mr. Vitalis seemed very upset. I was in despair.

"Have the wolves also taken Joli Coeur?" I asked Mr. Vitalis.

"No, the wolves would not dare come inside the hut," he said. "They probably got Zerbino and Dolce when they went out, but they did not come in here. It is quite likely that Joli Coeur was terrified by all the shouting and so he has hidden himself somewhere while we were outside. That is precisely why I am so anxious. In this terrible weather he will catch a cold, and a cold is fatal* to him."

Mr. Vitalis sat down before the fire with his head buried* in his hands. Time passed slowly. It felt to me as if the night would never end. We sat in silence.

A few hours later, the stars began to fade* from the heavens, and the sky got lighter. Day was breaking. But as morning came, the cold grew more intense.* The air which blew in from outside the hut froze

---

aflame 불타올라 **show up** 나오다, 나타나다 **trace** 자취, 흔적 **fatal** 치명적인 **bury** 파묻다 **fade** 빛깔이 바래다, 사라지다 **intense** 강렬한

us to the bone.

"If we do find Joli Coeur, would he be alive?" I asked myself.

We found Joli Coeur in the great oak tree* by the hut. Poor Joli Coeur! Frightened by the howl* of the dogs, he had jumped onto the roof of the hut when we had gone out, and from there he had climbed to the top of the oak tree. Feeling that he was in a safe place, he had remained there the whole night, crouching,* without replying to our calls.

"The poor little frail* creature!" shouted Mr. Vitalis. "He must be frozen!"

"I'll go up and get him," I said.

"You'll break your neck," Mr. Vitalis said, putting a hand on my shoulder.

"No, there is no danger. I can do it easily."

That was a lie. The gigantic tree was covered with ice and snow, and Joli Coeur had climbed quite high up. However, I didn't care. I had to redeem* myself.

After much struggle, I managed to get to a point just below Joli Coeur. When I reached out my arm to him, he jumped from the tree, straight onto his master's shoulders. He then quickly hid himself inside Mr. Vitalis's coat.

It felt good to have found Joli Coeur, but that was not all. Now we had to look for the poor dogs. We found no trace of the dogs except a red trail* of blood. The blood stained* the white snow here and there. The two poor dogs, my friends, had been killed while I was sleeping!

The dogs had been my friends and my family, through the good times and the bad. They had helped me so much through my loneliness. I wanted to kill

---

oak tree 참나무 **howl** 울부짖는 소리 **crouch** 웅크리다 **frail** 연약한
redeem 도로 찾다 **trail** 흔적, 자국 **stain** 얼룩지게 하다

myself for not having kept watch. If I had kept the fire alive, the wolves would not have come to attack us near our hut. They would have stayed far in the distance, frightened by the fire.

What hurt me more was the fact that Mr. Vitalis did not reprimand* me. I wished that he would beat me till I could no longer walk. But he said nothing. He did not even look at me. My poor master sat with his head in his hands, looking blankly* at the fire. He was probably wondering what would become of us without the dogs.

Chapter 14

The Death of Joli Coeur

졸리케르는 심한 감기에 걸려 생명이 위태로운 지경에 이른다.
아픈 졸리케르를 보살피기 위해
비탈리스 씨와 레미, 까뻬는 공연을 준비한다.

"We have to get to a village soon or Joli Coeur will die," said Mr. Vitalis.

"This hut has made us pay dearly for its hospitality,*" said Mr. Vitalis, looking back at the hut as we walked off. His voice

---

reprimand 꾸짖다, 질책하다   blankly 멍하게, 우두커니   hospitality 환대

trembled.

When we reached a village, Mr. Vitalis led us into an inn where a beautiful sign hung outside the kitchen door. It was an expensive inn. Usually, we went to the cheapest inns, fearing that expensive ones would turn us away.

"Quick, get into bed," said Mr. Vitalis, while the servant was lighting the fire. I wanted to eat first, but I obeyed.

"Are you warm?" Mr. Vitalis asked me after a few minutes.

"Yes," I replied.

Mr. Vitalis came to the bed and put Joli Coeur in, telling me to hold him close to my chest. The poor little animal let me hold him close to my body without making any movement.* His body was no longer cold. It was now burning.

"Stay right there, you two," said Mr. Vitalis. "I'll go and find a doctor."

Mr. Vitalis soon returned with a doctor, and I lifted the blanket* to show him Joli Coeur, who had placed his little arm around my neck.

"A monkey!" the doctor said, surprised. "This should be a very interesting case."

After examining* Joli Coeur, the doctor gave him some medicine.* He then gave us instructions* to keep Joli Coeur warm, to give him the medicine three times a day, and to give him plenty of water.

Two days later, while I was nursing* Joli Coeur, Mr. Vitalis rushed into the room.

"We must get forty francs at once," he said. "We need to pay the landlady* what we owe her so that she will let us stay until Joli Coeur gets better."

"Forty francs in this village?" I cried. The weather was cold, and there didn't seem to

---

movement 움직임, 동작   **blanket** 담요   **examine** 검사하다, 조사하다
medicine 약   **instruction** 지시   **nurse** 간호하다   **landlady** 여관 안주인

be many wealthy people in the village.

While I stayed with Joli Coeur, Mr. Vitalis found a hall in the public market. The weather was too cold for an outdoor* performance. With a few planks* of wood he made a stage,* and he bravely spent the little money he had left on buying some candles. He cut the candles in half so as to double the number of lights in the makeshift* theater.

When Mr. Vitalis, Capi and I were about to leave for the show that night, Joli Coeur put on his general*'s uniform and tried, unsuccessfully,* to climb onto his master's shoulder.

"You stay right here, Mr. Joli Coeur," Mr. Vitalis said. "I want you to get well."

As we walked through the snow, Mr. Vitalis told me what he wanted me to do. We could not, of course, perform our usual repertoire* because our principal* actors were missing. We had to collect* forty francs! Forty francs! It seemed impossible!

Mr. Vitalis had prepared everything. Although it was starting to get dark, we did not light the candles. We were waiting to light them until the hall was full, because we did not want them to die out before the end of the show.

I could hear the sound of the town crier*'s drum. The roll* of the drum became louder. It was approaching* the marketplace and I could hear excited voices. A big line of youngsters* followed the town crier. Without stopping the beating of his drum, the town crier took up his position between the two large lamps that were lit at the entrance of the

---

outdoor 집 밖의   plank 널빤지   stage 무대   makeshift 임시변통
general 장군   unsuccessfully 실패하여   repertoire 레퍼토리, 상연 목록
principal 주요한   collect 모으다, 징수하다   town crier 마을에서 이것저것 소식을 전하기 위해 외치고 다니는 사람   roll (북의) 울림   approach 다가가다
youngster 젊은이, 어린이

hall. The people that were behind him walked through the entrance and into the hall.

Large crowds of people rushed in. All the boys in the village must have been there. But it was not the youngsters who were likely to give us forty francs. We needed older, more important people with deep pockets* who were also generous.

At last, Mr. Vitalis decided that we should begin the show, although the hall was far from full. I was to perform first. I sang a few songs, accompanying* myself on the harp. It was not for glory* that I was singing. I was singing for poor Joli Coeur. I wanted the crowd to be moved. I wanted them to become enthusiastic,* so that they might give us enough money to keep Joli Coeur in the warm room. By the weak applause I received, I could tell that most people did not find my performance impressive.*

Capi was more successful. He actually* received several encores.* Thanks to Capi, the show ended in a big burst of applause.* Capi went around with a cup in his mouth to collect the money. Even from a distance, Mr. Vitalis and I could see that the cup wasn't even half full. Looking worried, Mr. Vitalis came to the center of the stage.

"Ladies and gentlemen, I believe that we have conscientiously* carried out* our program," he said. "Yet, as our candles are still burning, I will sing some songs myself, if you so wish. Our dog, Capi, will go around once again and those who have not yet given us anything will perhaps give this time. Please have your money ready."

Although Mr. Vitalis had been my

---

deep pocket 재력 accompany ~의 반주를 하다 glory 영예, 명예 enthusiastic 열렬한, 열광적인 impressive 감명을 주는, 감동적인 actually 실제로 encore 앙코르 a big burst of applause 별안간 터지는 큰 박수갈채 conscientiously 양심적으로 carry out 실행하다, 이행하다

teacher, I had never really heard him sing properly.* Although I was only a little boy at the time and was no judge of* a person's singing technique,* Mr. Vitalis's singing stirred* me strangely that night. I went into a corner of the stage because my eyes filled with tears as I listened to his beautiful voice.

In the front row,* there was a beautiful young lady who clapped feverishly* at the end of Mr. Vitalis's songs. I had noticed that she was not a peasant* like the rest of the people in the hall. She seemed like a noble* lady, young and beautiful. I took her to be the richest woman in the village from her large fur coat. She was with a little boy who had applauded Capi heartily. It was probably her son. They looked exactly like each other. The beautiful lady beckoned me to come to her.

"I would like to speak to that gentleman," she said.

I was surprised. She didn't put any money into the cup, and now she was asking me to bring my master. Capi and I returned to Mr. Vitalis, who was looking anxiously* at the quickly dissipating* crowd. Capi hadn't collected much money on the second round either.

"What does the lady want?" asked Mr. Vitalis.

"She wants to speak to you," I replied.

"I have nothing to say to her," Mr. Vitalis said coldly.

"She did not give anything to Capi," I said. "Perhaps she would like to give you the money personally.*"

We all went to the lady together. By now

---

properly 제대로, 적절하게   **be no judge of** ~의 감정이 서투르다
technique 기법   **stir** 휘젓다, 동요시키다   **row** 열, 줄   **feverishly** 열렬하게
peasant 소작농   **noble** 귀족의   **anxiously** 걱정스럽게   **dissipate** 흩어지다, 흩어져 사라지다   **personally** 직접, 개인적으로

a servant had appeared, carrying a lantern[*] and a rug.[*] He stood next to the lady and the child. Mr. Vitalis bowed coldly to her.

"Forgive[*] me if I have interrupted anything," she said. "But I wanted to congratulate[*] you on giving such a fine performance."

Mr. Vitalis bowed, without saying a word.

"I am a musician myself," continued the lady. "I am telling you this so that you will know how much I appreciated your superb talent."

She looked hard at Mr. Vitalis. Mr. Vitalis seemed embarrassed. He bowed, again in silence.

"Well, goodbye, sir," she said at last, accentuating[*] the word 'sir.' "Goodbye, and once more let me thank you for the exquisite[*] delight you have given me this evening." With that, she leaned toward

Capi and dropped a gold piece in his cup.

I thought that Mr. Vitalis would escort* her to the door, but he did nothing of the sort. Once she was out of sight, I heard him say something softly in Italian.

"She gave Capi a gold piece," I said. "That's twenty francs!"

Mr. Vitalis, for the first time, raised his hand as if he were about to hit me. I was almost certain he was going to give me a blow, but he let his raised hand fall to his side.

"Twenty francs!" he said, as if he were waking up from a dream. "Ah, yes, poor Joli Coeur. I had forgotten him. Let us go back to the poor creature at once."

I climbed the stairs of the inn first and ran into the room. The fire was not out

---

lantern 손전등, 초롱   **rug** 깔개, 융단   **forgive** 용서하다   **congratulate** 축하하다   **accentuate** 강조하다, 역설하다   **exquisite** 더할 나위 없이 훌륭한, 말로 형용할 수 없는   **escort** (남성이 여성을) 호위하다, 바래다주다

completely, but there were no flames. I quickly lit a few candles. I was surprised that Joli Coeur wasn't making any sounds. I found him, stretched out, lying under his blanket. He was still dressed in his general's uniform, and he appeared to be asleep. I leaned over him and held his hand gently to wake him up. His hand was as cold as ice. Mr. Vitalis came into the room.

"Joli Coeur is cold," I said, turning to Mr. Vitalis. He came to my side and also leaned over the bed.

"The poor thing is dead," Mr. Vitalis said. "It was his time. Oh, Remi, I shouldn't have taken you away from Mrs. Milligan. I am being punished. First Zerbino and Dolce, and now Joli Coeur. And I fear that this might not be the end!"

Chapter 15

Faithful Friends

비탈리스 씨는 파리에 다다를 무렵,
레미에게 잠시 떨어져 지내야 한다고 말한다.
레미는 걱정스러운 마음으로 비탈리스 씨와 함께 파리에 들어선다.

We were still a long way from Paris. Capi was more sociable,* and as I trudged* along I often felt his warm tongue on my hand. He licked me as much as to say, "Your friend, Capi, is here with you." Then

---

sociable 붙임성 있는, 사교적인 trudge 터벅터벅 걷다

I stroked him gently, without stopping. We understood each other; we loved each other.

It seemed strange to me that, as we neared Paris, the country ceased* to be beautiful. I had heard what a wonderful place Paris was. I did not know exactly what, but I expected something extraordinary.* I was imagining what Paris would look like when Mr. Vitalis suddenly stopped.

"Remi, we are going to our separate* ways when we get to Paris," he said.

"What?" I said, with trembling lips.

"Poor little fellow, yes, we must part."

Mr. Vitalis said those words in a very kind and loving voice. I did not know what to say. I just stroked his hand.

"I am too old," he continued. "And when one is old, once wants to lean on* somebody, like I have wanted to lean on you. But that is unfair* on such a young, little boy like you, Remi. It is so sad that we have to say goodbye just at the time when we are really getting to know each other."

"Are you going to leave me all alone in Paris?" I asked timidly.

"Of course not, my dear boy," Mr. Vitalis said, kneeling down* in front of me. "What would a small, poor child like you do in such a big city? And remember, I am not leaving you. It is only for a short time until the bad months of the season are over."

"What am I to do in Paris?" I asked.

"I will take you to my friend Garofoli. He will keep you with the other children that he has, and you will play your harp...."

"And you?" I asked.

---

cease 끝나다, 그치다 **extraordinary** 비범한, 예사롭지 않은 **separate** 따로따로의, 개별적인 **lean on** ~에 기대다, 의지하다 **unfair** 불공평한 **kneel down** 꿇어앉다

"I know some people in Paris. I will give violin lessons during the day and train dogs to replace* Zerbino and Dolce in the evenings. When spring comes, I will come and take you to England and Germany, and make a man out of you, just as I promised Mrs. Milligan. That is why I've started to teach you English. And you're already fluent* in French and Italian, which is rare* for a child your age."

I knew my master always meant the best for me, but during our travels, I had never met a padrone* who didn't hit his children. I was worried.

We got to a dirty street with heaps of snow on either side covered with cinders* and rotten* vegetables.

"Where are we?" I asked.

"In Paris, my boy," Mr. Vitalis answered.

Chapter 16

The Padrone

파리에 도착한 비탈리스 씨는 레미를
자신의 이탈리아 인 친구 가로폴리 씨에게 데리고 간다.
그런데 알고 보니 가로폴리 씨는 아이들에게
도둑질을 시키고 무자비하게 폭력을 행사하는 악당이다.

Although later on in life I found out how beautiful Paris was, my first impression of the city was very, very bad. It was probably because I only saw the slums.*

---

replace 대체하다, 대신하다 **fluent** 유창한 **rare** 드문 **padrone** 이탈리아 인 이민 노동자의 왕초 **cinder** 타고 남은 재 **rotten** 썩은 **slum** 빈민굴, 빈민가

Mr. Vitalis led me and Capi to the most dismal,* dirty house I had ever seen. He knocked on the door, and a skinny* boy came to answer the door. He seemed to be a couple of years older than me.

"Is Garofoli in?" Mr. Vitalis asked.

"No, Garofoli will be back in two hours," the boy answered.

"Are you sure he will be back in two hours?" asked Mr. Vitalis.

"I am quite sure," the boy answered. "That will be dinnertime, and no one ever serves dinner but Garofoli."

"Well, if he returns before me, tell him that Vitalis will be back in two hours."

"Very well, Mister."

Mr. Vitalis told me to stay and rest. He reassured* me of his return.

"Are you Italian?" asked the boy, when Mr. Vitalis's heavy steps could no longer be heard.

"No, I'm French," I replied in French.

"That's a good thing."

"Why is that?"

"Because if you were Italian, you'd have come here to work for Garofoli, which is bad news for you," the boy began to whisper.

"Is he a cruel man?" I asked.

The boy did not reply, but the look on his face spoke more than words. As if he did not wish to continue the conversation, he went over to the fireplace. My hands were cold, so I went and sat down next to him. As I stretched out my hands to the fire, I could hear the boy's stomach rumble.*

"Are you hungry?" I asked.

"Garofoli always starves* us," the boy said.

---

dismal 음침한, 음산한   **skinny** 바싹 여윈   **reassure** 안심시키다   **rumble** 꼬르륵 소리가 나다, 요동치다   **starve** 굶주리게 하다

"How did you end up here?"

"My name is Mattia, and Garofoli is my uncle. My mother lives in Lucca in Italy with my sister, Christina, and they are very poor. Garofoli brought me here last year. Garofoli has a lot of boys here, and we all have difficult jobs. At the moment, my job is to look after the food so that the other boys can't steal any. But Garofoli doesn't trust me, so he's put a lock on every pot. I also get less food than the others. I am being punished."

"Why?" I asked.

"I used to show two white mice to people in the streets," Mattia continued. "That was the first job Garofoli had given me. But I couldn't bring back enough money. For that, I was beaten every day, and finally put on kitchen guard* duty.*"

"Why couldn't you bring back enough money?" I asked.

"There was another boy from this house that showed mice, and he is pretty whereas* I am ugly. People always gave him the money."

There was an awkward* silence.

"Am I very pale*?" Mattia asked me. "I never go out anymore, and there's no mirror here so I don't know how I look."

"You don't look any paler than other people," I said.

"You're only saying that to be nice," Mattia said. "But I'm glad I'm sick. I want to be very ill."

"You don't mean that, do you?" I asked in amazement.

"If I become ill, they'll either send me to a hospital or let me die," he said seriously. "Either is better than starving and being beaten nearly to death here."

---

guard 망보기, 감시   **duty** 임무, 직책   **whereas** ~에 반하여   **awkward** 어색한   **pale** 창백한, 파리한

"I think you already look ill enough to go to a hospital," I said.

"That's great!" he shouted in a weak, crackly* voice. "Garofoli will be here soon, so we should stop chatting.*"

The door opened and a child, nearly as skinny as Mattia, came into the room. He carried a violin case under his arm. Then, one by one, the boys returned. Each boy hung his instrument* on a nail* above his bed. Those who were not musicians, but simply exhibitors* of trained animals, put their animals into cages* and fed them.

Then a heavy step sounded on the doorway and a stocky* little man wearing a gray overcoat came into the room. It was Garofoli. As soon as he entered the room, his eyes were fixed on me with a scary* look. Mattia quickly and politely gave him Mr. Vitalis's message.

"Ah, so Vitalis is here," the cruel man

said. "What does he want?"

"He is coming back to tell you himself," I replied.

"Ah, here's a clever little chap.* Are you not Italian?"

"No, I'm French."

"Well, join us for dinner," Garofoli said as he sat down at the head of the table. He lit up a pipe. "Now, to business, my little angels. Bring me the book, Mattia."

Garofoli made a sign to the boy on his right.

"You owe me a centime* from yesterday," Garofoli said.

"I'm also a centime short for today as well, Mr. Garofoli," the boy said, trembling.

Garofoli's face turned red with anger.

---

crackly 마른 나무가 타는 듯한 소리가 나는, 띄엄띄엄 들리는 **chat** 담소하다, 잡담하다 **instrument** 악기 **nail** 못 **exhibitor** 출품인 **cage** (동물의) 우리 **stocky** 땅딸막한 **scary** 무서운 **chap** 놈, 녀석 **centime** 상팀(0.01프랑)

He made the boy undo* his shirt, and started beating him with a whip.

The first lash* of the whip, as it cut into the boy's flesh,* made my eyes fill up with tears. Garofoli looked at me out of the corner of his eyes.

"There's a boy with a heart," he said, pointing at me. "He is not like you other rogues, who laugh when they see their comrades* suffer.*"

Luckily, I didn't have to endure* the atrocity* any longer. At this moment, the door was thrown open and Mr. Vitalis entered.

Mr. Vitalis already knew what was happening. He had heard the shrieks while he was approaching the house. He ran to Garofoli and snatched* the whip from his hand. Then, with a disgusted* look on his face, he stood before Garofoli with folded* arms.

"Shame! It's a shame!" shouted Mr.

Vitalis.

"That is just what I say," murmured Garofoli.

"Not the child! You! You are a shame!" shouted Mr. Vitalis. "What a cowardly thing to do! You are torturing* these poor children who cannot defend themselves."

"It's none of your business, you old fool," cried Garofoli, changing his tone.

"You're right," retorted* Mr. Vitalis. "Let us see what the police will have to say about this."

"Are you threatening* me?" cried Garofoli angrily.

"Yes, I am," replied Mr. Vitalis, not at all intimidated* by Garofoli's anger.

"Ah, Vitalis, so you'll talk?" he smiled.

---

undo (옷을) 벗기다, (매듭, 끈 등을) 풀다   lash 채찍질   flesh 살, 살집
comrade 동료, 동지   suffer 고통을 겪다   endure 견디다, 참다   atrocity 잔혹한 행위   snatch 잡아 뺏다, 낚아채다   disgusted 정 떨어진, 경멸하는
fold 접다, 접어 포개다   torture 괴롭히다, 고문하다   retort 반박하다, 항변하다
threaten 협박하다, 위협하다   intimidate 겁먹다, 겁을 먹고 움츠러들다

"Well, I also know a little secret. Your affairs* are none of my business, but there are others who are interested in your affairs. All I'll have to do is mention* one name. Who will be shamed then?"

Mr. Vitalis fell silent.

"Come, Remi," he said as he grabbed my arm and pulled me to the door.

"Oh, don't you want to stay and chat, dear friend?" cried Garofoli, now laughing.

"I am not your friend," Mr. Vitalis said bitterly, "and I never will be."

Then, without another word, we went out of the house. Mr. Vitalis was still holding me tightly by the hand.

"Thank you," I cried.

"For what?" Mr. Vitalis asked.

"For coming back to get me," I said. If I had been a more daring boy, I would have thrown my arms around Mr. Vitalis's neck.

Chapter 17

Poor Mr. Vitalis

비탈리스 씨는 악당 가로폴리에게서 레미를 도로 데려온다.
그러나 추위와 굶주림으로 지친 비탈리스 씨는
환각을 보게 되며 점점 의식을 잃어간다.

"Where are we going?" I asked Mr. Vitalis.

"To Gentilly to try and find a racecourse* where I used to sleep," he replied. "Are you tired, Remi?"

---

affair 추문, 스캔들 **mention** 언급하다 **racecourse** 경마장

"I'm okay. I rested at Garofoli's," I said.

Without saying a word, Vitalis walked on. His back was bent severely* now, and he looked very frail. Sometimes, when he stopped to lean for a minute on my shoulder, I felt his whole body tremble.

"Are you ill?" I asked when he stopped again.

"I'm afraid so," he answered. "I'm very tired, and I am too old. This cold is too severe* for my old blood. I need a warm bed and a supper before a fire. But that's a dream. Let's keep going."

Although it was dark and the streets continually crossed each other, Mr. Vitalis walked like a man who knew his way around. He seemed perfectly sure of the road. So I followed, feeling confident* that we would get to the racecourse in time. Suddenly, Mr. Vitalis stopped.

"Do you see that group of trees over

there?" he asked. I looked. There was nothing.

"I don't see anything," I replied.

"It is fear, my boy, that makes your eyes weak," Mr. Vitalis said, putting his trembling hand on my shoulder. "Look again."

"Seriously, I do not see any trees," I answered.

"What about that big road?"

"I don't see a big road."

"Then we've made a mistake." With that, he turned to his right and began walking again. I followed him.

"Are there any deep ruts* in the road?" Mr. Vitalis asked after half an hour.

"No," I said.

"Then we must turn back."

We turned. Now we faced the cold,

---

severely 심하게 **severe** 호된, 모진 **confident** 확신하고 있는 **rut** 바퀴 자국

stinging* wind.

"We have to take a road leading from the crossroads*," said Mr. Vitalis feebly.* "Tell me when you see it."

We went on, struggling against the wind. When we got to where Mr. Vitalis said the gates of the racecourse would be, we only found a large brick wall. The situation was terrible. It was clear that Mr. Vitalis had become delirious.* I began to suspect* that there might not have been a racecourse there at all. Mr. Vitalis stood for a moment as if he were daydreaming.* Capi began to bark impatiently.

"Shall we keep looking?" I asked.

"No, the racecourse has been walled up,*" replied Mr. Vitalis.

"Walled up?"

"Yes, they have closed the opening. It will be impossible for us to get inside."

"Well then, where shall we go?" I asked,

growing more anxious by the minute.

"We shall return to Paris. When we meet a police officer, we will ask him to take us to the police station. It won't be nice, but I cannot let you die of cold, my boy. Come, little Remi, come."

Mr. Vitalis walked more and more slowly. When I tried to speak to him, he made a sign to me to be silent. We were now close to the city. All of a sudden, Mr. Vitalis stopped. I knew that he had come to the end of* his strength.*

"I need to rest a little," he said, feebly. "I can't go on."

There was a gate leading into a big garden. The strong wind had blown a lot of straw onto a manure* heap near the gate and into the street.

---

stinging 찌르는 듯이 아픈, 살을 에는 crossroad 교차로 feebly 희미하게, 미약하게 delirious 정신이 혼미해진, 제정신이 아닌 suspect ~이 아닌가 하고 생각하다, 의심하다 daydream 백일몽을 꾸다 wall up 막다, 감금하다 come to the end of ~이 바닥나다 strength 힘, 체력 manure 퇴비

"Let's sit here," said Mr. Vitalis. I gathered all the straw that I could and sat down next to Mr. Vitalis.

"Come," said Mr. Vitalis. "Come and sit close to me, and lift Capi onto your lap. He will help you stay warm."

Mr. Vitalis was ill. As I pulled myself up close to him, he bent over and kissed me on my head. That was the second time he had kissed me, and I had no idea it was going to be the last. My mind wandered off* to thoughts of Mother Barberin, Arthur and Mrs. Milligan, and I fell asleep.

Chapter 18

New Friends

원예업자 삐에르 씨의 집에서 깨어난 레미는
지난밤에 비탈리스 씨가 동사했다는 사실을 알고 슬퍼한다.
레미는 자신을 구해준 삐에르 씨의 집에서 함께 지내게 된다.

I woke up in a room I had never seen before. There was a man and his four children surrounding* the bed.

"Mr. Vitalis? Capi?" I said, raising my hand.

---

wander off 헤메고 다니다 **surround** 둘러싸다, 에워싸다

"The boy is looking for his father," a girl said to the man.

"He is not my father," I said.

"Oh, I see," said the man. "The old man is dead. He was already dead when we found you. Your dog kept you alive by keeping you warm."

"Capi?" I asked. I was trying hard not to cry in front of strangers.

"Capi?"

"Yes, the dog."

"I don't know. He's disappeared. He followed the old man's body."

Then the man, who introduced himself as a gardener, went on to tell me that he had found me that morning, cuddled up with* Mr. Vitalis and Capi. He brought me inside and went to the police, who came and took away Mr. Vitalis's body.

"Thank you, sir, for saving my life," I said.

"You can thank me later," he replied. "For now, let's just worry about making you better. Come, Lise here will give you some soup." He pointed to the youngest child, a girl with big, glittering* eyes.

I ate the soup in silence, and the others watched me. After I had finished the soup and thanked Lise, I got up to go.

"Where are you going?" asked the gardener. "Wouldn't you like to stay here and work for me? You'll have to get up very early every morning and work hard all day. But you will never have to go through* what you did last night. You will have your own bed and food. The best part is that you will have the satisfaction of knowing that you have earned them. And, if you're a good boy, and I think you are, you will become part of the family."

---

cuddle up with ~와 부둥켜안다   **glittering** 반짝이는   **go through** 겪다, 경험하다

Lise looked at me and smiled. I could hardly believe what I had just heard. I just stared at the gardener. Lise got up, ran to me and took my hand.

"Well, what do you say, boy?" asked the gardener.

"A family!" I thought to myself. "I don't have to be alone!"

The man I had lived with for several years, who had been almost a father to me, was now dead. And good Capi, my companion and friend, whom I loved so much, was also gone. The gardener's proposition* was the one good thing that had come out of a bad situation. I quickly slipped the strap* of my harp off my shoulders.

"Good," said the gardner, smiling. "I can see by your face that you are pleased. Hang up your harp there on the wall. If you ever get tired of living with us, just take it down and you can leave. Just remember to choose your season right. Don't leave in the middle of winter."

The gardener's name was Pierre Acquin, and he told me to call him Pierre. He had two boys, Alexix and Benjamin, and two girls, Etiennette, the elder, and Lise, the youngest of the family.

Lise could not speak. When she was very young, she had lost the power of speech due to an illness. Her being dumb, fortunately, had not impaired* her intelligence. To the contrary,* she was extremely* intelligent for a girl her age.

Since their mother had died, Etiennette had been the mother of the family. She had left school early to stay at home to cook, clean, and look after her siblings* and her father. She was only fourteen, but her face

---

proposition 제안, 제의   **strap** 가죽 끈   **impair** 손상시키다   **to the contrary** 그와 반대로   **extremely** 극단적으로, 아주   **sibling** 형제자매

was already serious and sad. It was not the face of a little girl.

After I had hung my harp on the wall, I sat down with the family and began telling them what had happened the night before. I was just about to tell them that we had hoped to sleep on the racecourse when I heard a scratching on the door which opened onto the garden. The scratching was followed by a plaintive* whine.*

"Capi! Capi!" I cried, jumping up quickly.

But Lise was at the door before me. She opened the door.

Capi jumped upon me, making me fall. I held him in my arms. With little howls of joy, and his whole body trembling, he licked my face.

"And Capi?" I asked Pierre. He understood my question.

"Well, Capi will stay with you, of

course," said Pierre.

The police officers, who had taken Vitalis away, had come with Capi and they wished to question me. On seeing my anxiety,* Pierre offered* to take me to the police station. When we arrived there I was questioned for a long time, and I told them everything I knew.

"And now?" asked the commissioner.*

"We are going to take care of him," interrupted Pierre. "That is, if you will let us."

The commissioner agreed and complimented him upon his kind act.

During my questioning, I had told the police about the only acquaintance* of Mr. Vitalis that I had met, Garofoli. The commissioner asked me to lead them to the house.

---

plaintive 구슬픈, 애처로운 **whine** 낑낑거림 **anxiety** 불안, 걱정 **offer** 제의하다, 제안하다 **commissioner** 경찰서장 **acquaintance** 아는 사람

Soon, we found the street and the house. When we rang the bell, it was not Mattia who came to the door, but some other skinny boy. Mattia had probably been taken off to the hospital. On seeing the officer and recognizing* me, Garofoli's face turned pale and he looked frightened. He soon realized, however, that the police officer had only come to question him about Mr. Vitalis.

"So he is dead?" Garofoli said.

"We need you to tell us all you can about him," said the police commissioner.

"I do not know too much about him," Garofoli began. "His name was not Vitalis. His real name was Carlo Balzini. Carlo Balzini was the greatest singer in Italy thirty-five to forty years ago. He sang in all the famous venues* in Rome, Venice, Florence, London and Paris. Then one day, for reasons unknown, he lost his magnificent* voice. He did not want to sing unless he could be the greatest of singers, and he refused to damage* his great reputation* by singing on cheaper stages unworthy of* his talent. At last, he decided to hide himself from the world and all who had known him in his triumph.* He tried several different jobs, but was unsuccessful. Finally he took to training dogs, which he was quite good at. It was by sheer chance that I learned of his secret."

Poor Carlo Balzini. My dear master. Poor Mr. Vitalis!

---

recognize 인정하다, 인지하다   venue 장소   magnificent 멋진, 훌륭한
damage 손상시키다   reputation 명성, 평판   unworthy of ~에 어울리지 않는, ~에 부적합한   triumph 대성공

Chapter 19

Disaster

레미는 친절한 삐에르 씨 가족의
원예 사업을 도우며 행복하게 살아간다.
그러던 어느 날 우박 섞인 폭풍우가 불어와 삐에르 씨의 정원을 망치고
삐에르 씨 가족은 뿔뿔이 흩어지게 된다.

I could not go to Mr. Vitalis's funeral* because I became very ill. I had pneumonia.* The doctor wanted me to stay at the hospital, but the family was too worried to leave me there. It was during my illness that I saw how good Etiennette was. She cared for me as a mother would care for her child. When she was busy with chores,* Lise sat by me and looked after me. She was like an angel, and I used to imagine her flapping her little wings and flying away.

I was ill for a very long time, and I felt bad because I wanted to help my new friends. Then one day, I was finally strong enough to work with the others in the garden. Over the next few days, the family patiently and kindly taught me everything I needed to know about gardening.

Days and months passed. I was so happy that sometimes I thought it would not last. One day in August, we were going on a picnic to the park. Lise and I ran ahead with Capi jumping around us, and the others followed, laughing.

"Wait," Pierre said suddenly. He looked

---

funeral 장례식　**pneumonia** 폐렴　**chore** 집안일, 하기 싫은 따분한 일

up at the sky. Gray clouds were quickly covering the sky, and the wind grew stronger.

"Let's go back," he continued. "There's going to be a storm. Benny and Alexix, you come with me. We have to go and cover up the garden. Remi, you bring the girls home." With that, Pierre and the boys started running.

Etiennette and I took Lise by the hands. There was thunder and lightning now, and the clouds were so heavy that it felt almost like night. Then suddenly there was a downpour* of hail,* and we had to run to take shelter under a big gateway.*

"Oh, the glass frames*!" cried Etiennette. Glass frames were one of the most valuable* assets* of a florist.* It would be fatal* to Pierre's work if they were shattered.*

The storm lasted for only around six

minutes. Hailstones* covered the ground. Lise could not walk on them in her thin shoes, so I carried her.

We reached the house soon and rushed to the garden. All the glass frames were smashed* to bits. Hailstones, our beautiful flowers, and broken glass frames were all heaped* together in our once beautiful garden. Everything was destroyed.*

I learnt from Etiennette later that her father had bought the garden ten years ago and had built the house himself. He also borrowed* money from the man who sold him the land to buy the necessary materials* required* by a florist. Pierre had to pay back* the money in yearly installments* for fifteen years. The man

---

downpour 호우, 폭우 **hail** 우박 **gateway** 출입구, 현관 **frame** 틀, 뼈대 **valuable** 값비싼, 귀중한 **assets** 자산, 재산 **florist** 화초 재배자 **fatal** 치명적인 **shatter** 산산조각 나다 **hailstone** 우박, 싸락눈 **smash** 때려 부수다, 깨뜨리다 **heap** 쌓아 올리다 **destroy** 파괴하다 **borrow** 빌리다 **material** 재료 **require** 필요로 하다, 요구하다 **pay back** (돈을) 갚다 **installment** 할부(금)

was greedy,* and he was waiting for a chance to take back the land and the house while keeping the ten years worth of payments* that he had already received.

Soon, a bailiff* came to our house with an eviction* notice.* Pierre was always out, however, so the notice could not be served. One day, Pierre came back home later than usual.

"Children, it is all over," said Pierre. "I am going to leave you."

"Why! Why!" the boys began to cry. Lise flung her arms around Pierre's neck.*

"I have no money to pay back my debt,* so everything here has to be sold." he told us. "On top of that,* I have to go to prison for five years."

We all started crying. Pierre then told me to write a letter to his sister, Aunt Catherine, to ask her to come to us. She did not arrive in time, however, and the police came to get Pierre.

Pierre said goodbye to his children, holding and kissing each one affectionately.* I stood by and watched, but he came and embraced me just as he had embraced his own children, and kissed me just as affectionately.

Aunt Catherine arrived a few hours later. She was a nurse* in a lawyer*'s family, and she had no means of supporting* five destitute* children. She asked the lawyer for advice, and she told us her plan. Lise was to go and live with her. Alexix was to go and live with an uncle at Varses, and Benny with another uncle who was a florist at Saint-Quentin. Etiennette was to go and live with an aunt who lived at the seashore.

---

greedy 욕심 많은 **payment** 지불, 납입 **bailiff** 법정 경위 **eviction** 축출, 퇴거 **notice** 통지 **fling A's arms around B's neck** A가 B의 목을 얼싸안다 **debt** 빚 **on top of that** 게다가, 설상가상으로 **affectionately** 애정을 담아 **nurse** 보모 **lawyer** 변호사 **support** 부양하다 **destitute** 빈곤한

"And me?" I said timidly.

"But you don't belong to the family," she answered. I had nothing to say. The children all begged her to let me stay with them, but it was all in vain. She told us to go upstairs and sleep for the night, for we were all to go our separate ways in the morning.

When we got upstairs, all the children gathered around me and began to cry. They were more worried about me than themselves.

"Listen," I said. "Although we are not related* by blood, I am your brother."

"Of course!" they all cried.

"I am going to do what a good brother would do," I continued. "I'm going to put on my sheepskin coat and take my harp, and go to the places where you live, one after the other. I'll carry news from one of you to the other, so you'll all be able to stay in touch.* I haven't forgotten my songs or my dance music, so I'll get enough money to live."

They all loved the idea. I was glad they were so pleased with it. We talked for a long time, and then Etiennette made us go to bed. No one slept much that night, and I least of all.*

The next day, about an hour before we were all to say goodbye, the children called me into the garden. Etiennete gave me a box filled with needles and thread, for she worried that she was not going to be there to patch up* my clothes. Alexix gave me one of his two five-franc coins, and Benjamin gave me his knife. This touched me greatly, for they all had given me something they cherished.* Then Lise went to a rose tree and cut off two roses.

---

relate ~와 관련이 있다   stay in touch 계속 연락하다   least of all 가장 ~가 아닌   patch up 수선하다, 고치다   cherish 소중히 여기다

She gave me one and kept one for herself.

"Lise!" called her aunt. The cab* was there, and the baggage* was already in the cab. I took my harp and called to Capi. He jumped and barked with joy when he saw me wearing my old clothes. Together we watched the others go. They waved* at us until they were out of sight, and I could see that they all had tears in their eyes. That was the end of two happy years spent in Paris, but I did not cry.

Although everything had ended badly, I was still happy. I was happy because now I was not alone in the world. I had made dear friends, who considered me part of their family. I also had a new object* in life. It was to be useful and give pleasure to those I loved.

Mattia

삐에르 씨 가족과 헤어지고 다시 방랑길에 나선 레미는
파리의 가로폴리 씨 집에서 만난 적이 있는 마띠아를 우연히 다시 만난다.
둘은 친구가 되고 의기투합하여 새로운 공연을 준비하여
어느 집 결혼식 잔치에서 큰돈을 번다.

Before I began my wanderings,* I went to see the man who had been a father to me for the past two years.

"Ah, Remi, boy, I was expecting you," Pierre said as I entered the visiting room

---

cab 승객용 마차 **baggage** 수하물 **wave** 흔들다 **object** 목적, 목표
wandering 방랑

in Clichy prison. "I scolded* Catherine for not taking you with the others." Those words made me happy.

"I've been told that you are off on your wanderings again," he continued. "I am worried about you."

"But I'm doing it so that you can all stay in touch," I said in a determined* voice. Pierre looked at me with a smile.

"You have a good heart," he said. "I will not say another word, my boy. God will take care of you." I hugged him with all my strength.* Then it was time for me to go.

"Here, boy, take this," he said as he took a silver watch from his pocket. "I want you to have it as a keepsake.* It isn't of much value, but it's all I have."

Walking away from prison, I felt very sad to leave Pierre. But soon, I remembered that I had my very own watch! I was only a young boy and I had my very own silver watch!

Capi seemed happy as well. At first I thought he was happy for me, but soon I realized that he wanted something. He wanted to tell the time as he had done in the days when he worked with Mr. Vitalis.

I showed the watch to him. It was midday.* He looked at the watch for some time, as if he tried to remember. Then, wagging* his tail, he barked twelve times. He remembered! This was good news. We could earn money with my watch!

I bought an old map of France, and started walking south. As I passed a church, I saw a little boy leaning against the wall. I was surprised to see that it was Mattia, the skinny boy from Garofoli's house. He had not grown an inch, but it

---

scold 꾸짖다, 잔소리하다   **determined** 결연한, 단호한   **with all one's strength** 있는 힘껏   **keepsake** 기념품, 유품   **midday** 정오, 한낮   **wag** 흔들다

was him. He recognized me, and his pale face broke into a smile.

"Ah, it's you," he said. "We met at Garofoli's before I went to the hospital."

"Is Garofoli still your master?" I asked.

"Garofoli is in prison," he said with a smile. "They took him because he beat a boy to death."

The skinny boy went on to tell me that he had been rented* to a circus* by Garofoli. When he came back, Garofoli and the boys were gone, and a neighbor told him what had happened.

"I don't know what to do," he continued. "I have no money and I'm starving."

I was not rich myself, but I had enough to give something to poor Mattia.

"Wait for me here," I said.

I ran to a bakery and bought a large roll and a bottle of milk. I gave them to Mattia, who devoured everything in under a minute.

"What will you do now?" I asked.

"I don't know. What about you?" he said.

For reasons still unknown to me, I put up a ridiculous* bluff.*

"Well, I'm the boss of a company," I said proudly.* This was true to an extent,* although my company consisted only of* Capi.

"Will you take me in your company?" asked Mattia without a moment's hesitation.*

"To be honest, that is all the company I have," I said, pointing at Capi with a smile.

"I don't mind," he said. "Just take me with you. I'll be your humble* servant, and I don't ask for money. All I need is a little

---

rent 임대하다 circus 서커스, 곡마단 ridiculous 우스꽝스러운, 터무니없는 put up a bluff 허세를 부리다, 허풍을 떨다 proudly 자랑스럽게 to an extent 어느 정도 consist of ~으로 이루어지다, 구성되다 without a moment's hesitation 한 순간의 망설임도 없이 humble 겸허한, 비천한

food every now and then."

I had met many people who helped me in times of hardship, and now I felt a certain responsibility* to help Mattia.

"Come with me," I said. "But come not as a servant, Mattia, but as my friend." We shook hands, and walked out of Paris together.

While we were resting in a small park, I decided to show off my possessions* to Mattia. Unfastening* my bag, I proudly spread out my belongings* on the grass. I had three cotton shirts, three pairs of socks and five handkerchiefs, which were all in good condition. I also had one pair of shoes which were slightly* worn.* Mattia's jaws opened widely in awe.*

"And what do you have?" I asked.

"I've only got my violin," he replied.

"Well, now that we're friends, we'll share our things. You can have two shirts, two pairs of socks, and three handkerchiefs. But to make it fair, you'll carry my bag for one hour and I'll carry it for another."

I had laid out* Etiennette's needle case and also a little box in which I had put Lise's rose. I didn't let Mattia touch the box, and put it back in my bag without even lifting the lid.*

"If you want to please me, you will never touch this box," I said. "It was a gift."

"I promise I'll never touch it," he said.

When we stopped to rest again, I asked Mattia to play the violin. I was pleasantly surprised to find that he played almost as well as Mr. Vitalis.

Wanting to impress* Mattia, I took my harp and began singing some famous songs. He complimented me, as I had

---

responsibility 책임감 **possessions** 소유물, 재산 **unfasten** 끄르다, 풀다 **belongings** 소유물, 소지품 **slightly** 약간 **worn** 닳은, 해진 **in awe** 경외하여 **lay out** 펼치다, 진열하다 **lid** 뚜껑 **impress** 감동시키다

complimented him. We both had talent.

We began walking again, and I taught Mattia my songs so that we might give a performance and make some money at the next village we came across.

At the next village, we saw a large crowd of rich-looking people in the backyard of a large house. They were drinking and laughing, and soon we realized that it was a wedding. I went up to a good-natured looking man, and asked if he and the other guests would like a musical performance by 'Remi's Company.'

He did not reply to my question. He simply put his two fingers in his mouth and gave such a loud whistle that it frightened Capi.

"Hey! Shall we have a little music?" he cried.

"Oh, music! Please!" everyone shouted.

The men brought two large barrels,[*]

and Mattia and I used them as a makeshift stage. When we started playing, the whole crowd went into a frenzy* and danced passionately.*

"Can one of you play the cornet*?" asked a lady.

"I can, but I don't have a cornet," Mattia replied.

"I'll bring you one," said the lady.

We played until midnight. That evening, I found out that Mattia could play almost any song that he had heard once.

"That's enough," the bride* said. "The little boys look tired. Now let us all give something to the musicians!"

I threw my cap to Capi, who caught it in the air.

"Please give your offerings* to our

---

barrel 통 frenzy 열광 passionately 열렬히 cornet 코넷(금관악기)
bride 신부 offering 헌금, 사례

secretary,*" I said.

The crowd applauded, and everyone was delighted* at the manner in which Capi bowed. My cap was filled with silver coins, and to top it off, the groom put in a five franc coin! We made a total of thirty-two francs that night.

The hospitable* bride and groom* let us sleep in their hayloft.* The next morning, we went straight to the market. We enjoyed a big breakfast, and went to a secondhand instrument shop to buy a cornet for Mattia. Then we bought a small bag, so that we could both carry a small load all the time, rather than taking turns carrying a large one.

Now that we had a lot of money, I decided to go and visit Mother Barberin. I could take her a nice present because I was rich now. I knew what would make her happy. I wanted to buy her a cow. I would not be able to take it to her myself, because Jerome might be there. I would make Mattia go with the cow before me, and make him bring her to me.

However, I didn't even know how much a cow cost. I had not the slightest idea. The cow didn't need to be very big, because the fatter the cow the higher the price. Also, the bigger the cow the more food it would require. I did not want my present to be a source* of inconvenience* to Mother Barberin.

When we reached the next village on the way to Chavanon, Mattia and I walked into the nearest inn. I met a farmer there, and I asked him how much a cow, like the one I wanted, would cost. He burst out laughing and banged on the table.

---

secretary 비서　**delighted** 즐거운, 아주 기쁜　**hospitable** 친절한, 손님 접대를 잘하는　**groom** 신랑　**hayloft** 건초 두는 곳　**source** 원인　**inconvenience** 불편

"This little musician wants to know how much a cow costs!" he shouted to everyone in the room. "Not a very large one, he says, but a very healthy one that'll give plenty of milk!"

Everyone laughed, but I didn't care. I was serious.

"Yes, she must give good milk and not eat too much," I said. "And she mustn't mind being led along the lanes by a halter.*"

When he saw that I was serious, he told me that he had just the very cow I was looking for. He told me that it would cost me one hundred and fifty francs, and said that it was a bargain.*

"She's a cow that gives good milk and eats little," he said. "You'd be very lucky to find any similar* cow that is cheaper."

One hundred and fifty francs! That was a lot of money. I don't think I ever saw

Mr. Vitalis or even Pierre with that much money. I thanked the farmer and went to our room with Mattia.

"If Mattia and I continue our performance, and if we are as lucky as we were yesterday, we should be able to make a lot of money," I thought to myself. "I would save, only spending what was necessary, and over time, we would have enough to buy a cow."

But this plan was going to take time. Moreover, I had to go to Varses and see Benny first. We could give as many performances as we could on our way. If my plan worked, by the time we returned to Chavanon, I would have enough money to buy Mother Barberin a cow.

I asked Mattia if he had any objections[*] to my plan. He had none.

---

halter 고삐 **bargain** 싼 물건 **similar** 비슷한, 유사한 **objection** 반대

Chapter 21

Meeting Old Friends

레미와 마띠아는 알렉시스가 살고 있는 광산 마을을 방문하다.
알렉시스와 재회한 레미는 그곳에서 며칠을 보낸다.
그들이 떠나기 직전, 알렉시스가 손을 크게 다치고
레미가 당분간 알렉시스의 일을 대신하기로 한다.

Sometime during the fourth month of our journey, we reached the outskirts* of Varses. I had bought a leather purse, and inside it were one hundred and thirty francs. I was grateful to Mattia because without him, Capi and I would not have made anything near that amount.

We were on our way to Varses to visit Alexix. I did not know his whereabouts.* All I knew was that his uncle worked in a mine* called the "Truyère."

When we got to the mine, we were told where Gaspard, Alexix's uncle, lived. When we reached the house, a woman answered the door.

"Does Uncle Gaspard live here?" I asked.

"Yes," she said. "Who are you?"

"I'm here to see Alexix, his nephew,*" I answered. "Oh! You must be Remi," she said. "Alexix has been expecting you. Who's that boy?" She pointed to Mattia.

"He's my friend," I said.

The woman, who was Alexix's aunt, went on to tell us that he and his uncle would not be back until six o'clock. To my surprise, she did not ask us come

---

outskirts 변두리, 교외 whereabouts 행방, 소재 mine 광산 nephew 조카

in and wait inside. I thanked her and walked away, feeling embarrassed* at the reception.* I was now worried that Mattia would think badly of my friends.

After getting something to eat at the town bakery, we went back to the mine and sat down near the entrance.* At precisely six o'clock, dusty and exhausted miners* began to rush out.

I did not see Alexix until he had run up to me. He was covered in black dust from head to toe,* and I could have easily mistaken him for another person. Capi was also happy to see Alexix, and he jumped up and started licking Alexix's face.

There was a man, about forty years of age, standing behind Alexix.

"So you must be Remi," the man said. He had a kind, gentle face and a soft voice, just like Pierre. It was obvious why: he was

Pierre's brother, Uncle Gaspard.

"And you must be the famous Capi," said Uncle Gaspard. "I hope you will entertain* us tomorrow because it will be Sunday. Alexix says that your dog is smarter than a schoolmaster* and a comedian* combined.*"

I was glad that Uncle Gaspard was so friendly, especially after the cold reception given to us by his wife. Mattia and I were invited to dinner at his house, to which we gladly agreed.

Alexix's aunt was an extremely chatty* woman, and the dinner she had prepared for her hard-working husband seemed somewhat insufficient.* Uncle Gaspard, however, ate without making a single complaint.*

---

embarrassed 난처한, 당혹스런   reception 접견, 접대   entrance 입구, 현관   miner 광부   from head to toe 머리부터 발끝까지   entertain 즐겁게 하다   schoolmaster 학교 선생   comedian 코미디언   combine 결합시키다   chatty 수다스러운   insufficient 부족한   complaint 불평, 불만

Mattia and I stayed in Alexix's room that night, and none of us got much sleep. Alexix and I had so many questions for each other, and Alexix and Mattia also got along well.*

We stayed with Alexix for a few days. By the way, on the day that I was to leave Varses, a large block of coal fell on Alexix's hand and almost crushed* his finger. He was obliged to* stay home for a few days, which put Uncle Gaspard in a bad situation. Without a boy to push his cart,* he could not work either.

"I can take his place," I suggested* to Uncle Gaspard.

"I am afraid the cart would be too heavy for you to push, my boy," he said.

"I'm stronger than I look," I said confidently.

"If you'd be willing to try, it would help me out a lot," he said with a smile.

"While you are down in the mine, I'll go into town with Capi and earn the rest of the money for the cow," said Mattia.

The time Mattia and I had spent on the road had changed him completely. He was no longer the ill, pale-looking boy I had met in Paris. Mattia was now a healthy, happy and optimistic* boy, and a dear friend of mine.

I explained to Capi that I was going down in the mine, and that I wanted him to go and perform shows with Mattia. As usual, he understood every word I said and barked to express* his agreement.*

The next day, I followed Uncle Gaspard into the mine. I noticed that all the employees* who pushed the carts were young boys, with the exception* of

---

get along well 무고하게 지내다   crush 눌러 부수다   be obliged to ~하지 않을 수 없다   cart 손수레   suggest 제의하다, 제안하다   optimistic 낙관적인, 낙천적인   express 나타내다, 표현하다   agreement 동의, 찬성   employee 고용인   exception 예외

one person. He was an old man whom everyone called the Professor. He used to be a carpenter* inside the mine who built support* frames,* but a large block of coal had fallen and crushed his fingers, obliging him to give up his trade.* I was about to learn what it meant to be a miner.

Chapter 22

Imprisoned In a Mine

알렉시스를 대신하여 광산에서 일하던 레미는
광산이 물에 잠기면서 수갱에 며칠간 고립되고
언제 구출될지 모르는 막연한 기다림 속에
몸은 점점 쇠약해진다.

A few days later, I was inside the mine, pushing the cart behind Uncle Gaspard. All of a sudden, I heard a terrible roaring* on all sides. It was the noise of running water. I ran to Uncle Gaspard, who was

---

carpenter 목수 **support** 받침, 지지 **frame** (건조물의) 뼈대 **trade** 손일, 수공작업 **roaring** 굉음

about ten paces ahead of me.

"There's water coming into the mine!" I cried.

"Don't be silly, my boy," Uncle Gaspard said with a smile.

"I'm serious! Listen!" I cried again.

Uncle Gaspard stopped working and listened carefully to the noise, which was now getting louder and louder.

"Run for your life! The mine's flooding*!" he shouted.

We started running toward the ladder, and on the way I saw the Professor still pushing his cart.

"Professor! Professor!" I screamed. "Quick! Come with us! The mine's flooding!"

I took him by the arm and helped him along. The water was rising rapidly.

We were all climbing up the ladder when a rush of water fell, extinguishing* all our lamps.

"Hold on tight!" cried Uncle Gaspard.

We clung to the rungs.* By their screams* I could tell that some men below were thrown off the ladder.

When we reached the first landing,* seven or eight miners with lamps came running in our direction.

"We must get to an air shaft,* boys," said the Professor. "That is the only place where we can survive. Give me a lamp."

The quiet old man was now the most authoritative* person of the group. The others, who were much stronger and younger than the Professor, now obeyed his commands.

The Professor swiftly* led us to the nearest air shaft. Some men refused to

---

flood 범람하다, 홍수가 나다   extinguish 끄다, 진화하다   rung 사다리의 계단
scream 절규   landing 층계참   air shaft 통풍 수직굴, 수갱   authoritative
권위 있는   swiftly 신속히, 빨리

enter and went in another direction. There we were; Uncle Gaspard, three miners—Pages, Comperou and Bergounhoux—a car pusher named Carrory, and myself. I was shaking with fear, but I did not say a word. When the miners began to panic, the Professor stepped forward.

"Don't worry. Because we won't be drowned,*" the Professor said. "We are in a pocket* of air, and the compressed* air stops the water from rising. The only problem is that the water has stopped rising, which must mean the mine is full of water."

I began to wonder how many out of the hundred and fifty miners had been able to get out by the shafts, or had found a refuge* like ourselves. A few hours passed, which felt like decades* in the mortal* silence.

"I don't think they are trying to rescue*

us," said Uncle Gaspard, breaking the silence at last. "I can't hear anything."

"How can you think that of your colleagues*?" cried the Professor. "You've worked here long enough to know that miners never desert* each other in accidents."

"You are right," murmured Uncle Gaspard.

"Don't worry," continued the Professor. "They are trying their hardest to rescue us. It will take them some time because they'll have to bore* a tunnel to us down here, and then drain off* the water."

The men began discussing how long this would take. They all agreed that we'd have to remain at least eight days in our underground* tomb.*

---

drown 물에 빠져 죽다   **pocket** 작은 지역, 고립 지대   **compressed** 압축된
refuge 피난처   **decade** 10년   **mortal** 기나긴, 지루한   **rescue** 구조하다
colleague 동료   **desert** 버리다, 유기하다   **bore** 구멍을 뚫다   **drain off**
(물을) 흘려보내다, 배수하다   **underground** 지하의   **tomb** 무덤

Eight days! There was silence. The silence continued for a long time, and a million thoughts ran through my head. Soon all of our minds were infected* with depression* and despair, and with them came thoughts of impending* death.

I became very drowsy, but I didn't feel safe enough to fall asleep. There was a danger of rolling into the water. Seeing my efforts to stay awake, the Professor took me in his arms and let me fall asleep on his lap.

After some time, Comperou, who was a large, muscular* man, burst into tears.

"The good Lord is punishing* me," he cried. "I repent!* I repent! If I get out of here alive, I swear* I will atone* for my sin.* If I don't get out, you boys will have to make amends* for me. Do you remember Rouquette? He was sentenced to five years for stealing a watch from

Vidal. I confess*! I was the thief! I took the watch! It's under my bed."

"Thief!" cried both Pages and Bergounhoux. "We ought to throw you into the water!"

The Professor persuaded* them to do no such thing. Everyone agreed not to punish Comperou on one condition*; he was to be left in a corner and no one was to speak to him or pay any attention to him.

Pages, Bergounhoux and Uncle Gaspard each had a bottle of water tied to their belts. All of us, with the exception of Comperou, took small sips from them every now and then.

Comperou asked me for some water, but the men did not let me give him any.

---

infect 전염시키다, 감염시키다 **depression** 우울, 의기소침 **impending** 임박한, 절박한 **muscular** 근육의 **punish** 벌하다, 응징하다 **repent** 후회하다, 뉘우치다 **swear** 맹세하다 **atone** 속죄하다, 갚다 **sin** 죄, 잘못 **make amends** 배상하다, 보충하다 **confess** 자백하다, 실토하다 **persuade** 설득하다 **condition** 조건

At last, Comperou took off one of his boots and walked over to the entrance of the air shaft. He bent down to collect some water in his boot, but the water was just out of reach.* He got down on all fours to try again, but slipped and fell into the dark hole.

The water splashed* up to where I was sitting. I leaned forward ready to jump in after Comperou, but Uncle Gaspard and the Professor each grasped* me by the arm. Trembling with horror, I drew myself back.

I don't know how many days we had been trapped* inside the mine, when suddenly I thought I would light a lamp. To save the lamps, we had decided to use them only when absolutely* necessary. When the lamp was lit, everyone rushed to look at the surface* of the water. The water was going down!

After many more hours, Bergounhoux suggested that before dying we should put down* our last wishes. We lit a lamp and Bergounhoux took out a pencil and a piece of paper from his pocket and began writing our wishes down. I gave my dog and harp to Mattia and I asked Alexix to go to Lise and kiss her for me, and to give her the dried rose that was in my vest pocket.

After some time, we saw that the water level was decreasing* considerably.* I told my companions* that I could swim to the ladders and tell our rescuers* where we were.

"Go on, Remi," cried Uncle Gaspard. "If you succeed, I'll give you my watch!"

The Professor disagreed* at first, but

---

out of reach 손이 닿지 않는 splash 튀기다 grasp 붙잡다 trap 좁은 장소에 가두다 absolutely 절대적으로 surface 표면 put down 기입하다, 적다 decrease 줄다, 감소하다 considerably 상당히, 꽤 companion 동료 rescuer 구조대원 disagree 의견이 다르다, 동의하지 않다

when I insisted* he took my hand in his.

"Do it if you think it is possible," he said. "But don't risk your life for ours."

"I can do it," I said confidently. In my travels with Mr. Vitalis, I had learnt how to swim.

"Go then, Remi," the Professor said. "But first, give me a kiss."

I kissed the Professor and Uncle Gaspard and went into the water.

"You keep shouting all the while,*" I said, before taking the plunge.* "Your voices will guide* me."

I swam with all my strength, and my companions shouted at the top of their lungs* to guide me in the black water. I was sure I had reached where the ladder should be, but it wasn't there! I was quickly running out of breath, and I swam back toward the voices of my companions. I was sure I was going to die when Uncle

Gaspard pulled me out of the water. Uncle Gaspard and the Professor took off their shirts and wrapped* them around me, then held me to keep me warm.

Hours passed again. Then, to our delight,* we could hear the blows of picks* and the humming* of the pumps.* We were getting closer to our freedom, but at the same time growing weaker and weaker.

Suddenly, there was a noise in the water and I saw a great light coming toward us. An engineer* was leading several men to us. He was the first to climb up to where we were, and before I could say anything, he had me in his arms.

My eyes closed, and when I opened them again it was daylight! Something

---

insist 우기다, 주장하다 all the while 그동안 내내 plunge 뛰어듦, 돌진, 돌입 guide 안내하다, 인도하다 at the top of one's lungs (목청이 터지도록) 큰 소리로 wrap 감싸다 to one's delight 기쁘게도 pick 곡괭이 humming 윙윙거리는 소리 pump 양수기 engineer 기술자

touched my cheek. It was Capi. I was still in the engineer's arms, and Capi had jumped up to lick my face. Mattia was behind Capi, and he came and put his arms around me. His tears fell onto my neck.

There was a massive* crowd of people, but they were all silent. They had all been asked to keep quiet in order not to shock our weakened senses. At the front of the crowd were priests* who had come to the entrance of the mine to pray* for our deliverance.* When they saw us, they went down on their knees in the dust and offered their prayers of gratitude.*

Many people offered to take me from the engineer, but he insisted on carrying me. He quickly carried me to the offices, where beds had been prepared to receive us.

I was able to walk again in two days, and

Mattia, Alexix, and Capi came to take me home. On our way, some villagers came up to me and shook my hands with tears in their eyes. They said that it was a miracle* that I had been saved.

There were others, however, who turned away their heads. They were mourning* for their loved ones. They didn't understand why God had let this orphan child be saved when their fathers and sons were still in the mine.

---

massive 대규모의 **priest** 성직자, 사제 **pray** 기도하다 **deliverance** 구출, 구조 **gratitude** 감사 **miracle** 기적 **mourn** 슬퍼하다, 애도하다

Once More upon the Way

레미는 마띠아와 함께 광산 마을을 떠난다.
마띠아의 연주를 들은 음악 선생님이자 이발사인
에스삐나수 씨는 마띠아의 재능을 아끼며
그에게 음악 지도를 해 주겠다고 제안한다.

Against everyone's wishes, Mattia and I left Varses a couple of weeks after the tragedy* at the mine. While I was working in the mines, Mattia had earned another ten francs. Now I only needed another ten francs to buy Mother Barberin a cow!

I continued to give Mattia daily reading

lessons. From time to time, I also taught him the songs I knew. Maybe I was not a good teacher, or maybe he was not a good student, but for whatever reason, progress* was slow at first. However, with some encouragement,* Mattia began to learn very quickly. Soon he was able to read and write fluently,* and he was already better than me at music. I confessed to him that I had nothing more to teach him.

"Why don't we take music lessons together from a real teacher?" he asked.

"That's a very good idea," I replied. "At the next big town we'll find ourselves a good teacher."

The next big town on our journey was Mendes. We went into an inn, and asked the landlady if she knew where we could

---

tragedy 비극 **progress** 진도, 진행 **encouragement** 격려 **fluently** 유창하게

find a good music master.

"Surely, you've heard of Mr. Espinassous!" she exclaimed.*

We told her that we were from out of town, and she told us that Mr. Espinassous, the greatest musician in all the land, worked as a barber* in the town center.

The next morning, we took our instruments and went to the barber's shop in the town center. We went inside.

"Mr. Espinassous?" asked Mattia.

"I am Mr. Espinassous," replied the barber who was shaving* a customer.*

"We have come to ask you if you would teach us music," Mattia said.

"Well, play something then," said Mr. Espinassous, smiling.

Mattia took out his violin and started playing a piece.*

The barber finished shaving his customer. At the same, Mattia finished playing. Mr. Espinassous clapped his hands, and looked affectionately at Mattia as if he had known and loved him all his life.

"That was wonderful!" he exclaimed.

Mattia then borrowed a clarinet* from Mr. Espinassous and played another piece. Then he played the cornet.

"Look at you! You're a prodigy*!" cried Mr. Espinassous. "If you stay here with me, I'll make you a great musician. In the mornings, you will have to help me with my customers and the rest of the day you shall study music."

I looked at Mattia, wondering what he would say. Was I to lose my friend? My brother?

"It's a great opportunity,* Mattia," I said,

---

exclaim 감탄하다, 외치다   barber 이발사   shave 수염을 깎다, 면도하다
customer 손님, 고객   piece 한 편의 악곡   clarinet 클라리넷   prodigy 신동   opportunity 기회

but my voice shook.

"Leave my friend?" he cried, putting his arm on my shoulder. "Thank you, sir, but I could never do that."

Mr. Espinassous insisted, and told Mattia that he would help him go and study at the Conservatoire in Paris.

"You will become a great musician one day," the man said. "I'm sure of it!"

"Leave Remi?" Mattia said. "Never!"

"Well, then, at least let me give you a book," replied Mr. Espinassous sorrowfully.* "You can learn from it." He took a book out of a drawer.* It was entitled,* *The Theory of Music*. Taking a pen, he sat down and wrote on the first page:

"When you become a celebrated* musician, remember the barber of Mendes."

Chapter 24

Friendship that Is True

드디어 마띠아와 함께 옛 집에 도착한 레미는
바르브랭 어머니와 즐거운 재회를 하고 선물로 준비한 암소도 드린다.
바르브랭 어머니에게서 친부모에 대한 이야기를 들은 레미는
파리로 떠나기 전 리즈에게 잠시 들른다.

By the time we reached Ussel, we had a total of two hundred and twenty francs. Fortunately for us, the town was in the middle of a cattle fair,* and Mattia suggested that we buy the best cow two

---

sorrowfully 애석하게, 슬프게   **drawer** 서랍   **entitle** ~라고 표제를 붙이다
celebrated 유명한   **fair** 시장

hundred and twenty francs could buy.

We bought a beautiful brown cow, and began walking toward Chavanon again. When we arrived in Chavanon, we visited the police station to ask whether Mother Barberin still lived in the same house. To my great pleasure, I was told that she lived in the same place, and that Jerome had gone to Paris.

We went to Mother Barberin's house, and I knocked on the door with a trembling hand.

"Who is there?" she said, as she opened the door.

I looked at her without answering and she stared back at me.

"Oh, Lord, is it my Remi?" she said.

I took her in my arms.

"Mamma!"

"My boy! My boy!" I wiped away* her tears.

"You're all grown up now," she cried, holding me at arms' length.* "You're so big and so strong! Oh, my Remi! And who is that?" she asked, pointing at Mattia.

"His name is Mattia," I told her, "and he is like a brother to me." Mother Barberin embraced him and kissed him as she had done to me.

Just then, the cow began to bellow.

"A cow! Is that your cow?" cried Mother Barberin.

Mattia and I burst out laughing.*

"It's yours," I cried.

She looked at me in a dazed,* astonished manner.*

"Mattia helped me pay for the cow," I said.

"What a beautiful cow," she exclaimed.*

---

wipe away 닦아 내다 at arms' length 팔 길이만큼 거리를 두고 burst out -ing 갑자기 ~하다 dazed 멍한, 어리벙벙한 manner 태도, 거동 exclaim 소리치다, 감탄하다

"Oh, boys, I can't thank you enough."

After I had introduced* Capi to her, we all went inside together and had dinner.

"Your family is looking for you, Remi," Mother Barberin said when Mattia went to the toilet.* "That's why Jerome's in Paris now. He's looking for you. It seems that your parents are very rich too, which is good news for you. You'll be able to go to college* and get a good education."

Mattia returned just then. I told him everything I had just heard.

"I'm happy for you," he said, but he didn't look too happy.

The next morning, Mother Barberin told me to leave immediately for Paris and to find my parents. I told her I would come back with more gifts once I found my rich parents.

"Remi, the cow that you have given me now when you're poor is worth so much more than any gift you can give me when you become rich," she said.

After bidding a long farewell to* Mother Barberin, Mattia, Capi and I were off again. There was one more place I needed to visit before going to Paris. I wanted to see Lise.

I noticed that Mattia seemed troubled.* I knew why. He was worried now that my rich parents were looking for me. I told him that things would never change between us, and that my parents would let him live with me. He still looked concerned.*

"Mattia, you are my brother," I said, holding his hand. "If my parents won't let you stay with me, I will not stay with them."

---

introduce 소개하다 **toilet** 화장실 **college** 대학 **bid a farewell to** ~에게 작별인사를 고하다 **troubled** 근심스러운, 불안한 **concerned** 걱정스러운, 염려하는

"Thank you, Remi," said Mattia, smiling.

I wanted to buy Lise a gift, but I didn't have much money. I remembered how Mother Barberin had said the cow I gave her was more valuable than anything I could ever give her when I was rich. I wondered if Lise would feel the same about a gift. At the next town I bought a lovely doll with fair hair* and blue eyes.

On a warm evening, we could see in the distance the house where Lise lived. The windows were lit by a bright fire inside. My heart began to race. When we got up close to the house, I could see Lise sitting at the dinner table next to her aunt. I took the harp off my shoulder and set it on the ground.

"That's right, a serenade.*" whispered Mattia, "That's a great idea!"

As I played and sang a song, I watched

Lise. She raised her head and her eyes sparkled* as she looked around. She jumped from her chair and ran out the door. I stopped playing and embraced Lise. She held me tight and didn't let go until Aunt Catherine came out to invite us in. Lise quickly placed two plates on the dinner table.

"If you don't mind, can you get us another plate?" I said, "We have a little friend with us."

I pulled out the doll from my bag and put it in the chair next to Lise. I will never forget the look on her face.

---

fair hair 금발 serenade 세레나데, 소야곡 sparkle 반짝이다, 빛나다

Chapter 25

Mother, Brothers and Sisters

파리에서 제롬이 죽었다는 것을 알게 된 레미는
바르브랭 어머니의 편지를 받고 즉시 영국 런던으로 향한다.
런던의 변호사 사무소에서 레미는 자기 친부모가 살아 있다는 것과
자기 이름이 드리스콜이라는 것을 알게 된다.

I didn't want to leave Lise's side, yet we had to part and go on our way. I told her that I would come back for her as soon as possible.

"I'll come to pick you up in a carriage* drawn by four horses," I said to Lise as I was leaving.

I was very eager to* get to Paris to meet my parents. If it had not been for Mattia, I would have stopped only to earn what was absolutely necessary for our food.

"Let's get all we can," said Mattia, forcing* me to take my harp. "We don't know if we will find Jerome straight away.* It seems you've forgotten about the time you nearly died of hunger."

"Oh, I haven't," I said, "but I'm sure it'll be easy to find Jerome."

"I have not forgotten how hungry I was when you found me leaning against the church," said Mattia. "I don't ever want to be hungry in Paris again."

"We'll have plenty to eat when we get to my parents," I replied.

"You're going to become so lazy when you become rich," said Mattia.

---

carriage 4륜 마차 be eager to ~을 열망하다, 간절히 바라다 force 억지로 시키다, 강요하다 straight away 곧장, 즉시

The nearer we got to Paris, the happier I became. But Mattia grew more and more melancholy.* When we reached the gates of Paris, he told me that he was still afraid of Garofoli.

I had forgotten all about Garofoli. I told Mattia that I would look for Jerome alone, and that I would go to Garofoli's house to see what had happened to him. I told him to meet me at seven o'clock outside the Notre Dame Cathedral.

After telling Capi to protect Mattia, I went to the Hotel du Cantal where Jerome, according to the last letter he had sent to Mother Barberin, was staying.

On the way to the Hotel du Cantal, I went to Garofoli's place to see if I could find out something about him.

"Has Garofoli returned?" I asked one of Garofoli's neighbors in the street.

"No, he's still got another three months

in prison," he said. This was good news for Mattia.

I soon reached the Hotel du Cantal, which was more like a miserable* lodging house.*

"Excuse me," I said to the old woman at the reception.* "Does Jerome Barberin live here?"

"He's dead," she replied coldly.

"Dead!" I cried. I was dazed. How could I find my parents now?

"You must be the boy they're looking for," said the old woman.

"Yes, yes, I'm the boy," I said. "Do you know where my family is?"

"No. That's all I know," said the old woman.

I could learn nothing from the old woman, so I turned back and walked to

---

melancholy 우울한, 음침한 miserable 보잘것없는, 형편없는 lodging house 하숙집 reception 접수처

the Cathedral. I reached the Cathedral half an hour early.

A little before seven o'clock I heard a happy bark,* and then Capi jumped out of the shadows.* Mattia appeared soon afterward.* I told him everything that had happened and how there was now little hope that I could ever find my family. Mattia gave me all the sympathy* I needed. He wished as much as I that we would find my parents.

The next day, I wrote to Mother Barberin to express my grief* for her loss. I asked her if she had had any news from her husband before he died. In her reply, she told me that her husband had told her to contact* Greth and Galley's office, Lincoln Square, London, in the event of his death. They were the lawyers who were looking for me. Mattia suggested that we leave for London immediately, and I agreed enthusiastically.*

It took us two weeks to get to London. It was a difficult journey, but we enjoyed every minute of it. My heart beat so quickly when we arrived at the door of Greth and Galley's office that I had to ask Mattia to wait a moment until I had recovered myself.* Mattia told the clerk* my name and why we were there. The clerk gave out* a small gasp* and led us into the private* office of the head of the firm,* Mr. Greth.

Mr. Greth questioned me regarding every detail* of my life. My answers seemed to have convinced* him that I was the boy he was looking for. He told me that I had a family in London and that he

---

bark (개 등이) 짖는 소리   shadow 그림자, 그늘   afterward 후에, 나중에
sympathy 동정(심), 연민   grief 큰 슬픔, 비애   contact 연락을 취하다
enthusiastically 열광적으로   recover oneself 제정신으로 돌아오다
clerk 사무원   give out (소리를) 내다   gasp 헐떡거림, 헉 하는 소리를 냄
private 사설의, 개인의   firm 회사   detail 세부 사항, 사소한 일   convince
확인시키다

would take me to them right away.

"Your father, your mother, your brothers and your sisters are all waiting for you," Mr. Greth said with a warm expression on his face.

"Oh, your family name is Driscoll," added* Mr. Greth. "Your father's name is Mr. John Driscoll."

Chapter 26

Bitter Disappointment

드리스콜 가족을 만난 레미는 존 드리스콜에게
자신이 생후 6개월 만에 유괴당했다는 말을 듣는다.
레미는 자신이 꿈꿔 왔던 것과는 달리 비참하게 살고 있는
드리스콜 가족에 대해 실망한다.

Mattia and I were speechless when we arrived at my family's home. It was not the grand mansion* that I had imagined in my dreams, but an old, dirty house in a narrow,* muddy* street. We were more

---

add 덧붙이다 **mansion** 저택 **narrow** 폭이 좁은, 좁다란 **muddy** 진창의, 진흙의

surprised when we were introduced to my family. They wore dirty clothes, and none of them seemed to have manners.*

"You are my eldest son now," said my father. "You were born in the second year of our marriage.* A girl who wanted me to marry her stole you from us when you were six months old. We thought that you were dead. Three months ago, the woman confessed what she had done because she was sick and she was dying. I went over to France at once and the police in Chavanon told me everything that had happened to you. I left Jerome some money and told him to write to Greth and Galley's office once he had found you. I could not give him my address* here, because we are only in London during the winter. During the other seasons, we travel through England and Scotland in my caravans.* We are peddlers* by trade.* You may feel a little shy at first because you can't understand us. You'll soon learn English and be able to talk to your brothers and sisters."

I felt ashamed* for having been shocked at* the disparity* between my real parents and the parents I had dreamt of.

"It doesn't matter whether they are rich or poor, noble or common,*" I said to myself. "All that really matters is love and affection.* I should be grateful* that I have a family to love."

"Let's have dinner, boys," my father said to me and Mattia. He commenced* to cut the roast beef and gave each one at the table a fine big slice and some potatoes.

I noticed that my siblings behaved* very badly at table. They ate with their

---

manners 예의범절, 예절   marriage 결혼, 혼인   address 말을 걸다   caravan 포장마차   peddler 행상인, 보따리장수   trade 물물 거래   ashamed 부끄러워   be shocked at ~을 보고(듣고) 충격을 받다   disparity 불일치   common 평범한   affection 애정   grateful 고맙게 여기는, 감사하는   commence 개시하다, 시작하다   behave 행동하다

fingers more often than with their forks and knives. They stuck* their fingers into the gravy* and licked them, but my parents didn't seem to care.

I had hoped that we would spend the evening together round the fire, but my father said that he was expecting friends. He took Mattia and me to a stable* that led from the room where we had been eating. There were two big caravans in the stable. Inside one of the caravans there were two small beds, one above the other.

"There you are, boys," he said. "Sleep well."

Chapter 27

A Distressing* Discovery*

드리스콜 가족은 훔친 물건을
물물 교환해서 먹고 사는 사람들이었고
까삐에게도 남의 물건을 훔치는 일을 시킨다.
마띠아는 레미가 드리스콜 가족의 일원이 아니라고 확신하고
몰래 이를 알아보려고 한다.

Life with my family was dreadful. Soon after we began living with them, Mattia and I noticed some strange business dealings taking place* at night. We saw suspicious-looking* men arrive at the

---

stick 찌르다 gravy 육즙, 고기국물 stable 마구간 distressing 비참한, 참담한 discovery 발견 take place 일어나다 suspicious-looking 수상하게 생긴, 수상쩍어 보이는

house almost every night. They handed over* bags which were full of clothes, and my father gave them money. This was all done in the cover of the night, and they always looked around to see if they were being watched.

Soon we learned that my parents traded* in stolen goods. Worse still, they made my brothers and sisters go out into the streets of London and pick people's pockets. Every evening, the children were complimented according to how much they brought home.

One day, my father came home while Mattia and I were training Capi. It seemed that he was impressed with Capi.

"That really is a fine dog you have there, boy," he said to me.

"He certainly* is," said Mattia. "He can learn anything you teach him. He helped us make a lot of money in France."

The next morning, my father said that Capi was to go out with Allen and Ned, my younger brothers.

"But Capi won't listen to anyone but me," I protested.* I thought that maybe my father had planned to secretly sell Capi. He assured me that Capi would be taken care of, and Capi was out the front door with Allen and Ned.

For the next few days, Capi went out with my brothers in the morning and came back in the evening. To my surprise, Capi seemed quite happy with the boys, and they seemed to take good care of him as well.

One Sunday, Mattia and I were taking Capi for a walk when we heard the shouting of a man.

"Thieves! Stop them!" a voice screamed

---

hand over 넘겨주다, 인계하다   **trade** 거래하다, 물물 교환하다   **certainly** 확실히, 분명히   **protest** 항의하다, 이의를 제기하다

from behind us. We turned around to see a man running and pointing at us.

"Remi! Look!" Mattia said, pointing at Capi. Capi had a bag in his mouth, and it didn't belong to either of us.

"Bad dog!" I cried at Capi, and he dropped the bag on the floor. "Now run!"

The three of us ran through streets and alleyways* until the angry man was out of sight. My family had turned Capi, my lovely dog and dear friend, into a thief!

That night, Mattia and I could not go to sleep.

"You know, Remi, there's something that's been bothering* me," said Mattia, breaking the silence.

"What is it?"

"I have a feeling that the Driscolls are not your family."

"What makes you say that?" I asked.

"You don't look anything like them,"

he said in a whisper.* "They are all fair, but you are dark-skinned.* None of your facial* features* are similar either. I think John Driscoll, who you believe to be your father, might have stolen you when you were a baby."

"But he knows everything about me," I said. "And even if he did steal me, there's no way of finding out."

"I have an idea," Mattia said after thinking for a moment. "Let's write a letter to Mother Barberin and ask her to describe* the clothes you were wearing when Jerome found you. Then we'll ask John Driscoll to describe the clothes you were wearing when you went missing. If the two descriptions* are different, then you'll know that John Driscoll is not your

---

alleyway 골목, 좁은 길 bother 괴롭히다, 신경 쓰이게 하다 in a whisper 낮은 목소리로 dark-skinned 피부가 검은 facial 얼굴의 feature 얼굴 생김새, 이목구비 describe 묘사하다, 설명하다 description 묘사, 설명

father."

I did as Mattia suggested, and a week later we had a reply from Mother Barberin. It read:

"My dear Remi. I am surprised and sorry for your situation. From what Jerome told me, and also from the clothes you had on when you were found, I thought that you belonged to a very rich family. I still have the clothes you were wearing when you were found. You wore long robes* and underskirts* like little English babies. You wore a white flannel* robe and a very fine linen* robe, a big white cashmere* pelisse* lined* with white silk and trimmed* with beautiful white embroidery,* and a lovely lace* bonnet.* You also had white woolen* socks with little silk rosettes.* Strangely, little bits had been cut out from your little flannel jacket and the flannel robe. Don't worry for me, dear child. I don't need all the fine presents that you promised. The cow that you have given me is all I need. I am pleased to tell you that she's still in good health and that she still gives me plenty of milk. Every time I look at her, I think of you and your little friend Mattia. Take care now, sweet Remi, and write to me again."

"She's a good lady," said Mattia. "She thought of me! Now let's see what Mr. Driscoll has to say."

"He might have forgotten," I said.

"How can anyone forget the clothes that their child was wearing when it was kidnapped? It's only through the clothes that they can find it."

"Let's just hear what he has to say first."

It was difficult for me to ask my father

---

robe 긴 유아복 underskirt 속치마 flannel 플란넬 linen 아마포
cashmere 캐시미어, 양모 옷 pelisse 여성용 외투 line ~에 안감을 대다
trim 장식하다, 가장자리를 달다 embroidery 자수 lace 레이스 bonnet
보닛(테 없는 모자) woolen 양모의 rosette 장미 매듭

how I was dressed on the day that I was kidnapped. At my question my father looked me full in the face. He seemed very angry because I had asked such a question. But I looked back at him boldly.* I had never looked at someone more boldly in my entire* life. Then my father smiled. There was something hard and cruel about the smile, but it was still a smile.

"On the day that you were taken from us you were wearing a flannel robe, a linen robe, a lace bonnet, white woolen socks, and a white embroidered cashmere pelisse," he said calmly.* "Only two of your garments* were marked F. D., Francis Driscoll, which is your real name. But this mark was cut out by the woman who kidnapped you. She wanted to make sure that you would never be found. I'll show you your birth certificates* which, of course, I still have."

He searched in a drawer and soon showed me a big piece of paper.

"If you don't mind, Mattia will translate* it for me," I said timidly.

"Certainly," replied my father.

Mattia translated my birth certificate. It read that I was born on Thursday, August the 2nd, and that I was the son of John Driscoll and Margaret Grange, his wife.

"What further proofs could I ask for?" I said to Mattia that night once we were in the caravan.

"That's all very fine, but how could the Driscolls, who are peddlers, afford* to buy their child lace bonnets and embroidered pelisses?" said Mattia. "You know as well as I do that peddlers are not rich!"

"It might be because they were peddlers that they could get those things cheaper," I

---

boldly 대담하게 **entire** 전체의 **calmly** 침착하게, 태연하게 **garment** 의복
certificate 증명서 **translate** 번역하다 **afford** ~할 여유(형편)가 있다

said.

"You're not Driscoll's baby," Mattia said, shaking his head in disgust.* "You're the baby that Driscoll stole!"

A Mysterious* Stranger and the Escape

한밤중에 수상한 남자가 드리스콜 씨를 찾아오고
마띠아는 그가 아서의 삼촌인 제임스 밀리건이라는 것을 알아낸다.
레미와 마띠아는 밀리건 부인을 만나기 위해
드리스콜 가족을 떠난다.

Spring came slowly, but at last the day arrived for the family to leave London.

"Let's leave this horrid* family and go back to France," urged* Mattia. I told him that I must stay. After all, they were my

in disgust 넌더리나서   mysterious 수상한, 수수께끼 같은   horrid 무시무시한   urge 주장하다

family.

The night before we left London, a tall man dressed in the most fashionable* clothes came to the house and asked for my father. They talked quietly, and I couldn't understand what they were saying because they were talking in English. They asked me to come over. The man, who had white, fang-like* teeth, asked me questions about my health. After a few minutes of questioning, he bid us a safe journey and left.

Later, Mattia told me that he had eavesdropped* on the conversation between my father and the strange man.

"That man was Mr. James Milligan, your friend Arthur's uncle. He said that Arthur is very ill, but he is worried that he will survive. It seems that your father and Mr. Milligan want Arthur dead so that Mr. Milligan will be the only heir* to the estate*!"

I knew I had to escape from my family, find Mrs. Milligan and Arthur and tell them of the danger. But before Mattia and I could come up with a plan, the caravans were loaded* and we were on our way out of London.

Our first stop was at a fair outside a racecourse. There, Mattia met a friend of his. He was a young Englishman named Bob whom he had known at the Gassot Circus. I could tell by the way he greeted Mattia that he was very fond of* him. He immediately took a liking to me and Capi. Now, we had an older, stronger friend, and we had no idea at the time how valuable this friendship with Bob would turn out* to be.

---

fashionable 최신 유행의 **fang-like** 송곳니처럼 뾰족한 **eavesdrop** 엿듣다, 도청하다 **heir** 상속인 **estate** 유산 **load** 짐을 싣다 **be fond of** ~을 좋아하다 **turn out** 결국 ~임이 드러나다

Mattia told Bob everything we had discovered* about my family and Mr. James Milligan.

"It seems that you boys might be in trouble," said Bob with a worried look on his face. "And where might this Mrs. Milligan and her son be right now?"

"They're probably taking a trip on their barge on the canals in France," said Mattia.

"Then that's where you need to go," said Bob. "Tonight, I will come and get you boys, so don't fall asleep. I will take you to Little Hampton in my cart. I have a brother there who has a boat that goes over to France to fetch butter and eggs from Normandy."

"What about Capi?" Mattia and I asked simultaneously.*

"Don't worry," Bob said. "I know the tricks* of dog thieves, and I assure you that Capi will be right next to you in the cart."

That night, Bob did as he had promised, and before we knew it, Mattia, Capi and I were inside a cart being driven by a horse.

"Go to sleep, boys," Bob said. "I'll wake you when we get to Little Hampton."

When Bob woke us up, it was morning. There was a rough-looking* sailor* wearing a sou'wester* and an oilskin* coat next to Bob.

"This is my brother," said Bob. "He'll take you on his boat. Take care then, my little friends."

---

discover 발견하다, 알다 simultaneously 동시에 trick 속임수 rough-looking 험상궂게 생긴 sailor 선원, 뱃사람 sou'wester 뒤 챙이 넓은 방수모 oilskin 방수포

Chapter 29

Hunting for the Barge

영국에서 탈출한 레미와 마띠아는
프랑스로 가서 우선 리즈가 사는 곳을 찾아간다.
그곳에서 두 사람은 리즈가 밀리건 부인의 유람선을 타고
스위스로 떠났다는 사실을 알게 된다.

The first thing we did when we arrived in France was to buy a map and work out* the shortest route* along the canal to Lise's house. When we got to the house, there was a woman standing at the door. We had never seen her before.

"Do you know where Madame Suriot

is?" we asked. That was the name of Lise's Aunt.

"She doesn't live here anymore," she said. "She's in Egypt."

"She's in Egypt?" Mattia and I stared at one another in amazement.

"And Lise?" I asked desperately.* "Did she go to Egypt with her aunt?"

"The little dumb girl?" the woman answered. "No. She went off with an English lady on a barge."

Lise was on the barge! Were we dreaming?

"Are you Remi?" asked the woman.

"Yes."

"Lise left you this letter." She handed* me an envelope.* My little Lise had learned how to write! The letter read:

"Dear Remi. My uncle drowned in the

---

work out 알아내다　route 경로, 길　desperately 필사적으로　hand 건네주다　envelope 봉투

canal last week. My aunt has decided to go to Egypt with her friend's family to work as their children's nurse. She couldn't decide whether to take me with her or not, but yesterday, a beautiful English lady and her sick little son came along the canal in a barge. After hearing about our situation, she offered to take me with them, so that I could keep her son company.* I am going on the barge tomorrow, and we are going to Switzerland. I'll send you, via a letter sent to the lady who has just given you this letter, an address in Switzerland as soon as possible. Lise."

Chapter 30

Finding a Real Mother

리즈의 편지를 읽고 스위스로 간 레미와 마띠아는
마침내 리즈와 밀리건 부인을 만나게 된다.
레미의 이야기를 듣고 사실을 확인하기 위해
밀리건 부인은 바르브랭 어머니와 제임스 밀리건 씨를 부른다.

Our performances, which were now more enthusiastic than ever before, earned us enough money to travel swiftly to Switzerland. Once there, we went to a town called Vevy, which was a favorite

---

company 동무, 친구

vacation spot* among the English.

We went through every road, playing and singing my Neapolitan song. In one afternoon, we were singing in the middle of the road in front of a villa* that stood way back in a garden. In front of the villa there was a stone wall. Suddenly,* we heard a weak, strange voice singing. Who could it be? It was such a strange voice!

"Remi!" called a weak voice.

"Who's there?" I asked.

"Me," answered Lise, who was running toward us from the garden. Lise was talking and singing!

Many doctors had said that Lise might recover her speech one day. Later we found out that the shock of the violent* emotion* that she felt when she heard my voice had freed her ability to speak.

"Where is Mrs. Milligan?" I said excitedly.* "And Arthur?"

Lise took me into the garden. Mrs. Milligan ran to me, threw her arms around me and kissed me affectionately on the cheek.

"Poor, poor boy," she said, looking at the state* of my clothes. "How did you get here? Have you come all the way to Switzerland to find us?"

I went on to tell Mrs. Milligan everything that had happened since the last time I saw her. All the while, Arthur was holding tightly onto my hand.

When I was finished, Mrs. Milligan began to cry and held me more tightly than I had ever been held in my entire life. She told me that Mattia and I could stay at her villa, and took us inside.

Mrs. Milligan seemed very busy for the next few days. Messengers* came and

---

spot 장소 villa 별장 suddenly 갑자기 violent 격렬한, 맹렬한 emotion 감정 excitedly 흥분하여 state 상태 messenger 심부름꾼

went from the villa, and on the fifth day, a tailor* came and clothed me and Mattia in very expensive, fine clothes. In the evening of the same day, there was a knock at the door.

"Remi, will you get the door for me?" Mrs. Milligan said.

To my delight, when I opened the door, I found Mother Barberin standing in front of me. In her arms she carried some baby's clothes, a white cashmere pelisse, a lace bonnet, and woolen socks.

"Now, let us get ready," Mrs. Milligan said. "Arthur's uncle, James Milligan, should be here shortly."

Everything was happening so fast, and before I had a chance to say anything, James Milligan arrived. His face turned pale when he saw me.

"What is the meaning of this?" he asked.

"I asked you to come here today to

introduce you to my eldest son, whom I have at last found," Mrs. Milligan said, her voice shaking. "But you've already met him, haven't you? You saw him at the home of the man who stole him, when you went there to inquire* after his health."

"I don't know what you are talking about," said James Milligan.

"It's all over, James," Mrs. Milligan said. "This good woman who raised my son has brought me the evidence.* Look! These are the clothes that my son was wearing on the day that he was kidnapped. And John Driscoll was arrested for theft* last week, and he has confessed to everything."

James Milligan looked at us as if he would have liked to have killed us, and then he turned on his heels.* At the threshold* he turned round again.

---

tailor 재단사 inquire 묻다, 알아보다 evidence 증거, 물증 theft 도둑질, 절도 turn on one's heels 홱 뒤돌아서다 threshold 문지방, 문턱

"We'll see what the judge will think of this boy's story."

My mother, I may call her so now, stared at Mr. Milligan's face.

"I could have taken the matter to the courts myself but I have not done so because you are my husband's brother."

At that, James Milligan's face turned paler still. Without saying a word, he turned back, mounted* his horse and ran away.

For the first time in my life, I kissed my mother and she kissed me back.

"Will you tell your mother that I kept the secret?" said Mattia, coming up to us.

"You knew?" I asked.

"I told Mattia not to speak of all this to you, for though I did believe that you were my son, I had to have certain proofs, and get Madame Barberin here with the clothes," said my mother. "How unhappy we should have been if, after all, we had made a mistake. We have these proofs* and we shall never be parted again. Wouldn't you like to live with your mother and brother?" Then she pointed to Mattia and Lise. "And, of course, with those whom you loved when you were poor."

---

mount 타다, 올라타다   **proof** 증거(품)

Chapter 31

The Dream Comes True

세월이 흘러 레미는 리즈와 결혼하고
밀리건 가족의 장남으로 밀리건 공원의 근사한 성에서 산다.
레미의 아들의 탄생을 기념하여
그리운 옛 친구들이 하나둘씩 성에 도착한다.

Years have passed since my reunion* with my family. I now live in the home of my ancestors,* a historical* castle* in Milligan Park.

My wife and I have just had our first child, a handsome boy we named after my dear friend Mattia. Lise, my beautiful wife, has invited all of our old friends from our poor days to celebrate his birth.

Here comes my mother leaning on my brother's arm. It is now the son who supports my mother, for Arthur has grown big and strong while our mother has grown weaker. A few steps behind my mother comes an old French woman carrying a little baby robed* in a white pelisse. It is dear Mother Barberin, and the little baby is my son Mattia.

Mattia has become a great musician, just as Espinassous had said. He has just completed* a series of successful concerts in Vienna, and now he is on his way here.

One by one our guests arrive. There is Pierre, who had been a father figure* to me years ago. Now he is my father-in-law. Aunt Catherine and Etiennette have also

---

reunion 재회 **ancestor** 조상, 선조 **historical** 역사상의, 역사의 **castle** 성 **robe** (예복 등을) 입히다 **complete** 완료하다, 끝마치다 **figure** 인물

come. There is also a tanned* young man who has just returned from a botanical* expedition.* He is the famous botanist*: Benjamin Acquin. He is followed by a young man and an old man. It is the old Professor and Alexix from Varses. A cart is arriving, driven by a smart-looking man. A rugged* sailor is sitting next to him. The gentleman holding the reins* is Bob, who is now very prosperous,* and the man by his side is his brother who helped me to escape from England. Finally Mattia, my dearest friend and godfather* to my child, arrives. We throw our arms around each other and laugh loudly. If only Mr. Vitalis could be here with us! Kind, good Mr. Vitalis. I will never forget him.

When the feast* is over, Mattia pulls me aside* to the window.

"We have played countless* times for indifferent* people," he says. "Now, why don't we play for the ones we love?"

"There is no pleasure without music to you, is there?" I say, laughing.

I bring out a beautiful velvet-lined* box. Inside it are our old instruments. Together, they wouldn't sell for even a single franc, but to us, they are worth more than any treasure in the world.

"Will you sing your Neapolitan song?" asks Mattia.

"Yes," I answer. "That song gave Lise back her voice."

Our guests gather around us. A dog slowly comes forward. Capi is now very old and deaf but he still has good eyesight.* He's holding a saucer* in his mouth. He tries to walk on his two hind

---

tanned 햇볕에 탄 botanical 식물의 expedition 원정, 탐험 botanist 식물학자 rugged 억센, 튼튼한 rein 고삐 prosperous 부유한, 성공한 godfather 대부 feast 축하연 aside 옆으로 countless 셀 수 없는, 무수한 indifferent 관계없는 velvet-lined 벨벳 천으로 안감을 댄 eyesight 시력 saucer 받침 접시

paws, but doesn't have enough strength. He sits down with a sigh and bows to the audience.

Our song ends, and Capi gets up as best he can and goes around collecting the coins. It is the best collection* Capi has ever made. There are only gold and silver coins in the saucer. There must be at least two hundred francs.

I kiss Capi on his cold nose as I had done in my childhood. Memories* of my miserable childhood* come rushing back, and I get an idea. I inform* my guests that the money collected will be used to found an institution* for little street musicians. My mother and my wife offer to donate* the rest.

"Dear Madam, let me play a small role* in this good charity,*" says Mattia, bending over to kiss my mother's hand. "The proceeds* of my first concert in London will be added to Capi's collection."

And Capi barks his approval.

---

collection 수금 **memory** 기억 **childhood** 어린 시절 **inform** 알리다, 알려 주다 **institution** 기관, 단체 **donate** 기부하다, 기증하다 **role** 역할 **charity** 자선, 자선 단체 **proceeds** 수익

전문번역

나의 고향 마을

 p.14 내 이름은 레미다. 나는 8살이 될 때까지 어머니와 함께 살았다. 어머니께서는 내 발을 양손 사이로 가져가 따뜻하게 녹여 주시곤 했는데, 그동안 어머니께서는 나에게 노래를 불러 주셨다. 내가 우리 소를 돌보러 밖에 나가 있는 동안 폭풍이 오면 어머니께서는 나를 마중하러 골목길로 달려 내려오시곤 했다. 그런 다음 내 몸이 젖지 않은 상태로 있게 하시려고 자신의 무명 치마로 내 머리와 어깨를 덮어 주시곤 했다.

 p.15 어머니는 여느 어머니들이 자기 아들을 대하는 것처럼 나를 대해 주시곤 했다. 어머니는 내가 틀리면 나에게 친절하게 말씀해 주셨고 내가 맞으면 칭찬을 해 주셨다.

내가 자란 마을은 샤바농이라고 불렸다. 그곳은 프랑스에서 가장 가난한 마을 중 하나였다. 사람들은 메마른, 불모의 땅에서 농사를 지으려고 최선을 다했다. 우리는 시냇가 아래쪽의 작은 집에서 살았다.

나는 8살 때까지 우리 집에서 한 번도 남자를 본 적이 없었다. 나의 아버지 제롬 바르브랭은 파리에서 일하는 석공이셨다. 이따금 아버지의 동료 분들께서 우리에게 아버지에 관한 소식을 전해 주셨다.

사람들은 나의 어머니를 바르브랭 부인이라고 불렀다. 비록 아버지께서는 집을 떠나 계셨지만, 어머니와는 여전히 사이가 좋으셨다. p.16 아버지께서는 단지 그분의 일이 그분을 그곳에 묶어 두었기 때문에 파리에 사셨다.

어느 11월 저녁에 어떤 남자 어른이 우리 집을 찾아 오셨다.

"저기, 얘야." 그 어른께서 말씀하셨다. "바르브랭 부인이 여기 사시니?"

"네, 들어오세요." 내가 말했다.

나는 일생 동안 그렇게 더러운 사람을 한 번도 본 적이 없었다. 그분께서 상태가 좋지 않은 길로 여행을 하셨다는 것을 알아내는 것은 쉬웠다. 우리 목소리를 들으시자마자 어머니께서 나오셨다.

"제가 파리에서 소식을 좀 가져왔습니다." 그 어른께서 말씀하셨다.

그분의 어조에 깃든 무엇인가가 어머니를 놀라게 했다.

"오, 이런, 제 남편에게 무슨 일이 일어났나요?" 어머니께서 소리치셨다.

"유감스럽게도 그렇습니다." 그분께서 대답하셨다. "제롬이 다쳤습니다만, 죽지는 않았어요. 그는 불구가 될 것 같습니다. 전 시간이 늦어지고 있기 때문에 더 이상 머무를 수가 없겠네요."

p.17 그러나 어머니께서는 계시다가 저녁을 드시라고 그분께 사정하셨다. 어머니는 더 많이 알고 싶어 하셨다.

"아침 일찍 가시면 되잖아요." 어머니께서 말씀하셨다.

"네, 하룻밤 묵겠습니다." 그분께서 말씀하셨다.

저녁 식사 도중 그분께서는 우리에게 그 사고가 어떻게 일어났는지 말씀해 주셨다.

"제롬은 떨어지는 발판에 심하게 다쳤어요." 그분께서 말씀하셨다. "하지만 사장은 보상금을 지불하기를 거절했습니다. 사장은 그 사고가 제롬의 잘못이라고 주장했지요."

"가엾은 제롬." 그분께서 말씀하셨다. "그는 운이 없었어요. 어떤 사람들은 이와 같은 일에서 많은 돈을 받곤 하거든요. 하지만 부인의 남편은 아무것도 못 받을 거예요! 그는 건축 회사를 고소해야 합니다."

p.18 "소송은 돈이 많이 들잖아요." 어머니께서 말씀하셨다.

"그래요, 하지만 이긴다고 생각해 보세요!" 그분께서 말씀하셨다.

다음날 아침 우리는 마을로 들어가 신부님과 상담을 했다. 신부님께서는 그들이 아버지를 데려간 병원으로 편지를 쓰셨다. 며칠 후, 신부님께서는 아버지로부터 어머니가 그곳에 올 필요는 없다고 쓴 답장을 받으셨다. 아버지께서는 또한 어머니에게 건축 회사를 고소할 수 있게 돈을 좀 보내라고 하셨다.

수 주 동안 어머니께서는 아버지께 점점 더 많은 돈을 보내셨다. 어느날, 돈이 하나도 남지 않자 아버지께서는 어머니께 젖소 루세트를 팔라고 하셨다.

시골에 사는 사람들만이 젖소의 중요성을 안다. 우리는 우리 집 루세트에게서 수프에 넣을 버터, 그리고 감자를 적셔 줄 우유를 얻었다. p.19 그러나 우리 젖소는 우리에게 단지 음식만 준 것이 아니었다. 루세트는 또한 우리의 친구이기도 했다. 우리는 젖소에게 말을 하고 쓰다듬고 입을 맞추었으며, 젖소는 우리의 말을 알아들었다.

루세트는 우리를 사랑했고 우리도 루세트를 사랑했으나, 우리는 루세트와 헤어져야 한다는 것을 알았다. 아버지께서 만족하실 것은 오직 젖소를 파는 것뿐이었다.

소장수 아저씨께서 우리 집으로 오시자, 가엾은 루세트는 무슨 일이 일어나고 있는 것인지 알아차렸다. 루세트는 외양간에서 나오기를 거부하며 울부짖기 시작했다.

"뒤쪽에 들어가서 젖소를 몰아내거라." 소장수 아저씨께서 나에게 말씀하셨다. 소장수 아저씨께서 당신의 목에 두르고 다니셨던 채찍을 풀러 손에 드셨다.

"안 돼요!" 어머니께서 소리치셨다. 그런 다음 어머니께서는 루세트에게 부드럽게 말씀하시기 시작하셨다. p.20 "자, 이쁜아, 나오렴. 이제 따라오거라."

루세트는 들은 대로 했다. 도로에 다다르자 소장수 아저씨께서는 루세트를 당신의 마차 뒤쪽에 묶으셨다. 그분의 말이 빠른 걸음으로 가기 시작하자 루세트는 따라가야 했다.

우리는 이후 몇 주를 이웃들에게서 꾼 빵과 버터로 연명하며 지냈다. 우리는 우리의 새로운 가난한 형편보다는 루세트를 잃은 것에 더 망연자실했다. 그러던 어느 날, 누군가가 지팡이로 문을 두드렸다.

"누구세요?" 어머니께서는 돌아보지도 않고 물어보셨다.

남자 어른이 한 분 들어오셨다. 나는 그분의 손에 큰 지팡이를 들고 계시는 것을 볼 수 있었다.

"내가 당신을 방해하게 하지는 마." 그분께서는 거친 목소리로 말씀하셨다.

"오, 주여!" 어머니께서 소리치셨다. "당신인가요, 제롬?"

양아버지

p.21 어머니께서는 문간에 멈춰 서신 그 남자 어른 쪽으로 나를 끌고 가셨다.

"네 아버지시란다." 어머니께서 말씀하셨다.

어머니께서는 아버지의 뺨에 입을 맞추셨다.

p.22 "그래서 저 아이는 아직도 여기 있는 거야?" 나를 보셨을 때 아버지께서는 어머니께 말씀하셨다.

어머니께서는 대답하지 않으셨다. 아버지께서는 지팡이를 들어 올리신 채 내 쪽으로 다가오셨다. 나는 겁을 내며 아버지를 보았고, 아버지께서는 내게서 몸을 돌리고 어머니께 말씀하시기 시작하셨다.

"나는 몹시 배가 고파." 아버지께서 말씀하셨다.

"팬케이크를 만들고 있었어요." 어머니께서 말씀하셨다.

"여기 양파가 있군." 아버지께서 말씀하셨다. "당신은 이 양파들과 버터로 맛있는 수프를 만들 수 있을 거야. 팬케이크를 만드는 것은 그만두고 이 양파를 프라이팬에 볶아."

어머니께서는 지체 없이 복종하셨다. 탁자에 기대어 나는 아버지를 바라보았다. 아버지는 대략 50세 정도였다. 아버지께서는 험악한 얼굴과 거친 목소리를 지니고 계셨다. 아버지의 머리는 오른쪽 어깨 쪽으로 약간 기울어져 있었는데, 아마도 사고 때문인 듯했다.

"버터는 한 숟가락만 쓸 거지?" 아버지께서 어머니께 말씀하셨다. 그 말씀과 함께 아버지께서는 버터 접시를 잡으시더니 그것을 몽땅 팬에 던져 넣으셨다.

p.23 '팬케이크를 만들 버터가 하나도 안 남았잖아요!' 나는 속으로 생각했다.

나는 아버지에게 너무 놀라서 화도 나지 않았다. 나는 또한 이 무정하고 천박한 사람이 내 아버지라는 사실에 깜짝 놀랐다. 내 아버지! 나는 항상 아버지가 남자 목소리를 가진 어머니 같은 사람일 거라고 상상해 왔다. 그러나 내 아버지를 보고 나는 몹시 걱정스럽고 놀랐다.

"거기 그냥 서 있지만 마!" 아버지께서 갑자기 나에게 말씀하셨다. "접시들을 탁자 위에 올려 놓거라."

어머니께서는 수프를 접시에 내오셨다. 그러자 아버지께서 조용히 드시기 시작하셨는데, 오직 나를 흘긋 보시기 위해서 이따금씩 식사를 멈추셨다. 나 역시 아버지를 바라보았지만, 곁눈질을 할 뿐이었다.

p.24 "배가 고프지 않으면 그냥 침대로 가서 자거라." 아버지께서 나에게 말씀하셨다. 나는 주저하지 않고 복종했다.

얼마 후, 나는 누군가가 내 침대로 다가오고 있는 것을 느꼈다. 나는 즉각 그것이 어머니가 아니라는 것을 알았다. 나는 목 뒤에 닿는 더운 숨결을 느꼈다.

"잠들었냐?" 아버지께서 귀에 거슬리는 목소리로 속삭이셨다.

"그 애는 잠들었어요." 내가 반응하기도 전에 어머니께서 말씀하셨다.

아마도 나는 내가 깨어 있다고 말했을 테지만, 뭐라고 말을 하기에는 아버지가 너무나도 무서웠다.

"그런데 소송은 어땠어요?" 어머니께서 물어보셨다.

"내가 졌어." 아버지께서 말씀하셨다. "판사가 내 탓이라고 했어." 아버지께서는 주먹으로 탁자를 탕 치고 욕을 하기 시작하셨다.

"진정하세요, 여보." 어머니께서 말씀하셨다.

p.25 "우리가 가진 모든 것을 잃었는데 내가 어떻게 진정할 수 있겠어?" 아버지께서 비통하게 말씀하셨다. "그리고 돌아와서 보니 당신이 저 애를 데리고 있는데."

"저는 그냥 저 아이를 고아원으로 넘길 수가 없었어요." 어머니께서 말씀하셨다. "내 젖을 먹여 키웠으니 내 아이나 다름없단 말이에요."

"우리는 그 애의 부모가 와서 그 애를 찾아가도록 충분히 오래 기다려 왔어." 아버지께서 말씀하셨다. "그 애를 돌보는 것으로 돈을 좀 벌 수 있을지도 모른다고 생각한 것에 대해서는 내가 바보였어. 나는 내일 그 애를 고아원에 데려갈 거야. 다 끝난 얘기야. 나는 술이나 한 잔 하러 가야겠어. 한 시간 후에 돌아올 거야."

아버지께서 문 밖으로 나가시자마자 나는 침대에 앉아 울기 시작했다.

p.26 "엄마!" 내가 소리쳤다.

어머니께서 내 침대로 달려오셨다.

"저를 고아원에 가게 하실 거예요?" 나는 물었다.

"아니, 내 아들 레미야, 아니야." 어머니께서 나를 팔에 꼭 안아 주시며 말씀하셨다.

"제가 어머니의 아이가 아닌가요?" 내가 물었다.

"아마도 내가 너에게 진실을 말해 줘야 했나 보다." 어머니께서 말씀하셨다. "제롬은 어느 날 파리의 브르퇴이유 거리에서 너를 발견했단다. 제롬은 주변을 둘러보았고, 그러는 중에 어떤 남자가 나무 뒤에서 나와 달아났다. 제롬은 그때 너를 경찰서로 데려갔지. 그들은 네 옷을 벗기고 너를 불 앞에서 안고 있었단다. 너는 예쁘장한 아기였고, 사랑스럽고 비싼 옷을 입고 있었단다. 경위는 옷에 대한 묘사와 네가 어디에서 발견되었는지 기록했어. 제롬은 네 부모가 와서 너를 찾을 때까지 보살펴 주겠다고 자청했단다."

p.27 "오, 제발 저를 고아원에 보내지 말아 주세요." 나는 소리쳤다.

"너는 아무 데도 가지 않을 거야." 어머니께서 달래는 말투로 말씀하셨다. "다시 가서 자거라. 제롬이 돌아와서 네가 깨어 있는 것을 발견해서는 안 돼."

나는 잠이 들고 싶었지만, 그럴 수가 없었다. 무수한 다른 생각들이 내 머릿속에 있었다. 마을에는 고아원 출신의 아이들 두 명이 있었다. 그들은 번호가 매겨진 금속판을 목에 걸고 있었다. 그들은 형편없는 옷을 입었고,

항상 매우 더러웠다! 다른 모든 아이들은 그들을 비웃고 그들에게 돌을 던졌다. 남자아이들은 길 잃은 개를 쫓는 아이들처럼 장난삼아 그들을 쫓았다. 길 잃은 개와 마찬가지로 그들에게는 그들을 보호해 줄 사람이 아무도 없었다.

'난 그 아이들처럼 되고 싶지 않아!' 나는 속으로 생각했다. p.28 '나는 목에 번호표를 걸고 싶지 않아.'

고아원 소속의 아이가 된다는 바로 그 생각은 나에게 한기를 느끼게 하고 이를 딱딱 부딪히는 소리를 내게 만들었다. 나는 잠이 들 수 없었고, 무시무시한 아버지는 곧 돌아오실 것이었다! 다행스럽게도, 아버지께서는 아주 늦게까지 돌아오지 않으셨고, 나는 그분이 돌아올 무렵에는 곤히 잠들어 있었다.

비탈리스 할아버지의 극단

p.29 어머니께서는 다음날 아침 나에게 아무 말씀도 하지 않으셨다. 정오에 제롬 아저씨는 나에게 모자를 쓰고 당신을 따라오라고 말씀하셨다. 나는 어머니께서 나를 도와주시기를 바라며 그분을 바라보았다. 어머니께서는 아무 말씀도 하지 않으셨다. 내가 어머니 옆을 지나갈 때, 어머니께서는 내가 아무것도 두려워할 것이 없다는 것을 알려주시려고 내 어깨를 부드럽게 톡톡 두드려 주셨다.

p.30 한 시간을 족히 걸은 후에, 우리는 마을에 도착했다. 제롬 아저씨와 내가 술집을 막 지나가려는 찰나, 문간에 서 계시던 한 아저씨께서 제롬 아저씨에게 소리를 쳐 안으로 들어오라고 하셨다. 제롬 아저씨는 내 귀를 잡고 나를 앞장세워 떼미셨다.

제롬 아저씨는 당신더러 들어오라고 한 그 아저씨와 탁자에 앉으셨다. 그분은 술집의 주인이신 듯했다. 그분과 제롬 아저씨는 낮은 목소리로 대화하셨다. 나는 내가 그분들의 대화의 주제라는 것을 알았다.

"그 애를 데리고 있는 것에 대해 읍장이 고아원으로 하여금 나에게 돈을 지불하게 할 수 있도록 나는 그 애를 읍장실로 데려가려고 마을까지 데려왔어."

바로 그때, 호기심이 있어 보이는 할아버지께서 술집 구석에서 나타나셨다. 그 할아버지께서는 분명히 그분들의 대화를 듣고 계셨던 듯했다.

p.31 "당신에게 방해가 되는 게 저 애인가요?" 그 할아버지께서는 나를 가리키시면서 외국 억양으로 아버지께 말씀하셨다.

"그렇소." 제롬 아저씨께서 대답하셨다.

"지금 그 애를 떼어내고 그렇게 하면서 당신이 약간의 돈을 벌 방법이 있을 것 같소만." 그 할아버지께서 잠깐 생각을 하신 다음 말씀하셨다.

"그 방법을 알려주면, 내가 술을 사겠소." 제롬 아저씨께서 말씀하셨다.

"술이나 먼저 시키시오. 그런 다음 우리 거래합시다." 그 할아버지께서 말씀하셨다.

"확실하오?" 제롬 아저씨께서 물어보셨다.

"확실하오." 그 할아버지께서 대답하셨다.

그 할아버지께서는 일어나셔서 제롬 아저씨의 맞은편 자리에 앉으셨다. 할아버지께서는 당신의 술을 한 모금 마시고 제롬 아저씨를 바라보셨다.

p.32 "누군가가 대가를 치르지 않으면 당신은 이 아이를 데리고 있지 않겠다는 거잖소. 그게 요점이오, 그렇지 않소?" 할아버지께서 말씀하셨다.

"그렇소, 왜냐하면……." 제롬 아저씨께서 말씀을 시작하셨다.

"이유는 됐소." 할아버지께서 말을 자르셨다. "그것은 내 알 바가 아니오. 자 당신이 그 아이를 원하지 않는다면, 그냥 그 아이를 내게 주시오. 내가 그 아이를 맡으리다."

"당신이?" 제롬 아저씨께서 깜짝 놀라 말씀하셨다.

그 후에, 제롬 아저씨와 그 할아버지께서는 흥정 시합에 들어가셨다. 오랫동안 그분들은 나의 장단점을 놓고 옥신각신하셨다.

"자, 내가 아이를 데려가겠소. 하지만 잘 들어요. 나는 그 아이를 현찰로 사지 않을 거요." 마침내 그 할아버지께서 말씀하셨다. "나는 그 아이를 고용할 것이오. 그 아이에 대해서는 당신에게 1년에 20프랑을 주겠소."

"고작 20프랑이라고!" 제롬 아저씨께서 소리치셨다.

그 할아버지께서는 제롬 아저씨의 말을 무시하고 호주머니에서 가죽 지갑을 꺼내셨다. 그 할아버지께서는 은화들을 꺼내어 그것들을 탁자 위에 던지셨다.

p.33 "하지만 생각해 봐요. 어느 날 이 아이의 부모가 와서 아이를 찾을지도 모를 일이오. 그리고 그들이 부자일지도 모르잖소." 제롬 아저씨께서 소리치셨다. "그렇다면 이 아이는 그보다 더 값어치가 있을 것이오!"

"그 점에 대해서는 난 상관하지 않겠소이다." 할아버지께서 말씀하셨다. "내가 그 아이에게 원하는 것은 나와 동행하여 걷고 뛰고, 또 걷고 뛰는 것뿐이오. 그 아이는 비탈리스 극단에서 자기 존재를 인정받을 것이오."

"이 극단이 어디 있소?" 제롬 아저씨께서 물어보셨다.

"내가 비탈리스요. 그리고 바로 여기서 그 극단을 보여주겠소."

이 말씀과 함께 그 할아버지께서는 가방을 여셨다. 한 군데로 눈이 쏠려 있는 커다란, 검은 두 눈을 지닌 원숭이 한 마리가 가방에서 뛰어나와 할아버지의 어깨 위로 올라갔다.

p.34 "오, 참 못생긴 원숭이구려!" 제롬 아저씨께서 소리치셨다.

원숭이다! 내 눈은 너무 커져서 거의 튀어나올 뻔했다. 나는 전에 원숭이를 한 번도 본 적이 없었다.

"그러니까, 털 많은 흑인 아기처럼 보이는 이 작디작은 어린 동물이 원숭이로구나!" 나는 혼자서 중얼거렸다.

"이 원숭이는 우리 극단의 스타라오." 비탈리스 할아버지께서 말씀하셨다. "이 원숭이는 졸리케르 씨요. 자, 졸리케르 씨, 내 친구들에게 인사하시오."

원숭이는 손을 자기 입술에 대더니 우리들 각자에게 키스를 던졌다.

"자, 까삐 씨를 소개하지요." 비탈리스 할아버지께서는 이어 말씀하셨다. 비탈리스 할아버지께서 술집 구석으로 신호를 보내시자 잘생긴 하얀 스패니얼 종 개가 우리에게 다가왔다. 개는 뒷다리로 서서 앞발을 가슴에 대고 우리에게 공손히 절했다. 그런 다음 여전히 뒷다리로 선 상태로 한쪽 앞발로 술집 구석에 신호를 보냈다. **p.35** 스패니얼 종의 개 두 마리가 더 구석에서 나왔다. 흰색 스패니얼 개에 시선을 고정한 두 마리의 개가 즉시 일어나 우리들 각자에게 자기 앞발을 내밀고 마치 사람들이 상류층 모임에서 악수를 하듯이 발을 흔들었다.

"내가 이탈리아어 까삐따노의 줄임말인 '까삐'라고 부르는 개가 대장이오." 비탈리스 할아버지께서 말씀하셨다. "녀석이 가장 머리가 좋은 개이며 내 명령을 다른 개들에게 전달한다오. 저 검은 털의 젊은 멋쟁이가 제르비노 씨인데, 제르비노란 이름은 '오락'을 의미하지요. 저쪽의 온순한 녀석은 돌체 양이요. 영국 개이며 그 이름은 그 개의 다정다감한 성격 때문에 골랐소이다."

p.36 그런 다음 비탈리스 할아버지께서는 그 개들이 할 수 있는 여러 가지 재주들을 우리에게 보여주시며 이후 10분을 보내셨다.

"그 개들이 얼마나 영리한지 아시겠소?" 비탈리스 할아버지께서 말씀하셨다. "그 개들과 함께 연기할 광대가 있다면 그들의 영리함이 훨씬 더 진가를 발휘할 것이오. 그것이 내가 당신의 아이를 원하는 이유요."

"그러니까 레미를 광대로 만들고 싶다는 것이군." 제롬 아저씨께서 끼어드셨다.

"광대 역할을 맡을 영리한 사람이 필요하오." 비탈리스 할아버지께서 말씀하셨다. "나는 당신 아이가 몇 번만 연습하면 그 역할을 연기할 수 있을 것이라고 믿소."

"오, 아저씨, 제발 제가 어머니와 함께 있도록 해 주세요. 제가 집에 머물게 해 주세요." 나는 소리쳤다.

까삐의 시끄러운 짖는 소리가 내 말을 방해했다. 동시에 그 개는 졸리케르가 앉아 있는 탁자를 향해 뛰어올랐다. 원숭이는 포도주가 가득 들어 있는 주인의 잔을 잡고 그것을 막 마시려던 참이었다. 그러나 까삐는 훌륭한 감시견이었다. p.37 까삐는 원숭이의 속임수를 지켜보고 있다가 자신이 충실한 하인인 것처럼 그 악당을 제지시켰다.

"그러면 이제, 거래가 성사된 것이오?" 비탈리스 할아버지께서 제롬 아저씨께 말씀하셨다. "30프랑이면 후한 거요. 아니오?"

"40프랑 주시오." 제롬 아저씨께서 말씀하셨다.

또 다른 흥정 전쟁이 일어났지만, 비탈리스 할아버지께서 곧 그것을 중단시키셨다.

"이는 아이를 걱정시키는 짓이오." 비탈리스 할아버지께서 말씀하셨다. "아이를 밖에 나가서 놀게 합시다."

"그래, 뒷마당으로 나가거라." 제롬 아저씨께서 거친 목소리로 말씀하셨다. "아무 데도 가지 마. 네가 도망간다면 내가 널 잡고야 말 테니까. 내 말 믿어라."

나는 마당으로 갔지만, 노는 것에는 흥미가 없었다. 나는 커다란 돌 위에 앉아 초조하게 기다렸다. p.38 그분들은 내 미래가 어떻게 될지를 결정하고 계셨다. 그분들은 오랫동안 이야기를 나누셨다. 한 시간 뒤에 제롬 아저씨께서 마당으로 나오셨다. 제롬 아저씨는 혼자였다. 제롬 아저씨께서 나를 비탈리스 할아버지께 넘기기 위해 나를 데리러 오신 것이었을까?

"이리 와." 제롬 아저씨께서 말씀하셨다. "집으로 돌아가자."

"집으로요!" 내가 소리쳤다. "제가 어머니와 지내게 된 것인가요?"

제롬 아저씨는 대답하지 않으셨고, 아저씨께서 기분이 아주 나빠 보이셨기 때문에 나는 더 이상의 질문을 하지 않았다. 우리는 완전히 입을 다물고 집으로 걸었다. 우리가 집에 도착하기 직전에 나보다 앞서 걸어가고 계시던 제롬 아저씨께서 멈춰 서셨다.

"잘 들어." 제롬 아저씨께서는 내 팔을 우악스럽게 잡고 말씀하셨다. "오늘 네가 들은 것을 조금이라도 누군가에게 말한다면, 너는 심각한 곤경에 처하게 될 거야, 알았어?"

어머니의 집

p.39 제롬 아저씨는 분명히 비탈리스 할아버지와의 흥정을 추진할 생각을 접은 듯하셨다. 나는 제롬 아저씨의 위협에도 불구하고 무슨 일이 일어났는지에 대해 어머니에게 말씀드리고 싶었다. p.40 그러나 제롬 아저씨는 한 번도 내 옆을 떠나지 않으셨으므로 나는 어머니께 말씀을 드리지 못했다. 나는 다음날 어머니께 말씀드려야겠다고 생각하면서 잠을 자러 갔다.

다음날 아침, 나는 어머니께서 나에게 말해 주시지 않고 마을로 가신 것을 알게 되었다. 나는 걱정이 되기 시작했다. 제롬 아저씨와 함께 집에 홀로 있는 것을 피하려고 나는 마당으로 달려갔다.

제롬 아저씨께서 나를 다급하게 부르시는 것을 들었을 때는 분명 내가 마당에서 논 지 채 한 시간도 지나지 않아서였다. 나는 서둘러서 집으로 돌아갔다. 대단히 놀랍게도, 나는 비탈리스 할아버지와 그분의 개들이 난로 앞에 서 있는 것을 보았다.

나는 전체 그림을 명확히 볼 수 있었다. 내가 비탈리스 할아버지와 가는 것을 제지하지 못하게 하려고 제롬 아저씨께서 어머니를 마을로 보내신 것이었다. 나는 제롬 아저씨한테는 아무것도 기대할 수 없음을 완전히 잘 알게 되었으므로 비탈리스 할아버지께 달려갔다.

p.41 "오, 저를 데려가지 마세요." 나는 간청했다. "제발, 할아버지, 저를 데려가지 마세요." 나는 울기 시작했다.

"걱정하지 마라, 얘야." 비탈리스 할아버지께서 다정하게 말씀하셨다. "나와 있으면 너는 불행하지 않을 게다. 나는 아이들을 때린 적이 없고, 너한테는 너와 동행해 줄 예쁜 개들이 생길 거잖니."

나는 울며 그분들께 내가 집에 머물게 해 달라고 사정했으나 묵살되었다. 제롬 아저씨는 나에게 나의 가장 더러운 옷 몇 벌이 담긴 가방을 주셨고, 비탈리스 할아버지와 나는 떠났다.

"자, 가자꾸나, 꼬마야." 비탈리스 할아버지께서 말씀하셨다. "네 이름이 뭐니?"

"레미예요." 내가 말했다.

"자, 그러면 레미야, 까뻬 옆에서 걸으렴." 비탈리스 할아버지께서 말씀하셨다.

우리가 떠날 때 나는 고개를 돌리고 나의 집을 마지막으로 한 번 보았다. 나는 그 집이 얼마나 초라하고 애처로워 보였는지 아직도 눈에 선하다. **p.42** 그럼에도 불구하고, 나는 그 집을 떠나기가 싫었다. 그것은 그때까지 내가 알고 있던 유일한 집이었다.

곧 우리는 언덕을 올라가고 있었다. 나는 여전히 멀리서 어머니의 집을 볼 수 있었지만, 그 집은 점점 더 작아졌다. 다행히도 언덕이 길어서 나는 내 어린 시절의 집을 조금 더 오랫동안 바라볼 수 있었다. 마침내 우리는 정상에 도달했고, 나는 너무 지칠 대로 지쳐서 걸을 수가 없었다.

"조금만 쉬게 해 주시겠어요?" 내가 물었다.

"그러럼, 얘야." 비탈리스 할아버지께서 대답하셨다.

나는 비탈리스 할아버지께서 까뻬에게 신호하시는 것을 보았고, 그 개는 와서 내 옆에 앉았다. 나는 개의 감시를 받고 있었다. 멀리서 나는 어머니의 정원 한 구석을 볼 수 있었다. 나는 그곳에 어머니와 함께 많은 채소를 심었으며, 내가 그것들을 다시는 맛보지 못할 것임을 알았다.

"이제 계속 가 볼까?" 비탈리스 할아버지께서 물어보셨다.

p.43 나는 대답하지 않았다. 나의 눈과 마음은 멀리 있는 한 사람의 모습에 고정되어 있었다. 그것은 내 어머니였다. 어머니는 집에 도착하기 위해 서두르시는 듯 빠르게 걷고 계셨다. 어머니께서는 벌컥 대문을 밀어 열고 안으로 뛰어 들어가셨다. 어머니께서는 집 안에서 오래 머무르지 않으셨다. 집 밖으로 다시 달려 나오시더니 팔을 활짝 펴시고 마당에서 이리저리 뛰어다니기 시작하셨다.

어머니께서 나를 찾고 계시는 것이 분명했다.

"엄마! 엄마!" 나는 목청이 터지도록 큰 소리로 외쳤으나, 어머니는 내 목소리를 듣지 못하셨다.

"무슨 일이냐? 정신이 나간 게냐?" 비탈리스 할아버지께서 물어보셨다.

나는 대답하지 않았다. 눈물이 가득 고인 나의 눈은 여전히 어머니에게 고정되어 있었다. 어머니께서는 마당에서 나를 찾으셨고 그런 다음 미친 듯이 위아래 길을 살피며 길로 나가셨다. p.44 나는 점점 더 크게 울었으나 모두 소용없었다.

비탈리스 할아버지께서 무슨 일이 벌어지고 있는 건지 파악하시고는, 나에게 오시더니 내 옆에 서셨다. 비탈리스 할아버지의 시선 또한 이제 나의 어머니를 따라갔으며, 그분은 내 어깨에 부드럽게 손을 올리셨다.

"가엾은 녀석." 비탈리스 할아버지께서 조용히 혼잣말을 하셨다.

"오, 저를 집에 돌아가게 해 주세요." 나는 그분의 동정 어린 말씀에 용기를 얻어 말했다.

"넌 이제 충분히 쉬었어." 비탈리스 할아버지께서 내 손목을 잡고 말씀하셨다. "그러니 계속 가야지."

나는 도망치려 했으나, 내 손을 꽉 잡은 할아버지의 손아귀에서 도망칠 수는 없었다.

"까삐! 제르비노!" 비탈리스 할아버지께서 개들에게 소리치셨다. 두 마리의 개가 나에게 달려들었다. 까삐는 뒤에, 제르비노는 앞에 있었다. 개들은 으르렁거리지는 않았지만 내가 도망치려고 하면 개들이 나를 물 것임을 나는 알았다. 우리는 언덕 너머로 걷기 시작했고, 곧 나의 어머니와 그분의 집은 시야에서 벗어났다.

여행 중에

p.45 비탈리스 할아버지는 나쁜 사람이 아니었다. 나는 우리가 여행을 하기 시작한 지 얼마 안 되어 이를 알아차렸다. 우리는 한동안 말없이 걸었고, 나는 한숨을 내쉬었다.

p.46 "네가 얼마나 당혹스러울지 안다." 비탈리스 할아버지께서 말씀하셨다. "하지만 이것이 결국 네게 이로울 것임을 알게 될 거야. 그 사람들은 네 부모가 아니야. 네 양어머니는 네게 잘해 주었고 네가 그녀를 사랑한다는 것을 나는 안다. 그래서 네가 이렇게 기분이 안 좋은 게지. 하지만 양아버지가 너를 원하지 않으면 네 양어머니는 너를 데리고 있을 수 없어. 너는 네 양아버지의 입장을 이해해야 해. 네 양아버지는 아프고 더 이상 일을 못해. 단지 생존을 위해 힘든 시간을 보내야 할 거야."

비탈리스 할아버지께서 말씀하신 모든 것은 사실이었다. 하지만 나는 어머니와 헤어지게 된 것에 너무 당혹스러워서 그것을 인정하지 못했다.

비탈리스 할아버지는 큰 걸음으로 빠르게 성큼성큼 걸으셨다. 개들과 비탈리스 할아버지는 무한한 정력을 갖고 있는 것 같았으나, 나는 녹초가 되었다. 나는 땅에 발을 질질 끌었으나, 비탈리스 할아버지께 쉬게 해 달라고 부탁하지는 않았다.

p.47 "너를 지치게 하는 것은 그 나무 신발이야." 비탈리스 할아버지께서 나를 내려다보시며 말씀하셨다. "위셀에 도착하면 너에게 새 신발을 사 주마."

이 말이 나에게 용기를 주었다. 나는 언제나 한 켤레의 새 신발을 열망했었다.

"위셀이 여기서 먼가요?" 나는 물었다.

"아, 네가 갑자기 기운이 왕성해진 모양이구나." 비탈리스 할아버지께서 웃으며 말씀하셨다. "그러니까 신발을 한 켤레 가지고 싶다는 거지, 그렇지? 좋아. 너에게 근사한 가죽 구두를 한 켤레 사 주마. 또 벨벳 바지, 조끼와 모자도 하나씩 사줄 거야. 그것들이 너를 기운 나게 하면 좋겠구나."

"가죽 구두요!" 나는 기쁜 마음에 소리쳤다. 신발을 한 켤레 가지게 되는 것만 해도 굉장한데, 그것도 가죽 구두 한 켤레라니? p.48 내가 그때까지 알았던 시골 아이 중 아무도 가죽 구두를 가지고 있지 않았다.

다음 마을에서 비탈리스 할아버지께서는 나를 여관으로 데리고 가셨다. 그러나 모든 방이 차 있었다. 비탈리스 할아버지께서는 용케 우리를 하룻밤 자기네 헛간에서 머무르게 해 줄 마음씨 착한 마을 사람을 찾아내셨다. 비탈리스 할아버지, 그분의 세 마리의 개, 졸리케르, 그리고 내가 헛간 안에 편안히 앉자, 비탈리스 할아버지께서는 가방에서 커다란 빵 한 덩어리를 꺼내셨다. 그런 다음 그것을 6등분하셨다. 나는 그 중 하나를 말없이 먹었다.

완전히 녹초가 되어, 나는 젖은 옷을 입은 채 추위에 벌벌 떨며 그곳에 앉아 있었다. 이제 밤이었지만, 나는 잠들고 싶지 않았다.

"네 이빨이 덜덜 떨리는구나." 비탈리스 할아버지께서 말씀하셨다. "춥니?"

"조금요." 내가 중얼거렸다. 비탈리스 할아버지께서 가방을 여시는 소리가 들렸다.

"이것을 가져가거라." 비탈리스 할아버지께서 말씀하셨다. "여기 네가 입을 수 있는 마른 셔츠와 양복 조끼가 있단다. 건초 아래에 있으면 곧 따뜻해질 게다."

p.49 나는 너무 상심해서 금방 잠이 들지 못했다. 눈물이 뺨으로 흘러내릴 때 나는 따뜻한 숨결이 내 얼굴을 스치는 것을 느꼈다. 그것은 까삐였다. 까삐는 나에게 살금살금 와서 조심조심 나에게 코를 킁킁거렸다. 까삐는 내 옆에 바짝 붙어서 짚 위에 누웠고, 아주 조심스럽게 내 손을 핥았다. 나는 이 몸짓에 감동받았다.

나는 내 지푸라기 침대에서 일어나 앉아 내 팔을 까삐의 목에 두르고 그 개의 축축하고 차가운 코에 입을 맞추었다. 까삐는 작게 헉헉거리며 자기 앞발을 내 손에 얹었다. 우리는 서로를 바라보며 아주 조용히 그대로 있었다. 나의 피로와 슬픔이 나를 떠나갔다. 왜냐하면 나는 더 이상 혼자가 아니었기 때문이었다. 나에게 친구가 생겼다.

나의 첫 무대

p.50 우리는 다음날 아침 일찍 다시 길을 나섰다. 새들은 나무에서 흥겹게 노래하고 있었고 개들은 우리 주위를 장난치며 뛰어다녔다. 이따금 까삐는 뒷다리로 서서 내 얼굴을 들여다보며 짖었다. 나는 까삐가 무슨 말을 하는지 알았다. 까삐는 내 친구였다. 까삐는 영리했고, 모든 것을 이해했다. p.51 또한 까삐는 다른 사람들에게 자기의 의사를 이해시키는 방법을 알고 있었다.

우리가 위셀에 들어섰을 때, 나는 제화점을 찾으려고 사방을 흘긋흘긋 두리번거렸다. 갑자기 비탈리스 할아버지께서 시장 뒤에 있는 오래되고 먼지가 쌓인 가게로 들어가셨다. 어떻게 가죽 구두 같은 아름다운 물건들이 그처럼 끔찍한 곳에서 팔릴 수 있단 말인가? 그러나 비탈리스 할아버지께서는 그 가게를 잘 아셨고, 곧 나한테는 오로지 내 것인 가죽 구두 한 켤레가 생겼다. 비탈리스 할아버지께서는 또한 나에게 파란색의 벨벳 코트, 바지 한 벌, 그리고 모자를 사 주셨다.

비탈리스 할아버지께서 나에게 사 주신 옷은 중고품이었으며, 모두 상당히 달아서 해진 상태였다. 그러나 그처럼 많은 아름다운 옷들에 눈이 부셔서 나는 그것들의 숨겨진 결점들을 눈치 채지 못했다.

p.52 우리가 여관으로 돌아왔을 때, 비탈리스 할아버지께서는 가위를 가져오시더니 내 바지의 양쪽 바짓가랑이를 내 무릎 높이로 자르셨다. 나는 눈이 휘둥그레져서 비탈리스 할아버지를 바라보았다.

"할아버지, 왜 저의 새 바지를 자르시는 거예요?" 나는 깜짝 놀라서 물었다.

"나는 네가 나머지 다른 소년들과 똑같아 보이는 것을 원하지 않는단다." 비탈리스 할아버지께서 설명해 주셨다.

나는 나의 벨벳 바지를 입었다. 바지는 내 무릎까지 내려왔다. 비탈리스 할아버지께서는 빨간 끈이 나의 긴 스타킹까지 완전히 내려오도록 배배 꼬셨다. 그런 다음 빨간 리본을 내 모자 전체에 꼬아서 감으셨고, 한 묶음의 모직 천으로 만든 꽃으로 모자를 장식하셨다.

다른 사람들의 눈에는 내가 어떻게 보일지 모르겠지만, 나는 내가 아주 멋져 보인다고 생각했다. 나를 오랫동안 바라보는 것으로 보아 까뻬도 같은 생각을 한 것이 분명했으며, 그런 다음 만족스런 표정으로 자기 앞발을 내밀었다. 까뻬의 동의는 나를 기분 좋게 만들었다.

"이제 넌 준비가 다 됐어." 비탈리스 할아버지께서 말씀하셨다. p.53 "내일은 장날이고 우리는 공연을 해야 하니까 이제 일을 시작하자. 너는 두 마리의 개와 졸리케르와 함께 희극 연기를 해야 해."

"하지만 저는 전에 한 번도 희극을 연기해 본 적이 없어요." 나는 겁을 내며 외쳤다.

"내가 너한테 가르쳐 줄 거야." 비탈리스 할아버지께서 말씀하셨다. "배우지 않으면 알 수가 없지. 내 동물들은 자기 역할을 배우려고 열심히 공부했단다. 그들은 열심히 공부해야 했지만, 지금은 그들이 얼마나 영리한지 보렴. 연극은 〈졸리케르 씨의 하인〉이라고 불린단다. 까뻬라는 이름의 졸리케르 씨의 하인이 졸리케르 씨를 떠나려는 참이란다. 너무 나이가 들어서 은퇴해야 하기 때문이지. 그리고 까뻬는 졸리케르 씨에게 자기가 떠나기 전에 그에게 다른 하인을 구해 주겠다고 약속해 왔어. 이제 이 후임자가 개가 아니라 시골 소년이야. p.54 레미라는 이름의 시골 소년이지."

"오……."

"너는 졸리케르 씨에게 고용되어 일하려고 막 시골에서 온 거란다."

"하지만 할아버지, 원숭이들은 하인이 없잖아요."

"연극에서는 하인을 둔단다." 비탈리스 할아버지께서 미소를 지으며 대답하셨다. "아무튼 너는 네 마을에서 곧장 왔고 너의 새 주인은 너를 바보라고 생각한단다."

"오, 그것은 마음에 안 들어요!" 나는 몸을 움찔하며 외쳤다.

"네가 실생활에서 바보라고 말하고 있는 게 아니란다." 비탈리스 할아버지께서 달래는 목소리로 말씀하셨다. "그것은 전부 희극이라서 그런 거야. 사람들을 웃게 만든다면 그것이 무슨 대수겠니? 자, 그러니까 너는 이 신사의 하인이 되기 위해 그에게 온 것이고 식탁을 차리라는 말을 듣는 거야. 여기 우리가 연극에서 사용할 것과 똑같은 식탁이 있단다. 가서 식탁을 차려보렴."

이 식탁 위에는 접시, 유리잔, 칼, 포크, 그리고 흰색 식탁보가 있었다. 나는 이러한 물건들을 어떻게 정돈하는지에 대해 아무 생각이 없었다. p.55 나는 어디서부터 시작해야 할지 몰라 팔을 앞으로 쭉 뻗고 입을 헤벌린 채 몸을 앞으로 숙이고 이 문제에 대해 곰곰이 생각했다. 비탈리스 할아버지께서는 박수를 치고 마음껏 웃으셨다.

"잘한다! 잘해!" 비탈리스 할아버지께서 소리치셨다. "완벽해. 너는 타고났어. 훌륭해."

"하지만 저는 제가 무엇을 해야 할지 모르겠는걸요!" 내가 말했다.

"그러니까 네가 아주 잘한다는 거야!" 비탈리스 할아버지께서 행복한 표정으로 대답하셨다. "잠시 후면, 너는 네가 무슨 일을 하고 있는지 알게 될 것이고, 네가 지금 느끼고 있는 것을 느끼는 척해야 할 거야. 얼굴에 매번 같은 표정을 지을 수 있다면 너는 크게 성공할 거야. p.56 이 배역을 완벽하게 연기하려면 방금 한 것처럼만 행동하고 표정을 지으면 돼."

〈졸리케르 씨의 하인〉은 대단한 연극은 아니었다. 공연은 20분도 안 걸렸다. 비탈리스 할아버지께서는 여러 번 반복해서 우리에게 그것을 하도록 시키셨다. 나는 비탈리스 할아버지께서 얼마나 인내심이 많으신지 알고 놀랐다. 수업은 장시간 계속되었으며, 동물들과 나는 많은 실수를 저질렀다. 그러나 비탈리스 할아버지께서는 화를 내지 않으셨고, 단 한 번도 욕하지 않으셨다.

"개들을 보거라." 비탈리스 할아버지께서 나를 가르치시는 도중에 말씀하셨다. "졸리케르는 빠르고 영리하지만 참을성이 없지. 반면에 개들은 졸리케르보다 느리게 배우지만 참을성 있고 주의력도 좋아. 그것이 개들이 언제나 졸리케르보다 뛰어난 이유란다. 알겠니?"

"저도 그렇게 생각해요." 나는 말했다.

p.57 "너는 영리하고 주의력도 좋아. 인내심을 가지고 네가 해야 하는 일에 최선을 다하렴. 평생 그것을 명심하거라."

나는 수업 중에 나를 깜짝 놀라게 했던 것에 대해 여쭤 보려고 용기를 내었다.

"개들과 원숭이에게 어떻게 그렇게 놀랄 만큼 인내심이 있으신 거예요?" 나는 여쭤 보았다. "저희 마을에서는 모든 사람들이 동물들에게 난폭하고 잔인했어요."

"난폭하게 대해서는 별로 얻을 것이 없단다. 하지만 상냥하게 대하면, 설령 전부는 아니라고 하더라도 많이 얻을 수가 있지." 비탈리스 할아버지께서 웃으면서 말씀하셨다. "내 동물들이 지금과 같은 것은 바로 내가 그들에게 절대로 불친절하게 굴지 않기 때문에 그런 거란다. 그들과 함께 있으면서 나 또한 참을성을 배워 왔단다. 내가 내 동물들에게 수업을 하는 동안 나 역시 그들로부터 교훈을 배워 왔단다. p.58 나는 내 동물들의 지능을 계발해 주었고, 반면에 그들은 나의 인격을 형성시켜 주었지."

나는 다음날 우리가 공연을 하기로 예정된 장터로 줄지어 행진할 때 매우 긴장했다. 그 전날 비탈리스 할아버지께서 해 주신 인내심 있고 용기를 북돋우는 수업과 내 친구 까삐의 존재가 공연 내내 나를 도와주었다. 내가 알아차리기도 전에 연극은 끝났고 많은 사람들이 우리에게 박수갈채를 보내고 있었다.

여관으로 돌아가는 도중 비탈리스 할아버지께서 나를 칭찬해 주셨고, 나는 그분의 칭찬을 감사하게 여겼다. 나는 이미 내가 직업 희극 배우가 된 듯한 느낌이 들었다.

배우는 아이와 동물

p.59 위셀에 도착한 지 단 사흘 후에 우리는 다시 길을 떠났다.

"글 읽는 법을 아니?" 비탈리스 할아버지께서 갑자기 내게 물어보셨다.

p.60 "아니요." 나는 대답했다.

당시 프랑스의 많은 마을에는 학교가 있지도 않았다. 나는 다섯 살 무렵에 약 한 달간 학교에 다닌 적이 있었다. 하지만 나의 선생님은 구두 고치는 사람이었고 아무것도 가르쳐 주지 않았다.

다음날 우리가 함께 걷고 있을 때 비탈리스 할아버지께서 몸을 구부려 먼지로 뒤덮인 나무토막을 하나 주우셨다.

"내가 너한테 읽는 법을 가르쳐 줄 거야." 비탈리스 할아버지께서 말씀하셨다. "자, 이것이 네가 읽는 것을 배울 책이다."

비탈리스 할아버지께서는 칼을 꺼내어 나무토막을 같은 크기의 26개 조각으로 자르셨다. 그분은 그런 다음 각각의 조각에 한 개의 글자를 새기셨다.

　　"일단 글자를 모두 암기하면 네게 단어들을 가르쳐 주마." 비탈리스 할아버지께서 말씀하셨다. "단어들을 읽을 수 있으면 그 다음에는 책을 통해 배울 거야."

　　p.61 나에게 글자들을 가르치시는 동안 비탈리스 할아버지께서는 까삐도 가르치셨다.

　　"만일 개가 시계에서 시간을 구별할 수 있다면 글자를 못 배울 이유가 어디 있어?" 비탈리스 할아버지께서 말씀하셨다. 비탈리스 할아버지께서는 글자들을 땅에 펼쳐 놓으셨고, 까삐는 앞발로 올바른 글자를 고르는 것을 배웠다.

　　나에게는 마치 비탈리스 할아버지께서 나를 동물과 경쟁시키려고 하고 계신 것 같이 느껴졌다. 이는 내 감정을 크게 상하게 했으므로 나는 할 수 있는 한 열심히 공부했다. 내 노력은 성공적이었다. 내 사랑하는 친구 까삐가 자기 이름의 철자를 이루는 네 개의 글자를 끄집어내는 것 이상을 배우지 못하는 동안 나는 드디어 책에서 읽는 법을 배웠다.

　　"참 잘하는구나, 레미." 비탈리스 할아버지께서 나를 칭찬해 주셨다. "책을 읽는 법을 아니까 악보를 읽는 법을 배우고 싶지?"

　　p.62 "그것이 제가 할아버지처럼 노래 부르는 데 도움이 되기만 한다면요!" 나는 흥분해서 대답했다.

　　비탈리스 할아버지와 함께 하는 나의 악보 수업은 읽기 수업처럼 간단하지 않았다. 까삐와 다른 동물들에게 한 번도 화를 내신 적이 없으셨던 비탈리스 할아버지께서는 여러 번 나에게 참을성을 잃으셨다.

　　"동물들을 대할 때 사람은 스스로를 통제할 수 있어. 왜냐하면 말 못하는 가엾은 동물을 대하고 있기 때문이지." 비탈리스 할아버지께서 소리치셨다. "하지만 너는 똑똑한 소년이잖니. 그래서 너의 형편없는 성과는 나를 화가 치밀어 오르게 하기에 충분하구나!"

　　처음에 나는 그러한 언급에 낙담했으나 곧 마음을 다잡고 할 수 있을 때마다 열심히 공부했다. 마침내 여러 주 동안 공부한 후에 나는 비탈리스 할아버지께서 직접 쓰신 악보에 있는 곡을 노래할 수 있었다.

　　"이렇게 계속해서 열심히 공부하면 너는 언젠가는 훌륭한 가수가 될 거야." 내 머리를 토닥여 주시면서 비탈리스 할아버지께서 말씀하셨다.

왕을 알았던 사람

p.64 "네가 프랑스 전역을 여행하고 있는 어린 소년이라는 것을 명심해라." 우리가 걷는 동안 비탈리스 할아버지께서 말씀하셨다. "네 나이의 다른 소년들은 학교에 있지만, 너는 여행하면서 여전히 많은 것들을 배울 수 있어. 만일 네가 이해가 안 가거나 궁금한 것과 마주치면 언제든 나에게 그것들을 네게 설명해 달라고 하거라. p.65 너도 알다시피, 나는 일생동안 네게는 아직 보여주지 않은 많은 것들을 배웠단다."

"이를테면요?" 내가 물었다.

"다음번에 말해 주마." 비탈리스 할아버지께서 대답하셨다.

나는 과거에 비탈리스 할아버지가 어떤 사람이었을까 궁금하기 시작했다.

우리는 께르시 평야에 도착할 때까지 계속해서 걸었는데, 그 평야는 아주 평평하고 황량했다. 평야 중간에서 우리는 뮈라 요새라고 불리는 한 작은 마을에 도착했다. 그곳에서 우리는 한 여관 주인을 찾았고, 그는 우리를 자신의 헛간에서 재워 주었다.

"어느 날 왕이 된 한 소년이 태어난 것이 바로 이 마을에서였단다." 비탈리스 할아버지께서 말씀하셨다. "그 소년의 이름이 뮈라였어. 그는 영웅이었고, 사람들은 그의 이름을 따라 이 마을의 이름을 지었어. p.66 나는 그를 알았고 그가 왕으로 있던 나폴리에서 종종 그와 이야기를 나누었단다."

"왕을 아신다고요!" 내가 외쳤다.

이후 몇 시간 동안 비탈리스 할아버지께서는 나에게 요아킴 뮈라에 대한 이야기를 들려 주셨다. 그동안 내내 나는 비탈리스 할아버지께서 젊은 시절에 어떤 유형의 사람이었는지에 대해 궁금증이 생기는 것을 멈출 수가 없었다.

다음날 동이 틀 때 우리는 다시 출발했다. 우리는 하루 종일 행군했고, 해가 질 때까지도 여전히 마을에 이르지 못했다. 비탈리스 할아버지와 나는 둘 다 지쳐서 우리는 길가에서 자기 위해 멈춰 섰다. 그러나 나는 따뜻한 방에서 자고 싶은 욕망을 떨쳐 버릴 수 없었다. 그래서 나는 가까이에 마을이 있는지 살펴보러 근처 언덕에 올라 보겠다고 자청했다.

밤은 깊었고 달도 없었다. 더 높이 올라갈수록 나무와 관목이 더 울창해졌으므로 나는 그럭저럭 헤쳐 나가기 위해 그것들 사이를 기어서 통과해야 했다. 나는 언덕 꼭대기에 도달하려고 고군분투했으며, 어느 방향으로도 보이는 불빛이 없다는 것을 알고 몹시 실망했다.

p.67 갑자기 한기가 나의 등뼈를 타고 내려왔고 나는 공포로 기운이 다 빠졌다. 나의 심장은 마치 내가 달리기라도 한 듯이 빠르게 뛰었다. 나는 주변을 흘긋 둘러보고 거대한 것이 나무 사이에서 움직이는 것을 알아보았다.

"비탈리스 할아버지일까?" 나는 스스로에게 물었다.

아니다. 그 형상은 사람이라기에는 너무나 컸다. 나는 즉각 도망치기 시작했다. 나는 엉겅퀴와 가시나무 속으로 몸을 던졌고, 걸을 때마다 몸을 긁혔다. 나는 어깨 너머로 뒤를 돌아보았다. 그 거대한 동물이 점점 더 가까이 다가오고 있었다! 그것은 거의 나를 따라잡았다!

어찌된 것인지는 모르지만, 나는 무사히 언덕 맨 아래에 도착했고, 최대한 빨리 비탈리스 할아버지께 뛰어갔다.

p.68 "짐승이에요!" 나는 비탈리스 할아버지의 발 아래로 쓰러지며 말했다.

"바보 같은 녀석." 비탈리스 할아버지께서 웃으며 말씀하셨다. "고개를 들고 자세히 보렴."

나는 고개를 들고 길 한가운데 서 있는 거대한 동물의 윤곽을 보았다. 날이 어두웠고, 나는 여전히 그 동물이 무엇인지 알아낼 수가 없었다.

"우리가 마을에서 멀리 떨어져 있는지 말씀해 주겠소?" 비탈리스 할아버지께서 그 동물에게 공손히 물어보셨다.

"이 근처에는 집들이 없습니다." 놀랍게도 그 동물이 대답했다. "하지만 여기서 약 0.5마일 거리에 여관이 하나 있지요. 원하신다면 제가 그곳으로 데려다 드릴 수 있어요."

"그렇게 해 준다면 많은 도움이 될 것이외다. 고맙소." 비탈리스 할아버지께서 말씀하셨다.

나는 비탈리스 할아버지 뒤에 바싹 붙어서 걸었다.

p.69 "프랑스의 이 지역에는 거인들이 있나요?" 나는 비탈리스 할아버지한테 속삭였다.

"그래, 사람들이 죽마를 타고 걷고 있을 때는 그렇단다." 비탈리스 할아버지께서 대답하셨다.

그런 다음 비탈리스 할아버지께서는 현지 주민들이 엉덩이 높이까지 빠지지 않고 습지대를 무사히 건너가기 위해서 어떻게 죽마를 타고 그 지역을 활보하는지 설명해 주셨다.

나는 참으로 겁 많은 어린 바보였다!

체포되다

p.70 우리는 많은 읍내와 마을을 거쳐 갔다. 그러던 어느 날, 우리는 보기 흉한 붉은 벽돌집들이 있는 한 커다란 도회지로 갔다. 비탈리스 할아버지께서는 우리가 툴루즈에 있으며 그곳에서 오랫동안 머무를 것이라고 말씀해 주셨다.

우리가 공연할 준비를 하고 있을 때, 한 경관이 우리를 자세히 관찰하며 곁에 서 있었다. **p.71** 경관은 심기가 불편해 보였는데, 아마도 그가 개들을 좋아하지 않기 때문인 것 같았다. 경관은 우리를 멀리 보내 버리려고 했다. 비탈리스 할아버지께서는 자신이 법을 어긴 것이 아니기 때문에 다른 시민과 마찬가지로 경찰의 보호를 받아야 한다고 생각하셨다. 그래서 그 경관이 우리를 멀리 보내고 싶어 했을 때 떠나기를 거부하셨다. 비탈리스 할아버지께서는 그 모든 일에 대해 매우 공손하셨다.

"당신이 어떻게 생각하는지는 상관없어!" 경관이 소리쳤다. "우리 마을에서 나가."

"잘 알겠습니다." 비탈리스 할아버지께서 대답하셨다. "경관님께서 무슨 권한으로 제게 떠나라고 명령하시는지 알려주시는 즉시 경관님께서 말씀하신 대로 하겠다고 약속드리지요."

적절한 대답을 제시하지 못하는 자신의 무능력에 화가 난 경관은 몸을 돌려 가 버렸다.

p.72 그러나 다음날, 그 경관이 다시 왔다. 경관은 우리가 극장 주위에 둘러쳐진 밧줄을 뛰어 넘었고, 공연 도중에 무대로 뛰어들었다.

"저 개들에게 입마개를 씌우도록." 경관이 비탈리스 할아버지께 난폭하게 말했다.

"제 개들한테 입마개를 씌우라고요!" 비탈리스 할아버지께서 말씀하셨다. "말도 안 되는 소리예요!"

"내일까지 개들에게 입마개를 씌우지 않으면 당신은 체포될 거야." 경관이 말했다. "이상."

그날 밤, 비탈리스 할아버지께서는 그 경관을 난처하게 만들 계획을 하나 짜내셨다.

"자, 내일은 네가 가서 혼자 졸리케르와 함께 공연을 하는 거야." 비탈리스 할아버지께서 미소 지으시며 나에게 말씀하셨다. "너는 밧줄을 정리하고 하프에 맞춰 몇 곡의 노래를 할 거야. 너에게 많은 관중이 모이면 경관이 그 장면에서 등장할 거야. 그것이 내가 개들과 등장할 때지. 그러고 나서 행사가 시작될 거야."

p.73 나는 다음날에 전혀 혼자 가고 싶지 않았으나, 내 주인은 내가 명령받은 것을 따라야 할 사람이라는 것을 나는 알고 있었다.

나는 평소의 그 장소에 도착하자마자 밧줄로 울타리를 치고 연극을 시작했다.

곧 많은 군중이 우리 주변으로 모였고, 그 경관이 나타났다. 경고도 없이 경관은 재빨리 밧줄을 뛰어 넘었다. 순식간에 경관은 내 앞에 있었고, 한 주먹에 나를 때려 눕혔다. 내가 눈을 뜨고 일어섰을 때 비탈리스 할아버지께서는 내 앞에 서 계셨다. 비탈리스 할아버지께서는 막 경관의 손목을 붙잡은 상태셨다.

"아이를 때리도록 내버려두지는 않겠소이다!" 비탈리스 할아버지께서 소리치셨다. "참으로 하기 비겁한 짓이오!"

p.74 "당신! 나를 따라 와!" 경관이 말했다. "당신은 체포되었소."

"왜 저 아이를 때린 겁니까?" 비탈리스 할아버지께서 물어보셨다.

"그만 지껄여. 따라 와." 경관이 화를 내며 대답했다.

"여관으로 돌아가서 까삐와 다른 동물들과 함께 그곳에 머물도록 해라." 비탈리스 할아버지께서 나에게 몸을 돌리고 말씀하셨다. "거기서 내가 전갈을 보낼 때까지 나를 기다리거라."

비탈리스 할아버지께서 더 말씀을 하시기도 전에 경관은 그분을 끌고 가 버렸다. 군중들은 빠르게 흩어졌다. 몇몇 술주정뱅이들은 무슨 일이 벌어졌는지 이야기를 나누려고 남았다.

"그들이 비탈리스 할아버지를 얼마나 오래 감옥에 보낼까?" 나는 나 자신에게 물어 보았다. "그동안 내가 어떻게 해야 하지? 어떻게 해야 내가 살아남을까?"

비탈리스 할아버지께서는 돈을 가지고 다니시는 습관이 있었고 끌려가시기 전에 나에게 아무것도 주실 기회가 없었다. p.75 나는 주머니에 단지 동전 두세 개만 가지고 있을 뿐이었다. 나는 감히 여관을 떠나지 못한 채 이후 이틀 동안 절망 속에 지냈다. 원숭이와 개들도 또한 슬퍼했다. 마침내 사흘째 되는 날, 한 사람이 나에게 비탈리스 할아버지의 편지를 가져다주었다. 비탈리스 할아버지께서는 자기가 경찰의 권위에 반항하고 경관을 공격한 것에 대해 재판을 받을 것이라고 나에게 쓰셨다.

"내가 화를 낸 것은 어리석었어."라고 할아버지께서는 쓰셨다. "이 때문에 나는 상당히 대가를 치를지도 모르지만, 이제 너무 늦었구나. 나는 토요일에 재판을 받을 거다. 그날 재판소에 오너라. 그러면 너는 교훈을 배우게 될 것이야." 그런 다음 비탈리스 할아버지께서는 나에게 몇 가지 충고를 해주셨고, 애정을 보내주셨으며, 그분을 대신하여 동물들을 사랑으로 대해 달라고 부탁하셨다.

나는 토요일 아침 동이 틀 때 재판소에 도착했다. p.76 그 경관과의 광경을 목격했던 많은 마을 사람들이 그곳에 있었다.

"당신은 당신을 체포한 경관을 폭행했군." 판사가 말했다.

"저는 그를 때리지 않았습니다, 존경하는 판사님." 비탈리스 할아버지께서 말씀하셨다. "저는 그저 그의 손목을 잡았을 뿐입니다. 우리가 공연하기로 계획하고 있었던 장소에 도착했을 때, 저는 그 경관이 주먹을 한 방 날려 아이를 땅에 때려눕히는 것을 보았습니다. 그 어린 소년은 저와 함께 여행하고 있으며, 저는 그 아이를 보호하지 않을 수 없다고 느꼈습니다."

"그 아이는 당신 자식이 아니잖소." 판사가 냉정하게 말했다.

"아닙니다. 하지만 저는 그 아이를 제 친아들인 것처럼 사랑합니다." 비탈리스 할아버지께서 대답하셨다. "그 아이가 맞고 있는 것을 보았을 때 저는 이성을 잃었고 경관이 그 가엾은 아이를 다시 때리지 못하게 하려고 그의 손목을 붙잡았습니다."

그 경관이 그 다음에 자기가 해야 할 말을 했는데, 판사는 공감하며 그의 말에 더 귀 기울였다.

p.77 비탈리스 할아버지의 눈이 법정을 두리번거렸다. 나는 즉시 비탈리스 할아버지께서 내가 그곳에 있는지 보려고 하신다는 것을 알았다. 나는 가서 비탈리스 할아버지의 옆에 섰다. 나를 보셨을 때 비탈리스 할아버지의 얼굴은 기쁨으로 밝아졌다.

재판은 곧 끝났다. 비탈리스 할아버지께서는 2개월의 금고형과 100프랑의 벌금형을 선고받았다.

"2개월의 투옥이라뇨!" 내가 소리쳤다.

눈물 사이로 나는 비탈리스 할아버지께서 한 경관에 의해 끌려가시고 그분의 뒤에서 문이 닫히는 것을 보았다.

"비탈리스 할아버지가 안 계시는 2개월이라니!" 나는 혼자 중얼거렸. "어디로 가야 하지? 내가 무엇을 해야 하지?"

집 없는 생활

p.78 나는 무거운 마음과 퉁퉁 부은 눈으로 여관으로 돌아왔다. 여관 주인아저씨께서 나를 기다리시며 마당에 서 계셨다.

"그래, 어떻게 되었냐?" 여관 주인아저씨께서 물어보셨다.

"제 주인님은 금고형을 받으셨어요." 내가 대답했다.

"얼마나 오래?"

p.79 "2개월이요."

"벌금도 있니?"

"네. 100프랑이요."

"2개월에 100프랑이라." 여관 주인아저씨께서 두세 번을 되풀이해서 말씀하셨다. "네 주인은 이미 나에게 많은 돈을 빚지고 있어. 그래서 내가 돈을 받게 될지 어떨지 알지도 못하는 상태로 너를 여기에 두 달 동안 머무르게 할 수는 없어. 너는 지금 떠나야겠다. 서둘러 나가거라! 5분을 주마. 내가 다시 돌아왔을 때 내가 여기서 너를 발견하면 너는 그것을 후회하게 될 거야. 만일 비탈리스 씨가 너에게 편지를 보내면 내가 너를 위해 그것들을 여기에 보관하마. 네가 좋을 때 언제든 와서 가져가도록 해."

내가 서둘러 떠날 때, 개들은 내가 이해할 수밖에 없는 표정으로 나를 올려다보았다. 개들은 배가 고팠다. 나 역시 매우 배가 고팠다. 우리는 아침을 안 먹었었다. 그러나 나는 걸음을 멈추지 않았다. 단지 그 야비한 마을에서 멀어지고 싶었기 때문이었다.

p.80 우리는 감히 멈추기를 무릅쓰기 전까지 적어도 두 시간을 걸었던 것이 분명했다. 마침내 나는 우리가 안전해질 정도로 그 마을에서 충분히 멀어졌다고 느꼈다. 나는 내가 마주친 첫 번째 빵집으로 걸어 들어가서 1.5

파운드 어치의 빵을 시켰다.

"2파운드 어치의 빵을 시키는 것이 좋을 것 같구나." 빵집 주인아저씨께서 말씀하셨다. "네 동물들에게는 그래도 많지 않겠구나. 불쌍한 개들과 원숭이에게 먹이를 줘야지."

그것이 내 동물들에게는 그리 많지 않았지만, 내 지갑의 돈을 생각하면 너무 많았다. 나는 두 팔에 빵을 꽉 움켜쥐고 가게를 떠났다. 개들은 기뻐하며 내 주변에서 껑충껑충 뛰었고 졸리케르는 내 머리카락을 잡아당기고 기쁘게 웃었다.

우리는 계속 걸었다. 우리가 본 첫 번째 나무가 서 있는 곳에서 나는 풀밭에 앉았다. 식사를 분배하는 것은 민감한 문제였다. 나는 가능한 거의 같은 크기로 빵을 다섯 부분으로 잘랐고, 그 조각들을 나누어 주었다.

p.81 "까뻬, 돌체, 제르비노, 졸리케르, 나에게 아주 나쁜 소식이 있어." 간단한 식사 후에 나는 말했다. "우리는 우리 주인님을 두 달 동안 꼬박 못 볼 거야." 나는 내 말을 이해한 유일한 동물이 까뻬뿐임을 알 수 있었다.

잠깐 쉰 후, 우리는 다시 걷기 시작했다. 우리는 하룻밤을 머물 적당한 장소를 찾고 다음날 먹을 음식을 위한 돈을 좀 벌어야 했다. 우리는 30분을 걸어서 한 마을에 도착했다. 나는 재빨리 개들과 원숭이에게 옷을 입였고, 가능한 한 멋진 행진 대형으로 입성했다.

그러나 몇 분 후에 나는 아무도 우리를 따라오지 않는다는 것을 깨달았다. 나는 하프를 연주하기 시작했다. p.82 나는 계속해서 연주했고, 제르비노와 돌체는 빙글빙글 돌았으나, 아무도 신경 쓰지 않는 듯했다. 나는 제르비노와 돌체에게 누우라고 말하고 노래를 한 곡 부르기 시작했다. 나는 경관 제복을 입은 한 남자를 보았고, 그가 나에게 다가오고 있는 것을 느꼈다.

"여기서 뭐하고 있는 거냐, 꼬마 부랑자야?" 경관이 말했다.

"노래하고 있습니다, 경관님." 나는 최대한 공손히 말했다.

"우리 마을의 공공 광장에서 노래하는 허가를 가지고 있느냐?" 경관이 물었다.

"아니요, 경관님."

"그럼, 여기서 썩 꺼져라. 그러지 않으면 나는 너를 체포할 것이다."

나는 비탈리스 할아버지께서 경관에게 복종하기를 거부하셨을 때 무슨 일이 일어났는지 기억했다. 나는 서둘러 떠났다.

마을에서 충분히 멀어졌을 때, 나는 동물들에게 서라고 신호했다. 세 마리의 개들은 내 주위에서 원을 만들었고 까삐는 중앙에 있었다. p.83 날씨는 좋았고, 공터에서 노숙하는 것은 문제가 되지 않을 터였다. 우리는 다만 그 지방의 이 부근에 늑대가 있다면 그 늑대들을 피해야 했다.

 잠을 자기 전에 나는 까삐에게 그가 망을 봐 줄 것으로 믿는다고 말했다. 충견인 까삐는 우리 막사 입구에 보초처럼 엎드렸다.

 우리는 다음날 돈을 벌어야 했다. 나는 공연에 적합한 장소를 찾고 사람들의 표정에 주목하려고 근처 마을을 가로질러 걸었다. 나는 그들이 적인지 친구인지 알아맞히려고 열심히 애를 썼다. 나의 의도는 곧바로 공연을 하지 않겠다는 것이었다. 나의 계획은 장소를 찾고 한낮에 다시 오려는 것이었다.

 p.84 나는 별안간 누군가가 내 뒤에서 소리치는 것을 들었다. 나는 몸을 돌렸고 제르비노가 나를 향해 질주하고 그 뒤로 성난 할머니께서 따라 오시는 것을 보았다. 무슨 일이 일어났는지는 명백했다. 제르비노가 어느 집으로 뛰어 들어가 고기 한 조각을 훔쳤던 것이었다. 제르비노는 자신의 전리품을 입에 물고 최고 속도로 달리고 있었다.

 "도둑이야! 도둑!" 할머니께서 소리치셨다. "저 개를 잡아요! 저들을 모두 잡아요!"

 그 할머니께서 이렇게 말씀하시는 것을 들었을 때 나는 제르비노의 죄에 대해 어느 정도 책임이 있다고 느껴져서 역시 도망치기 시작했다. 만일 우리가 체포되면 그들이 우리를 감옥에 집어넣을 것이었다. 내가 길 아래로 내달리는 것을 보고 돌체와 까삐가 나의 본보기를 따랐다. 내가 어깨 위에 데리고 다니던 졸리케르는 떨어지지 않으려고 나의 목에 꽉 매달렸다.

 p.85 "도둑 잡아라!" 다른 누군가가 소리쳤다. 곧 12명이 넘는 사람들이 추격에 가담했다. 개들과 나는 계속해서 달렸다. 두려움 때문에 속도가 났다. 나는 돌체가 그렇게 빨리 뛰는 것을 본 적이 없었다. 우리는 골목 아래쪽으로 달렸고 광활한 들판을 통과했으며, 곧 추적자들을 따돌렸다. 그러나 나는 내가 완전히 숨이 차오를 때까지 달리기를 멈추지 않았다. 우리는 최소한 2마일을 달렸다.

 까삐와 돌체는 나의 발아래 있었고, 제르비노는 멀리 있었다. 제르비노는 아마도 자신의 훔친 고기 조각을 먹으려고 멈춘 것 같았다. 나는 제르비노를 불렀으나, 그는 내가 자신을 벌주려는 것을 알기 때문에 최대한 빨리 도망쳤다.

내가 나의 집단에서 기강을 유지하고자 한다면 나는 죄 지은 자를 벌해야 했다. 그렇지 않으면, 다음 마을에서는 돌체가 같은 짓을 할 것이고, 그 다음에는 까삐가 유혹에 굴복할 것이었다. p.86 나는 제르비노를 공개적으로 벌주어야 한다는 것을 알았다. 그러나 그렇게 하기 위해서 먼저 제르비노를 잡아야 했는데, 그것은 하기 쉬운 일이 아니었다. 나는 까삐에게 몸을 돌렸다.

"가서 제르비노를 잡아와." 나는 근엄하게 말했다.

나는 한 운하 근처에 앉았고 까삐가 제르비노를 데려오기를 참을성 있게 기다렸다. 한 시간이 지났고 여전히 제르비노는 돌아오지 않았다. 나는 제르비노를 찾으라고 한 번 더 까삐를 보냈지만, 30분이 다 되었을 때 까삐는 혼자 돌아왔다. 나는 저녁까지 기다리기로 결정했으나, 그 작은 악당에 대해 너무 걱정스럽고 너무 배가 고파서 가만히 앉아 있을 수가 없었다.

그때 나는 연대가 긴 행군으로 지치면 군악대가 병사들이 자신들의 피로를 잊게 만들도록 신나는 곡을 연주해야 한다고 비탈리스 할아버지께서 나에게 해 주셨던 말씀이 기억났다.

"내가 하프로 신나는 곡을 연주하면 아마도 우리는 우리의 배고픔을 잊게 될 거야." 나는 혼자 중얼거렸다. p.87 "우리는 모두 너무나 쇠약해지고 몸도 아프지만, 내가 뭔가 활기 있는 것을 연주하고 두 마리의 가엾은 개가 졸리케르와 춤을 추게 만든다면 시간이 더 빨리 갈지도 몰라."

나는 나무에 기대어 두었던 나의 하프를 잡았고, 운하를 등진 채 동물들을 자리에 배치하고 춤곡을 연주하기 시작했다. 처음에는 개들도, 원숭이도 춤을 추고 싶어 하지 않았다. 그들이 원하는 것은 오로지 음식뿐이었다. 그 가엾은 동물들이 그렇게 낙담한 것을 보니 내 마음은 아팠다.

"그들은 배고픔을 잊어야 해, 가엾은 작은 것들!" 나는 말했다. 그 말과 함께 나는 더 크고 더 빠르게 연주했다. 그러자 조금씩 음악이 바라던 효과를 만들어 내었다. 그들은 춤을 추었고 나는 계속해서 연주했다. 그때 갑자기 제르비노가 관목 숲 뒤에서 나왔다. 제르비노는 대담하게 그들 사이에 자기 자리를 잡았다.

p.88 "잘한다!" 한 아이의 목소리가 뒤쪽에서 들렸다. 나는 재빨리 몸을 돌렸다.

유람선 한 척이 운하에 멈춰 섰다. 그것은 이상한 유람선이었고, 나는 그와 같은 것을 전에 한 번도 본 적이 없었다. 그것은 운하에 있는 다른 배들보다 훨씬 길이가 짧았고, 갑판은 식물들과 나뭇잎들로 뒤덮인 채 아름다운 베란다처럼 장식되어 있었다.

나는 그 유람선 위에 있는 두 사람을 볼 수 있었다. 아름답지만 슬픈 얼굴을 지닌 비교적 젊은 귀부인과 내 나이 또래의 한 소년이 있었는데, 그 아이는 누워 있는 듯했다. 나는 내가 본 것에 몹시 놀랐다. 나는 그들의 박수갈채에 대해 그들에게 감사를 표하려고 모자를 들어올렸다.

"네 자신의 즐거움을 위해서 연주하고 있는 거니?" 젊은 부인이 외국 억양의 프랑스어를 구사하며 물어보셨다.

"제 개들을 훈련시키고 있어요. 그들의 관심을 딴 데로 돌리기도 하고요." 내가 말했다.

"무엇으로부터?"

p.89 "배고픔으로부터요."

"네 공연에서는 자릿값으로 얼마를 청구하니?" 부인께서 물어보셨다.

"사람들은 대개 우리가 그들에게 준 기쁨에 따라 돈을 지불해요." 내가 대답했다.

"그럼 엄마, 그에게 돈을 많이 내셔야 해요." 그 아이가 말했다. 그런 다음 그 아이는 내가 이해할 수 없는 언어로 무엇인가를 말했다.

"내 아들이 너와 네 배우들을 가까이에서 보고 싶어 하는구나." 부인께서 말씀하셨다.

나는 까뻬에게 신호를 했다. 까뻬는 기뻐하며 배 안으로 뛰어올랐다.

"그리고 다른 동물들도!" 어린 소년이 요구했다. 제르비노와 돌체가 까뻬의 본보기를 따랐다.

"그리고 원숭이도! 제발!" 소년이 말했다.

나는 졸리케르 부인을 화나게 만들 어리석은 무슨 짓을 할지도 몰라서 걱정했다. 나는 머뭇거렸다.

p.90 "원숭이가 난폭하니?" 부인께서 물어보셨다.

"아니에요, 부인." 내가 대답했다. "하지만 원숭이가 항상 고분고분하지는 않으므로 얌전하게 굴지 않을까 봐 걱정이 되어서요."

"그럼 원숭이를 네가 직접 데리고 타렴." 부인께서 말씀하셨다. "아버지가 계시니, 얘야?"

"저는 주인님이 계십니다." 내가 말했다. "하지만 지금은 저 혼자예요.

그분은 잘못하여 수감되셨거든요."

"얼마나?"

"2개월 동안이요."

"2개월이라고! 오, 가엾은 어린 것!" 부인께서 소리치셨다. "그렇다면 너는 분명 매우 배가 고프겠구나."

동물들도 잘 알고 있는 부인의 마지막 말에 개들이 짖기 시작했고 졸리케르는 자기 배를 격렬하게 문질렀다.

"오, 엄마!" 어린 소년이 소리쳤다.

그 부인은 어떤 아주머니에게 외국어로 몇 마디 말씀을 하셨다. p.91 거의 즉각적으로 그 아주머니는 음식 쟁반을 들고 나타났다.

"앉아라, 애야." 부인께서 말씀하셨다.

나는 그 부인께서 요구하시는 대로 했다. 하프를 옆에 두고서 나는 탁자 앞 의자에 조심스럽게 앉았다. 개들이 내 주변에 무리를 지었다. 졸리케르는 내 허벅지 위로 뛰어올랐다.

"네 개들이 빵을 먹니?" 어린 소년이 물었다. 그는 자신을 아서라고 소개했다.

"그들은 빵을 아주 좋아해!" 내가 대답했다.

나는 개들 각자에게 빵을 한 조각씩 주었고, 개들은 그것을 게걸스럽게 먹어치웠다.

"정말 가엾은 아이로구나!" 부인께서 말씀하셨다. "우리를 만나지 못했으면 오늘 밤에 무엇을 먹었을까?"

p.92 "아마도 먹을 것이 아무것도 없었을 거예요." 내가 공손하게 대답했다.

"그러면 내일은?" 아서가 물었다.

"아마도 내일은 오늘 우리가 그랬던 것처럼 마음씨 좋은 누군가를 만나는 행운을 얻게 될지도 몰라." 내가 말했다.

아서가 그때 자기 어머니 쪽으로 몸을 돌렸다. 잠시 그들은 외국어로 함께 이야기했다.

"우리와 함께 머물래?" 아서가 드디어 말했다.

나는 입을 딱 벌리고 아서를 쳐다보았다. 나는 그 질문에 너무나도 놀라서 정신이 멍해졌다.

"내 아들이 네가 우리와 함께 머물고 싶은지 어떤지 알고 싶어 하는구나." 부인께서 되풀이해서 말씀하셨다.

"이 배에서요?" 내가 물었다.

"그래, 내 아들은 아파서, 너무 많이 걷거나 뛰어서는 안 돼. 그 때문에 내가 이 아이의 시간을 더 즐겁게 만들어 주려고 이 아이를 이 배에 태우고 다니는 것이란다. 네 주인이 감옥에 있는 동안 네가 좋다면 너는 우리와 함께 이 배에 머물러도 돼. p.93 네 개들과 네 원숭이가 우리에게 매일 공연을 해 주면 되잖니. 아서와 나는 네 관객이 되고 싶구나."

나는 무슨 말을 해야 할지 몰랐다. 나는 그저 그분의 손을 잡고 입을 맞추었다.

"우리를 위해 무언가 공연을 해 줄래?" 아서가 부탁했다.

아서는 자기 어머니를 손짓으로 불렀고 부인은 그의 옆에 앉으셨다. 아서는 살짝 어머니의 손을 잡아 자기 손에 꼭 쥐고 있었다. 그동안 나는 비탈리스 할아버지께서 나에게 가르쳐 주신 모든 노래와 연극을 공연했다.

또 다른 소년의 어머니

p.94 아서의 어머니 밀리건 부인은 영국 출신이셨다. 부인은 미망인이셨고, 아서는 그분의 외아들이었다. 밀리건 부인한테는 아서 전에 다른 아이가 있었으나, 6개월 때 그 아이는 유괴당하고 말았다. 그 유괴 직후, 밀리건 부인의 남편은 알려지지 않은 병 때문에 세상을 떠나셨다.

p.95 밀리건 부인의 시동생인 제임스 밀리건 씨는 그 아이를 찾으려고 모든 곳을 수색하셨다. 아이가 발견되지 않을 때는 제임스 밀리건 씨가 자기 형의 재산을 물려받을 것으로 예상되었다. 그러나 제임스 밀리건 씨는 형으로부터 아무것도 물려받지 못했다. 왜냐하면 자기 형의 사망 7개월 후에 밀리건 부인의 둘째아들 아서가 태어났기 때문이었다.

의사들은 아서가 너무 허약해서 살아남기 힘들다고 말했다. 제임스 밀리건 씨는 아이의 죽음을 기다리고 바랐으나, 의사들의 예측은 틀린 것으로 드러났다. 어머니의 애정 어린 보살핌 덕분에 아서는 목숨을 부지했다. 아서는 여전히 아주 허약했고, 밖에서 걷거나 놀면서 많은 시간을 보낼 수는 없었다. 밀리건 부인은 자신의 아들이 집 안에 갇혀 있다는 생각을 견딜 수 없었다. p.96 밀리건 부인은 아들을 위해 아름다운 유람선을 한 척 만들었고, 지금은 여러 운하로 프랑스 전역을 여행하는 중이었다.

유람선에서 첫 밤을 보낸 후, 나는 아주 일찍 일어났다. 나는 내 동물들이 문제없이 밤을 보냈는지 알고 싶었다. 나는 내가 전날 밤에 그들을 남겨둔 장소에서 그들을 전부 찾았다. 그들은 마치 그 아름다운 유람선이 오랫동안 자기 집이었던 것처럼 깊이 잠들어 있었다.

아침 식사를 한 직후 유람선은 다시 한 번 운하를 따라 내려가기 시작했다. 유람선은 물 위를 힘들이지 않고 미끄러지듯 움직였다. 들리는 유일한 소리는 새들의 노랫소리, 물이 배에 철썩 하고 부딪히는 소리, 그리고 개들의 잔잔한 숨소리뿐이었다.

"잘 잤니?" 아서가 물었다. "들판에서 자는 것보다는 나았으면 좋겠는데, 그러니?"

p.97 "그래, 아서." 나는 대답했다. "아주 잘 잤어. 고마워."

"그리고 개들은?" 아서가 물었다.

나는 개들에게 소리를 쳤고, 그들은 달려왔다. 졸리케르는 제르비노의 등에 타고 있었다. 밀리건 부인께서는 아들에게 자기 옆의 그늘에 앉으라고 말씀하셨다.

"자, 개들과 원숭이를 데려다 주겠니?" 밀리건 부인께서 나에게 말씀하셨다. "우리는 공부를 할 거거든."

나는 동물들을 배 앞쪽으로 데리고 갔으며, 밀리건 부인께서 자기 아들에게 책에서 시를 가르치시는 것을 들었다. 아서는 많은 실수를 저질렀으나, 밀리건 부인은 그에게 아주 참을성이 많으셨다.

"아니야, 아서." 마침내 밀리건 부인께서 말씀하셨다. "집중해야지."

"못해요, 엄마, 저는 그냥 못하겠어요." 아서가 말했다. p.98 "저는 아파요, 아시죠?"

"네 머리가 아픈 것은 아니잖니." 밀리건 부인께서 말씀하셨다. "나는 네가 아프다는 이유로 완전히 무지한 상태로 자라는 것을 용납할 수는 없단다, 아서."

그것이 나에게는 아주 가혹하게 보였으나, 밀리건 부인께서는 상냥하고 친절한 태도로 말씀하셨다.

"나를 불행하게 만들고 싶니, 아서?" 밀리건 부인께서 물어보셨다. "네가 배우기를 거부하면 내가 어떤 기분인지 알잖니."

"저는 못해요, 엄마. 저는 못해요." 아서가 울기 시작했다.

밀리건 부인께서는 당신이 아들의 눈물에 설득당하도록 내버려두지 않으셨다. 하지만 밀리건 부인께서는 마음이 동요한 듯 보이셨고 심지어는 더 불행해 보이시기까지 했다.

"네가 그 시를 외울 때까지 난 네가 레미와 개들과 함께 놀지 못하게 할 거야." 밀리건 부인께서 말씀하셨다. 그 말씀과 함께 밀리건 부인께서는 아서에게 책을 주고 그를 혼자 남겨둔 채 나가 버리셨다. 밀리건 부인께서는 배 안으로 들어가셨다.

나는 아서가 아주 열심히 노력하는 것을 볼 수 있었다. p.99 그러나 곧 아서는 책에서 눈을 떼고, 하늘과 지나가는 나무들을 바라보기 시작했다. 우리의 눈이 마주쳤다. 나는 아서에게 그 시를 계속해서 외워 보라고 신호를 보냈다. 아서는 나에게 고맙다는 듯 웃었으며, 다시 책에 시선을 고정시켰다. 그러나 전처럼 아서는 오랫동안 집중하지는 못했다.

"나는 이것을 배울 수가 없어." 아서가 말했다. "배울 수 있으면 좋을 텐데." 나는 아서에게 건너갔다.

"그것은 네가 생각하는 만큼 어렵지 않아." 내가 말했다.

"아니, 어려워." 아서가 말했다. "아주 아주 어려워."

"어렵지 않다니까, 정말로." 나는 미소 지으며 말했다. "나는 네 어머니께서 그것을 읽어주시는 동안 듣고 있었고 혼자서 그것을 거의 다 배웠어."

아서는 마치 나를 못 믿겠다는 듯이 미소를 지었다.

"내가 그것을 암송해 보기를 원하니?" 나는 말했고, 그 운문을 완벽하게 암송하기 시작했다.

p.100 "뭐야! 어떻게 그렇게 했니?" 아서가 물었다.

"나는 네 어머니께서 그것을 읽어 주시는 동안 내 주위에 무슨 일이 일어나고 있는지 둘러보지 않고 주의 깊게 들었어." 나는 아서에게 말했다.

아서의 얼굴이 붉어졌고, 그는 시선을 돌렸다.

"괜찮아, 아서." 나는 격려하듯이 말했다. "네가 집중한다면 나처럼 빨리 그것을 배울 수 있을 거야."

"노력할게, 너처럼." 아서가 말했다. "그런데 나를 도와주겠니?"

"물론이지!" 내가 말했다.

나는 아서와 앉아서 함께 시를 한 줄 한 줄 되읽었다. 30분이 끝나갈 무렵 아서는 시 전체를 다 배웠다.

"오, 엄마가 정말 기뻐하시겠어!" 아서가 소리쳤다.

밀리건 부인께서 나오셨을 때, 부인은 내가 아서와 함께 있는 것을 보시고 달가워하지 않으시는 듯했다. p.101 밀리건 부인께서는 분명히 우리가 놀고 있었다고 생각하셨지만, 아서는 그분이 한 마디 말씀하실 틈도 주지 않았다.

"저 그 시를 알아요!" 아서가 소리쳤다. "레미가 그것을 제게 가르쳐줬어요."

밀리건 부인은 놀라서 나를 바라보셨으나, 그분이 한 마디 말씀을 하시기도 전에 아서가 시를 암송하기 시작했다. 나는 밀리건 부인을 쳐다보았다. 부인의 아름다운 얼굴에는 갑자기 온화하고 부드러운 미소가 번지기 시작했다.

"착한 아이로구나." 밀리건 부인께서 아서에게 말씀하셨다. "또 너도 그렇고." 부인께서는 나를 보며 말씀하셨다.

몇 시간 전만 해도 나는 병약한 아이를 즐겁게 해 주기 위해 자기 동물들과 함께 유람선에 올라탄 집 없는 어린 아이에 지나지 않았다. 그러나 이제 나는 그 병약한 아이에게, 동료, 즉 거의 친구에 가까웠다.

p.102 그날부터 밀리건 부인께서는 나를 사랑과 존중하는 마음으로 대해 주셨다. 그리고 아서와 나 자신 사이에는 강한 우정이 자라났다. 나는 단 한 번도 소외되거나 무시당한다고 느낀 적이 없었다. 이는 밀리건 부인의 친절함 때문이었을 것이다. 왜냐하면 부인께서는 종종 마치 나 역시 자기 아들인 것처럼 내게 말을 걸어 주셨기 때문이었다.

밀리건 부인은 나에게 나의 어머니를 생각나게 했으며, 매일 밤 나는 나의 바르브랭 어머니를 다시 만나는 꿈을 꿨다. 그것은 나를 매우 행복하게 해 주었으나, 나는 이제 그분을 어머니라고 부를 수 없었다. 어쨌든 그분은 내 어머니가 아니셨다.

"나는 혼자야." 나는 속으로 생각했다. "나는 언제나 혼자일 거야. 나는 누구의 아이도 아니잖아."

나는 사람이 이 세상에서 너무 많이 바라면 안 된다는 것을 알 정도로 충분히 세상일을 겪었었다. 나는 내가 가족이 없고, 아버지나 어머니도 안 계시므로 좋은 친구들을 가진 것에 감사해야 한다고 생각했다. 그리고 나는 그 유람선에 타고 있다는 것이 매우 행복했다. p.103 그러나 그 행복이 아주 오래 지속되지는 않았다. 내가 나의 옛 생활로 돌아가야 할 날이 다가오고 있었다.

주인의 동의

p.104 "난 네가 떠나는 것을 원하지 않아, 레미!" 내가 그의 어머니께 툴루즈로 나를 돌아가도록 데려다 주시는 데 얼마나 걸리느냐고 여쭙는 것을 들었을 때 아서가 소리쳤다. 나는 비탈리스 할아버지께서 출옥하실 때 그곳에 있고 싶었다.

아서가 성질을 부리기 시작했을 때 나는 내가 비탈리스 할아버지께 팔렸기 때문에 비탈리스 할아버지의 소유라고 그에게 설명해 주었다. p.105 나는 그들에게 내가 고아라고 말하지 않았다. 밀리건 부인께서 아버지나 어머니를 한 번도 본 적이 없는 소년이 아서 주변에 있는 것을 원하시지 않을까 봐 두려웠기 때문이었다.

"엄마, 제발 레미를 머무르게 해 주세요." 아서가 이어서 말했다.

"나도 레미가 우리와 머무르게 하고 싶지만, 고려해야 할 두 가지 사항이 있어." 밀리건 부인께서 말씀하셨다. "첫째, 레미가 머무르고 싶어 할까? 둘째, 레미의 주인이 그 애가 머무르는 것을 허락할까?"

아서는 갈망하는 눈으로 나를 바라보았다. 비탈리스 할아버지는 친절하고 관대한 주인이었으나, 밀리건 부인과 아서와 지내는 나의 삶이 훨씬 더 나았다. 나는 비탈리스 할아버지를 존경했으나, 밀리건 부인과 아서를 사랑했다. 나는 아무 말도 안 했지만, 밀리건 부인께서 내가 어떻게 느끼는지 아신다는 것을 알 수 있었다.

p.106 "자, 우리는 레미의 주인에게서 동의를 얻어야 할 거야." 밀리건 부인께서 이어서 말씀하셨다. "기차가 툴루즈에 제시간에 도착하는 유일한 방법이야. 아서가 기차로는 여행을 하지 못하기 때문에 나는 비탈리스 씨께 편지를 써서 오셔서 우리를 방문해 달라고 부탁할 거야. 일단 그분의 허락을 얻으면 우리는 레미의 부모님과 이야기할 거란다."

나는 눈이 휘둥그레져서 밀리건 부인을 빤히 쳐다보았다. 나는 밀리건 부인께서 내가 고아라는 것을 알아내시는 것을 원하지 않았다. 밀리건 부인과 아서는 내 눈 속의 두려움을 보았다. 밀리건 부인께서는 나에게 무슨 문제가 있는지 물어보셨지만, 나는 아무 말도 하지 않았다. 아마도 내가 비탈리스 할아버지의 임박한 귀가를 두려워한다고 생각하셔서인지 밀리건 부인은 대답을 강요하시지 않았다.

사흘 후 밀리건 부인께서는 비탈리스 할아버지로부터 답장을 받으셨다. 비탈리스 할아버지께서 다음 토요일에 첫 기차를 타고 오실 것이라고 쓰여 있었다.

그날이 왔을 때, 나는 개들과 함께 기차역에 가도록 허락해 달라고 밀리건 부인께 부탁드렸다. p.107 8시에 기차는 역으로 들어왔다. 비탈리스 할아버지께서는 우리를 보고 매우 기뻐하셨으며, 처음으로 나를 꼭 껴안고 나에게 입맞춤을 해 주셨다.

우리가 유람선에 도착했을 때 비탈리스 할아버지께서는 나에게 개들과 함께 밖에서 기다리라고 말씀하셨다. 언제나처럼, 나는 나의 주인께 복종했다. 나는 유람선 밖에서 초조하게 비탈리스 할아버지께서 돌아오시기를 기다렸다.

"가서 부인께 작별 인사를 하거라." 비탈리스 할아버지께서 유람선에서 내리시면서 말씀하셨다.

내가 방금 들은 말에 너무 충격을 받아 나는 어떻게 대답해야 할지 몰랐다. 한 마디 말도 하지 않고 나는 유람선의 밀리건 부인의 방으로 들어갔다. 아서가 어머니의 팔에 안겨 울고 있었고, 그분의 눈 또한 눈물로 가득 차 있었다.

p.108 "무슨 일이 있었어요?" 나는 눈물을 되삼키려고 애쓰면서 물었다. "우리 주인님이 뭐라고 하셨나요?"

"레미, 네 주인께서는 너를 무척 사랑하시는구나." 밀리건 부인께서 말씀하셨다. "이것이 네 주인께서 하신 말씀이란다. '저는 저 아이를 사랑하고, 저 아이는 저를 사랑합니다. 제가 그 아이에게 주는 인생의 교훈은 그 애한테 유익하지요. 부인과 함께 있으면, 그 아이는 학교 교육을 받을 것입니다. 그것은 그 아이의 지성을 형성해 주겠지만, 그 아이의 성격을 형성해 주지는 않을 겁니다. 사람의 성격을 형성하는 것은 바로 인생의 고난이지요. 그 아이는 당신이 아니라 제 아들이 될 것입니다. 그것이 아무리 그 아이가 사랑스럽더라도 당신의 병약한 아이를 위한 노리개가 되는 것보다는 나을 거예요.'"

나는 비탈리스 할아버지의 관점을 이해했다. 비탈리스 할아버지께서는 당신께서 나를 위해 최선이라고 믿는 일을 하고 계셨다.

"걱정하지 마, 아서." 밀리건 부인께서 말씀하셨다. "내가 레미의 부모님께 편지를 써서 그분들이 무슨 생각을 하고 계신지 알아낼게. 그분들이 샤바농에 사시지, 그렇지 않니 레미?"

p.109 밀리건 부인께서 내가 고아라는 것을 알게 되신다는 생각은 견

딜 수 없었다. 대답하지 않고 나는 아서에게 가서 내 팔을 그에게 둘렀다. 나는 잠시 아서를 꼭 껴안았고, 그런 다음 몸을 돌려 밀리건 부인께 손을 내밀었다.

"정말 가엾은 아이로구나." 밀리건 부인께서 내 이마에 입맞춤을 하시며 말씀하셨다. 나는 서둘러 문으로 갔다.

"아서, 나는 언제나 너를 사랑할 거야." 내가 말했다. "그리고 절대, 영원히 아주머니를 잊지 않겠어요, 밀리건 아줌마."

"레미! 레미!" 아서가 소리쳤다. 눈물이 밀리건 부인의 아름답고 붉은 뺨으로 굴어 떨어지기 시작했다.

"출발하자꾸나." 비탈리스 할아버지께서 말씀하셨다. 나는 흐느낌을 도로 거두고 웃으려고 최선을 다했다. 그렇게 나는 나의 첫 번째 진정한 친구와 헤어졌다.

지치고 음울한 날들

p.110 비탈리스 할아버지께서는 전에 그러셨던 것보다 내게 훨씬 더 친절하셨다. 내게는 감옥이 그분을 약간 물러지게 한 것 같았다. 나는 비탈리스 할아버지께서 이제 나에게 주인 이상이라는 느낌이 들기 시작했다. 나의 외로운 마음은 종종 내가 비탈리스 할아버지를 안고 싶게 만들었지만, 무엇인가가 나를 제지시켰다. 처음에 나에게 거리를 두게 한 것은 두려움 때문이었으나, 지금은 그것이 막연히 존경과 비슷한 어떤 것이었다.

p.111 내가 샤바농을 떠났을 때, 비탈리스 할아버지는 빈곤층의 전형적인 사람인 것 같았다. 그러나 밀리건 부인과 지낸 2개월은 내 눈을 뜨이게 했고 나의 지성을 계발시켰다. 내 주인을 좀 더 관심을 갖고 관찰하면서 나는 태도와 몸가짐에 있어서 비탈리스 할아버지가 그 계층의 다른 사람들보다 훨씬 뛰어나 보인다는 것을 알아차렸다. 비탈리스 할아버지께서는 밀리건 부인께서 그러시는 것처럼 생각하고 말씀하셨다.

내가 아서를 떠난 지 얼마 안 되어, 겨울이 우리에게 닥쳐왔다. 우리는 한 치 앞도 안 보이게 하는 비와 진창길 속에서 지칠 대로 지쳐 터벅터벅 걸어야 했다. 어느 날 밤, 우리는 완전히 녹초가 되어 헛간에 더 가까운 허름한 어느 여관에 도착했다. **p.112** 우리는 피부까지 흠뻑 젖었고, 나는 피곤함에도 불구하고 잠들지 못했다. 나는 졸리케르를 살펴보았는데, 그는 나만큼이나 슬프고 애처로워 보였다.

우리의 목표는 가능한 한 빨리 파리에 도착하는 것이었다. 겨울 동안 우리가 공연을 할 기회를 가진 것은 오로지 파리에서 뿐이었기 때문이었다. 우리는 돈을 많이 벌지 못했으므로 기차를 타는 것은 선택 사항이 아니었다.

겨울로 들어서는 대략 2주 동안 하늘은 커다란 먹구름으로 가득 차기 시작했고 그와 함께 겨울의 태양은 사라졌다. 비탈리스 할아버지께서는 눈보라가 오고 있다는 것을 즉시 아셨다. 이 일은 비탈리스 할아버지께서 눈보라가 끝날 때까지 우리가 머무르면서 공연을 할 수 있는 다음 큰 마을에 도착하는 것을 매우 열망하게 만들었다.

"어서 잠자리에 들거라." 어느 날 밤 우리가 또 다른 형편없는 여관에 도착했을 때 비탈리스 할아버지께서 말씀하셨다. **p.113** "우리는 내일 아침 아주 일찍 떠날 거야. 나는 눈보라를 만나고 싶지 않거든."

"내가 당신의 입장이라면 나는 밖으로 나가는 위험을 무릅쓰지 않겠소." 다음날 아침에 여관 주인아저씨께서 비탈리스 할아버지께 말씀하셨다. "무시무시한 눈보라일 거요."

"우리는 해지기 전까지 트로이에에 도착해야 해." 비탈리스 할아버지께서 설명하셨다. 그 말씀과 함께 비탈리스 할아버지께서는 출발하셨고, 개들과 내가 그 뒤를 따랐다.

비탈리스 할아버지께서는 졸리케르의 몸을 따뜻하게 유지시켜 주시려고 당신의 몸 쪽으로 꼭 끌어안으셨다. 단단하고 마른 길에 신이 난 개들은 우리보다 앞서서 달렸다. 비탈리스 할아버지는 디종에서 나에게 양가죽 외투를 사 주셨다. 외투 안쪽은 두꺼운 양털이 대어져 있었고, 그것은 나를 동사하는 것으로부터 막아 주었다.

p.114 길에도, 혹은 들판에도 아무도 없었다. 단 한 번의 마차 바퀴 소리도, 철썩하는 채찍 소리도 없었다.

"우리가 만나게 되는 첫 번째 집에서 피할 곳을 마련해야겠어." 비탈리스 할아버지께서 중얼거리셨다. "오늘 밤에는 트로이에에 도착하지 못할 것 같구나."

우리의 발은 하얀 눈밭에 점점 더 깊이 빠졌다. 우리는 쏟아지는 눈 속에서 말없이 5마일을 족히 걸었던 것이 분명하다. 그때 갑자기 한 마디 말씀도 없이 비탈리스 할아버지께서 왼쪽을 가리키셨다. 눈이 내 시야를 흐리게 했지만, 나는 나무토막으로 만들어진 오두막을 알아볼 수 있었다.

눈발은 이제 전보다 더 굵어졌다. 엄청난 어려움을 겪으며 우리는 가까스로 오두막에 도착해서 안으로 들어갔다. 기뻐서 어쩔 줄 모르는 개들이 끊임없이 짖어대며 마른 땅바닥에서 계속 뒹굴었다. 나의 만족감도 그 개들의 감정에 못지않게 좋았다.

p.115 일단 불을 지피신 다음에 비탈리스 할아버지께서는 가방에서 빵 한 덩어리를 꺼냈다. 그것이 우리가 가진 전부였으나, 개들과 졸리케르와 나는 우리에게 먹을 무언가가 있다는 것이 기뻤다. 불행하게도, 우리는 각자 아주 작은 조각만을 먹을 수 있었다.

"이 오두막에서 얼마나 머물러야 할지 우리는 몰라." 비탈리스 할아버지께서 말씀하셨다. "그래서 우리는 나중을 위해 약간 남겨놓아야 해."

나는 동의했으나, 개들은 아니었다. 거의 먹기도 전에 빵이 가방에 도로 넣어지는 것을 보았을 때 개들은 앞발을 주인에게 내밀었다. 개들은 비탈리스 할아버지께서 다시 가방을 열게 하려고 낑낑 우는 소리를 내고 무언극과 같은 몸짓을 하며 그분의 목을 할퀴기 시작했다. 개들의 눈은 가방에 영원히 고정되어 있는 듯했다. 그러나 비탈리스 할아버지께서는 개들에게 주의를 기울이지 않으셨고 가방은 다시 열리지 않았다.

p.116 내가 언제 잠이 들었는지 생각나지 않는다. 또한 얼마나 잤는지도 모르겠다. 내가 깨어났을 때, 눈은 내리는 것을 그쳤다. 나는 밖을 내다보았다. 눈은 아주 깊이 쌓였다. 밖으로 나가는 위험을 무릅쓰는 것은 어리석은 일일 것이었다. 눈이 우리 무릎 위쪽 높이까지 쌓였을 터였기 때문이었다.

눈에 의해 모든 것이 밝게 빛나고 대기는 안개가 자욱했기 때문에 시간을 분간하기가 어려웠다. 나는 비탈리스 할아버지께 여쭤 볼 수도 없었다. 까삐가 시간을 식별하는 것을 배웠던 비탈리스 할아버지의 커다란 은시계는 팔려 버렸다. 비탈리스 할아버지께서는 과태료를 내시느라 가지고 계신 돈을 다 쓰셨으므로 디종에서 나에게 양가죽 외투를 사 주시기 위해 당신의 은시계를 파셨던 것이었다.

비탈리스 할아버지와 나는 서로 떠날 시간을 이야기하며 몇 시간을 보냈다. 해가 지기 시작하자 비탈리스 할아버지께서는 가방에서 빵 덩어리를 다시 꺼내셨다. p.117 단지 절반만이 남아 있었다. 몇 분 내에 그 빵은 없어졌다.

"걱정 마라." 비탈리스 할아버지께서 말씀하셨다. "우리는 내일 아침 동이 틀 때 출발할 것이고, 정오쯤에는 마을에 도착할 거야. 거기서 우리는 좀 더 음식을 구할 거야."

비탈리스 할아버지의 고집으로 내가 먼저 갔다. 몇 시간이 지난 한밤중에 비탈리스 할아버지께서 나를 깨우셨다. 불은 여전히 타고 있었고 모든 것이 조용했다.

"이제 내가 잘 차례구나." 비탈리스 할아버지께서 말씀하셨다. "잘 들어라. 만일 불이 사그라지기 시작하면, 장작 몇 개를 불 위에 던지기만 하면 돼."

비탈리스 할아버지께서는 내 옆에 작은 나무 한 무더기를 쌓아두셨다. 잠귀가 몹시 밝으신 비탈리스 할아버지께서는 내가 장작을 필요로 할 때마다 벽에서 장작을 빼내느라 당신을 깨우게 하고 싶지 않았다. **p.118** 비탈리스 할아버지께서 준비해 놓으신 나무 더미 덕분에 나는 많은 소음을 내지 않고 장작을 가져와 그것을 불에 던질 수 있었다. 그것은 하기에 현명한 일이었으나, 비탈리스 할아버지도, 나도 그 결과가 어찌될지 알지 못했다.

불이 사그라지기 시작했을 때 나는 세 개의 긴 나무 조각을 하나씩 엇갈리게 놓았다. 나는 베개로 썼던 돌 위에 앉아 밤하늘을 보았다. 비탈리스 할아버지께서는 조용히 주무시고 계셨고 개들과 졸리케르 역시 깊이 잠들어 있었다.

불에서 불길이 튀어 올라 밝은 불꽃을 일으키며 지붕을 향해 위쪽으로 소용돌이쳤다. 지글거리는 불꽃은 그 밤의 고요함을 깨는 유일한 소리였다. 나는 오랫동안 불꽃을 바라보다가 조금씩 졸기 시작했다.

p.119 내가 직접 벽에서 장작을 가져와야 했다면, 나는 계속 바빴을 것이고, 더 방심하지 않았을 것이었다. 그런 경우에 나는 계속 깨어 있었을 것이었다. 그러나 아무것도 하지 않고 불 앞에 앉아 있게 되자 나는 아주 빨리 몹시 잠이 왔다. 그러나 그 와중에도 나는 내가 용케 계속 깨어 있다고 생각했다.

나는 격렬한 비명 소리에 잠이 깨어 갑자기 벌떡 일어났다. 불은 꺼져 있었는데, 그것은 내가 아마도 아주 오랫동안 잠들어 있었다는 의미였다. 이제 아무런 불꽃도 오두막을 밝히지 않았다. 까뻬는 큰 소리로 맹렬하게 짖고 있었다. 놀랍고 두렵게도, 제르비노와 돌체에게서 나는 소리는 없었다.

"무슨 일이니?" 비탈리스 할아버지께서 자신의 시야를 밝게 하려고 눈을 부비며 큰 소리로 말씀하셨다.

"모르겠어요." 나는 공포에 질려서 말했다.

p.120 "너 잠들었었구나. 그리고 불이 꺼졌네!" 내 공포에 더하여 비탈리스 할아버지께서 소리치셨다. "이 지역에 늑대가 있을지도 모른단 말이다! 제르비노와 돌체는 어디 있니?"

"모르겠어요!" 내가 소리쳤다. "제가 자고 있는 동안 사라진 것이 분명해요!"

재빨리 손을 써서 비탈리스 할아버지께서 다시 불을 피우셨다.

"햇불을 밝혀라." 비탈리스 할아버지께서 말씀하셨다. "우리가 가서 개들을 도와주어야 해."

샤바농에 있을 때, 나는 늑대들에 관한 온갖 무서운 이야기들을 들은 적이 있었다. 그러나 나는 주저하지 않았다. 나는 햇불을 찾아 달려 들어갔다가 주인을 따라 밖으로 나왔다.

비탈리스 할아버지께서는 잃어버린 개들을 찾아 휘파람을 불고 소리를 지르셨다. 대답은 없었다. 비탈리스 할아버지께서는 계속해서 소리치셨으나, 그것은 모두 허사였다.

"오, 가엾은 제르비노! 가엾은 돌체!" 그것이 내가 말할 수 있는 전부였다. 나는 계속해서 그 말을 되풀이했고, 전에는 한 번도 그런 적이 없는 듯한 눈물이 얼굴에 흘러내렸다.

p.121 "늑대들이 개들을 잡아갔어." 비탈리스 할아버지께서 말씀하셨다. "왜 개들이 나가도록 내버려두었니?"

나는 할 말이 없었다. 나는 그저 땅을 바라보고 울었다.

"개들이 내 부름에 대답하지 않는다는 사실은 그들이 멀리 떨어져 있다는 뜻이야." 비탈리스 할아버지께서 말씀하셨다. "우리는 숲 속으로 계속 들어가서는 안 돼. 늑대들이 우리도 공격할지 모르거든. 우리는 야생 짐승들로부터 스스로를 방어할 수 없단다."

가엾은 개들을 자신의 운명에 맡겨야 한다는 것은 무시무시했다. 최악이자 가장 고통스러운 부분은 내 책임이라는 것을 내가 안다는 것이다. 내가 잠들지 않았더라면 개들은 오두막 밖으로 나가지 않았을 것이었다.

비탈리스 할아버지께서는 다시 오두막으로 향했다. 나는 제르비노와 돌체가 나를 향해 달려오는 것을 보기를 바라면서 한 걸음 한 걸음 걸을 때마다 뒤를 돌아보며 따라갔다. p.122 눈 말고는 아무것도, 정말로 아무것도 없었다.

또 다른 놀랄 일이 오두막에 돌아온 우리를 기다리고 있었다. 비탈리스 할아버지께서 불에 던지셨던 나뭇가지들이 불타올라서 오두막의 가장 어두운 구석들을 밝혔다. 그러나 졸리케르는 어디에서도 보이지 않았다! 비탈리스 할아버지께서는 졸리케르의 이름을 부르셨지만, 원숭이는 나타나지 않았다.

비탈리스 할아버지께서는 자기가 깨어났을 때 원숭이가 바로 당신 옆에 있었다고 말씀하셨다. 원숭이가 사라진 것은 우리가 개들을 찾으러 밖으로 나가 있는 동안이었다. 우리는 불이 타오르고 있는 횃불을 눈 내린 땅 쪽으로 내리고 원숭이를 찾기 시작했다. 어느 곳에도 원숭이의 흔적은 없었다.

비탈리스 할아버지께서는 매우 당혹스러운 듯하셨다. 나는 절망에 빠졌다.

"늑대들이 졸리케르도 데려갔을까요?" 내가 비탈리스 할아버지께 여쭤보았다.

p.123 "아니, 늑대들은 감히 오두막 안으로 들어오지 못할 거야." 비탈리스 할아버지께서 말씀하셨다. "늑대들은 아마도 제르비노와 돌체가 나갔을 때 개들을 잡아갔을 테지만, 여기 들어오지는 않았어. 아마도 졸리케르가 온통 고함치는 소리에 공포에 질려서 우리가 나가 있는 동안 어디엔가 숨은 것 같구나. 그것이 바로 내가 아주 걱정스러운 이유야. 이렇게 안 좋은 날씨에 졸리케르는 감기에 걸릴 테고, 감기는 그에게 치명적이거든."

비탈리스 할아버지께서는 머리를 손에 파묻고 불 앞에 앉으셨다. 시간이 천천히 흘러갔다. 그날 밤은 절대로 끝나지 않을 것 같은 기분이 내게 들었다. 우리는 조용히 앉아 있었다.

몇 시간 후에 별들이 하늘에서 빛을 잃기 시작했고, 하늘은 점점 밝아졌다. 날이 밝고 있었다. 그러나 아침이 오면서 추위가 더 극심해졌다. 오두막 밖에서 불어오는 공기는 우리를 뼛속까지 얼게 만들었다.

p.124 "우리가 졸리케르를 진짜로 찾아내면 그가 살아 있을까?" 나는 스스로에게 물었다.

우리는 오두막 옆에 있는 커다란 참나무에서 졸리케르를 발견했다. 가엾은 졸리케르! 개들의 울부짖는 소리에 놀라 졸리케르는 우리가 나갔을 때 오두막의 지붕으로 뛰어 올라갔고, 거기서 참나무 꼭대기로 올라간 것이었다. 자신이 안전한 장소에 있다고 느끼자 졸리케르는 우리의 부름에 대답하지 않고 웅크린 채 밤새 그곳에 남아 있었던 것이었다.

"가엾고 작은 연약한 녀석!" 비탈리스 할아버지께서 소리치셨다. "녀석은 분명히 얼어붙었을 거야!"

"제가 올라가서 데려오겠어요." 내가 말했다.

"네 목이 부러질 거야." 비탈리스 할아버지께서 손을 내 어깨에 올리시며 말씀하셨다.

"아니요, 위험은 없어요. 제가 쉽게 할 수 있어요."

그것은 거짓말이었다. 그 거대한 나무는 얼음과 눈으로 덮여 있었고, 졸리케르는 상당히 높이 올라가 있었다. p.125 그러나 나는 상관하지 않았다. 내가 직접 도로 찾아와야 했다.

많은 고군분투 후에 나는 용케 졸리케르 바로 아래 지점에 도달했다. 내가 졸리케르에게 팔을 뻗었을 때, 원숭이는 나무에서 자기 주인의 어깨 위로 곧장 뛰어내렸다. 그런 다음 졸리케르는 재빨리 비탈리스 할아버지의 외투 속으로 숨었다.

졸리케르를 찾아서 기분이 좋았지만, 그것이 전부가 아니었다. 이제 우리는 가엾은 개들을 찾아야 했다. 우리는 붉은 핏자국 외에는 개들의 흔적을 찾을 수 없었다. 그 피는 하얀 눈을 여기저기 얼룩지게 했다. 내 친구인 가엾은 두 마리의 개들은 내가 잠자고 있는 동안 죽임을 당했다!

그 개들은 좋을 때나 나쁠 때나 나의 친구였고, 나의 가족이었다. 그들은 내가 외로워할 때 나를 아주 많이 도와주었다. 나는 그들을 지켜보지 못한 것 때문에 자살하고 싶었다. p.126 내가 불이 살아 있도록 지켰더라면, 늑대들은 우리를 공격하러 오두막 근처에 오지 않았을 것이었다. 늑대들은 불이 무서워서 멀리 머물러 있었을 것이었다.

나를 더욱 마음 아프게 한 것은 비탈리스 할아버지께서 나를 책망하지 않으셨다는 사실이었다. 나는 비탈리스 할아버지께서 내가 더 이상 걸을 수 없을 때까지 나를 때려 주시기를 바랐다. 그러나 비탈리스 할아버지께서는 아무 말씀도 하지 않으셨다. 심지어 나를 쳐다보지도 않으셨다. 나의 가엾은 주인은 손으로 머리를 잡고 멍하니 불을 바라보며 앉아 계셨다. 아마도 개들 없이 우리가 어떻게 될 것인가를 궁금하게 생각하시는 것 같았다.

졸리케르의 죽음

p.127 "우리는 빨리 마을에 도착해야 해. 그렇지 않으면 졸리케르가 죽을 거야." 비탈리스 할아버지께서 말씀하셨다.

"이 오두막은 자신의 환대에 대하여 우리로 하여금 아주 비싼 값을 치르게 했구나." 우리가 떠날 때 비탈리스 할아버지께서 오두막을 뒤돌아보시며 말씀하셨다. 그분의 목소리는 떨렸다.

p.128 우리가 한 마을에 이르렀을 때, 비탈리스 할아버지께서는 아름다운 간판이 부엌문 밖에 걸려 있는 여관으로 우리를 데려가셨다. 그것은 비싼 여관이었다. 평소에 우리는 비싼 여관이 우리를 쫓아 버릴까 두려워하면서 가장 값싼 여관으로 갔다.

"빨리, 침대로 들어가거라." 하인이 불을 피우고 있는 동안 비탈리스 할아버지께서 말씀하셨다. 나는 우선 먹고 싶었지만, 순종했다.

"따뜻하니?" 비탈리스 할아버지께서 몇 분 후에 나에게 물어보셨다.

"네." 내가 대답했다.

비탈리스 할아버지께서는 침대로 오셔서 나에게 졸리케르를 가슴에 꼭 안아 주라고 말씀하시며 그를 집어넣으셨다. 그 가엾은 작은 동물은 아무 움직임도 없이 내가 자신을 내 몸 쪽으로 바싹 끌어안도록 내버려두었다. 졸리케르의 몸은 더 이상 차갑지 않았다. 그의 몸은 이제 타는 듯 뜨거웠다.

"너희 둘, 바로 거기에 그대로 있어라." 비탈리스 할아버지께서 말씀하셨다. "내가 가서 의사를 찾아보마."

p.129 비탈리스 할아버지께서는 곧 의사와 함께 돌아오셨으며, 나는 의사에게 졸리케르를 보여주려고 담요를 들어올렸다. 졸리케르는 내 목에 작은 팔을 두르고 있었다.

"원숭이라!" 의사가 깜짝 놀라며 말했다. "이거 아주 흥미로운 사례가 되겠군요."

졸리케르를 진찰한 후, 의사는 그에게 약을 좀 먹였다. 그런 다음 의사는 졸리케르의 몸을 계속 따뜻하게 해 주고, 하루에 세 번 약을 주고, 많은 물을 주라는 지시를 우리에게 해 주었다.

이틀 후 내가 졸리케르를 간호하는 동안 비탈리스 할아버지께서 방 안으로 뛰어 들어오셨다.

"우리는 즉시 40프랑을 벌어야 한단다." 비탈리스 할아버지께서 말씀하셨다. "우리는 여관 안주인이 졸리케르가 회복할 때까지 우리를 머무르게 하도록 우리가 그녀에게 진 빚을 지불해야 해."

"이 마을에서 40프랑을요?" 내가 소리쳤다. 날씨는 추웠고, 마을에는 많은 부자들이 있어 보이지 않았다.

p.130 내가 졸리케르와 있는 동안 비탈리스 할아버지께서는 공설 시장에서 회관을 하나 발견하셨다. 야외 공연을 하기에는 날씨가 너무 추웠다. 몇 개의 나무 널빤지로 비탈리스 할아버지께서는 무대를 만들고 남겨 두었던 적은 돈을 몇 개의 양초를 사는 데 과감히 쓰셨다. 비탈리스 할아버지께서는 임시 극장에서 조명의 수를 두 배로 만들기 위해 그 양초들을 반으로 자르셨다.

비탈리스 할아버지, 까뻬, 그리고 내가 그날 밤에 쇼를 위해 막 떠나려고 할 때, 졸리케르는 장군 제복을 입고 주인의 어깨로 올라가려고 했지만, 헛수고였다.

"여기 있어라, 졸리케르 씨." 비탈리스 할아버지께서 말씀하셨다. "나는 네가 낫기를 원한단다."

눈을 헤치며 걸어가면서 비탈리스 할아버지께서는 내가 무엇을 하기를 원하는지 나에게 말씀해 주셨다. 우리의 주요 배우들이 빠져 있었기 때문에 우리는 물론 우리의 평소의 상연 목록을 공연할 수 없었다. p.131 우리는 40프랑을 모아야 했다! 40프랑을! 그것은 불가능해 보였다!

비탈리스 할아버지께서는 모든 것을 준비하셨다. 어두워지기 시작하고 있었지만, 우리는 촛불을 켜지 않았다. 우리는 회관이 가득 찰 때까지 초를 켜는 것을 기다리고 있었다. 쇼가 끝나기 전에 촛불이 꺼지는 것을 원치 않았기 때문이었다.

나는 동네 소식 전달꾼의 북소리를 들을 수 있었다. 북이 울림은 점점 커졌다. 그 울림은 장터로 다가오고 있었고, 나는 신이 난 목소리들을 들을 수 있었다. 길게 줄을 선 아이들이 동네 소식 전달꾼을 따라왔다. 북을 치는 것을 멈추지 않고 소식 전달꾼은 회관 입구에 밝혀져 있는 두 개의 커다란 램프 사이에 자기 자리를 잡았다. p.132 그의 뒤에 있던 사람들이 입구를 통해 회관 안으로 들어왔다.

큰 무리의 사람들이 우르르 몰려 들어왔다. 마을의 모든 소년들이 그곳에 온 것이 분명했다. 그러나 우리에게 40프랑을 줄 것 같은 사람들은 아이들이 아니었다. 우리는 또한 돈을 쓰는 데 후한 재력을 지닌 보다 나이 많고, 보다 중요한 사람들이 필요했다.

회관이 가득 차려면 아직 멀었지만, 마침내 비탈리스 할아버지께서는 우리가 쇼를 시작해야 한다고 결정하셨다. 내가 먼저 공연할 예정이었다. 나는 하프로 반주를 하며 노래 몇 곡을 불렀다. 내가 노래를 부르고 있었던 것은 영예를 위해서가 아니었다. 나는 가엾은 졸리케르를 위해 노래를 부르고 있었다. 나는 관중들이 감동받기를 원했다. 나는 그들이 우리가 졸리케르를 따뜻한 방에 계속 있게 할 수 있도록 충분한 돈을 줄지도 모르도록 열광하게 되기를 원했다. 내가 받은 미약한 박수로 나는 대부분의 사람들이 내 공연을 감동적이라고 생각하지 않는다는 것을 판별할 수 있었다.

p.133 까삐는 보다 성공적이었다. 까삐는 실제로 몇 번의 앙코르를 받았다. 까삐 덕분에 쇼는 별안간 터지는 큰 박수갈채로 끝났다. 까삐는 돈을 모으기 위해 컵을 입에 물고 돌아다녔다. 멀리서조차도 비탈리스 할아버지와 나는 그 컵이 반도 안 찬 것을 볼 수 있었다. 걱정스런 표정을 짓고 계시다 비탈리스 할아버지께서 무대 가운데로 나가셨.

"신사 숙녀 여러분, 저는 저희가 양심적으로 우리의 프로그램을 실행했다고 믿습니다." 비탈리스 할아버지께서 말씀하셨다. "하지만 우리의 촛불이 아직 타고 있으므로, 원하신다면 제가 직접 몇 곡 부르겠습니다. 우리 개 까삐가 다시 한 번 돌아다닐 테니 저희에게 아무것도 주지 않으셨던 분들은 아마도 이번에는 주시겠죠. 부디 돈을 준비해 주십시오."

비탈리스 할아버지께서 나의 선생님이시기는 했지만, 나는 그분이 제대로 노래하시는 것을 한 번도 들어본 적이 없었다. p.134 비록 나는 당시에 어린 아이였고 누군가의 노래하는 기술을 잘 판단하지도 못했지만, 그 날 밤 비탈리스 할아버지의 노래는 나를 이상하게 동요시켰다. 비탈리스 할아버지의 아름다운 목소리를 듣는 동안 내 눈에 눈물이 가득 고였기 때문에 나는 무대의 한쪽 구석으로 갔다.

맨 앞줄에 비탈리스 할아버지의 노래가 끝나고 열렬히 박수를 친 한 아름다운 젊은 부인이 있었다. 나는 그 부인이 그 회관 안에 있는 나머지 다른 사람들처럼 소작농이 아니라는 것을 알아챘다. 그 부인은 젊고 아름다운 귀부인 같았다. 그 부인의 커다란 모피 코트로 나는 그 여인이 마을에서 가장 부유한 여인이라고 여겼다. 그 부인은 까삐에게 진심 어린 박수갈채를 보낸 어린 소년과 함께 있었다. 그 아이는 아마도 그 부인의 아들인 듯했다. 그들은 서로 완전히 똑같이 생겼다. 그 아름다운 부인께서는 자기에게 오라고 나를 손짓으로 부르셨다.

p.135 "저 신사분과 이야기하고 싶구나." 그 부인께서 말씀하셨다.

나는 놀랐다. 그 부인은 컵 안에 돈을 하나도 넣지 않았으며, 이제 내 주인을 데려오라고 내게 요구하고 있었다. 까뻬와 나는 비탈리스 할아버지께 돌아갔는데, 할아버지께서는 재빨리 흩어지고 있는 군중들을 걱정스럽게 바라보고 계셨다. 까뻬는 두 번째 돌 때도 많은 돈을 모으지 못했다.

"그 부인이 무엇을 원하는 거니?" 비탈리스 할아버지께서 물으셨다.

"할아버지와 이야기하고 싶어 하세요." 내가 대답했다.

"나는 그 부인에게 할 말이 없다." 비탈리스 할아버지께서 차갑게 말씀하셨다.

"그 부인은 까뻬에게 아무것도 주지 않았어요." 내가 말했다. "아마도 할아버지께 직접 돈을 드리고 싶은가 봐요."

우리는 모두 함께 그 부인에게 갔다. 그때 하인이 초롱과 융단을 들고 나타났다. p.136 그 하인은 부인과 아이의 옆에 섰다. 비탈리스 할아버지께서는 부인에게 무뚝뚝하게 고개를 숙이셨다.

"조금이라도 방해가 되었다면 용서하세요." 그 부인께서 말씀하셨다. "하지만 저는 그처럼 훌륭한 공연에 대해 당신에게 축하 인사를 드리고 싶었어요."

비탈리스 할아버지께서는 한 마디도 말씀하지 않고 고개를 숙이셨다.

"제 자신도 음악가랍니다." 부인이 계속해서 말했다. "제가 얼마나 당신의 뛰어난 재능을 얼마나 인정하는지 아시게 될 것이기에 이 말씀을 드리는 것입니다."

부인은 비탈리스 할아버지를 유심히 바라보았다. 비탈리스 할아버지께서는 당황하신 것 같았다. 비탈리스 할아버지께서는 말없이 다시 고개를 숙이셨다.

"그럼, 안녕히 계세요, 선생님." 부인이 '선생님'이라는 단어를 강조하며 마침내 말했다. "안녕히 계세요. 그리고 한 번 더 오늘 저녁 선생님께서 제게 주신 말로 형용할 수 없는 기쁨에 대해 감사드립니다." 그 말과 함께 부인은 까뻬를 향해 상체를 굽히고 그의 컵에 금 한 조각을 떨어뜨렸다.

p.137 나는 비탈리스 할아버지께서 부인을 문까지 바래다 주실 것으로 생각했지만, 그분은 그런 종류의 행동은 어떤 것도 하지 않으셨다. 일단

그 부인이 시야에서 사라지자 나는 비탈리스 할아버지께서 이탈리아 어로 조용히 뭐라고 말씀하시는 것을 들었다.

"그 부인께서 까뻬에게 금 한 조각을 주셨어요." 내가 말했다. "그것은 20프랑 어치에요!"

비탈리스 할아버지께서는 처음으로 마치 막 나를 때리려고 하시듯이 손을 들어 올리셨다. 나는 비탈리스 할아버지께서 나를 한 대 때리실 것이라고 거의 확신했으나, 그분은 자신의 들어 올린 손을 옆구리 쪽으로 떨어뜨리셨다.

"20프랑!" 비탈리스 할아버지께서 마치 꿈에서 깨어나고 계신 것처럼 말씀하셨다. "아, 그렇지, 가엾은 졸리케르. 내가 그 녀석을 잊고 있었어. 즉시 그 가엾은 녀석에게 돌아가자."

나는 가장 먼저 여관 계단으로 올라가 방으로 뛰어 들어갔다. 불이 완전히 꺼지지는 않았지만, 불꽃은 없었다. p.138 나는 재빨리 초를 몇 개 켰다. 나는 졸리케르가 아무런 소리도 내지 않는 것을 보고 놀랐다. 나는 졸리케르가 담요 아래에 누워서 팔다리를 쭉 뻗고 있는 것을 발견했다. 졸리케르는 아직도 자신의 장군 제복을 입고 있었으며, 잠들어 있는 것처럼 보였다. 나는 졸리케르에게 상체를 숙이고 그를 깨우려고 부드럽게 손을 잡았다. 졸리케르의 손은 얼음처럼 차가웠다. 비탈리스 할아버지께서 방으로 들어오셨다.

"졸리케르가 차가워요." 나는 비탈리스 할아버지께 몸을 돌리면서 말씀드렸다. 비탈리스 할아버지께서 내 옆으로 오셔서 역시 침대 위로 상체를 숙이셨다.

"가엾은 것이 죽었구나." 비탈리스 할아버지께서 말씀하셨다. "죽을 때가 되었던 것이지. 오, 레미야, 내가 너를 밀리건 부인에게서 데려오는 것이 아니었어. 내가 벌을 받고 있구나. 첫 번째가 제르비노와 돌체, 그리고 지금은 졸리케르야. 그리고 이것이 끝이 아닐지도 몰라서 나는 두렵구나."

충실한 친구들

p.139 우리는 여전히 파리에서 멀리 있었다. 까뻬는 더 붙임성이 많아졌으며, 내가 터벅터벅 걸을 때 나는 종종 내 손에서 그 개의 따뜻한 혀를 느꼈다. 까뻬는 '당신의 친구 까뻬가 여기 당신과 함께 있어요.'라고 말하려고 하

는 듯이 나를 핥았다. 그러면 나는 멈춰 서지는 않았지만 까뻬를 부드럽게 어루만졌다. p.140 우리는 서로를 이해했다. 그리고 서로를 사랑했다.

우리가 파리에 가까워질수록 시골 지역이 아름답지 않게 되는 것이 내게는 이상해 보였다. 나는 파리가 참으로 멋진 곳이라고 들었었다. 나는 무엇인지는 정확히 몰랐지만, 무엇인가 예사롭지 않은 것을 기대했다. 갑자기 비탈리스 할아버지께서 걸음을 멈추셨을 때 나는 파리가 어떤 모습일지 상상하고 있었다.

"레미, 우리가 파리에 도착하면 각자의 길로 따로따로 갈 거야." 비탈리스 할아버지께서 말씀하셨다.

"뭐라고요?" 나는 입술을 떨며 말했다.

"가엾은 꼬마 녀석, 그래. 우리는 헤어져야 해."

비탈리스 할아버지께서는 그 말을 아주 친절하고 애정 어린 목소리로 말씀하셨다. 나는 무슨 말을 해야 할지 몰랐다. 나는 그저 그분의 손을 어루만졌다.

"나는 너무 늙었어." 비탈리스 할아버지께서 계속 말씀하셨다. "그리고 사람은 늙으면 누군가에게 기대고 싶어 한단다. 내가 너에게 기대고 싶어 하는 것처럼. p.141 하지만 너처럼 어리고 작은 소년에게 그것은 불공평하지, 레미야. 우리가 서로를 진정으로 알아가려는 바로 이때에 서로에게 작별을 해야 한다는 것이 아주 슬프구나."

"파리에서 저를 완전히 혼자 남겨 두고 떠나실 거예요?" 나는 겁을 내며 물었다.

"물론 아니지, 얘야." 비탈리스 할아버지께서 내 앞에 무릎을 꿇고 앉아서 말씀하셨다. "너처럼 작고 가난한 아이가 그렇게 큰 도시에 무엇을 하겠니? 그리고 명심해라. 내가 너를 떠나는 것이 아니야. 이 계절의 힘든 몇 개월이 지나갈 때까지 아주 잠시 동안만이야."

"제가 파리에서 무엇을 하게 되나요?" 내가 물었다.

"나는 너를 내 친구 가로폴리에게 데려다 줄 거야. 그가 자신이 데리고 있는 다른 소년들과 함께 너를 지켜줄 거야. 그리고 너는 네 하프를 연주할 것이고……."

"그러면 할아버지는요?" 내가 물었다.

p.142 "나는 파리에 사는 몇 명을 잘 안단다. 나는 낮에는 바이올린 교습을 하고 저녁에는 제르비노와 돌체를 대신할 개들을 훈련시킬 거야. 봄

이 오면 내가 와서 너를 영국과 독일에 데려가고, 밀리건 부인에게 약속했듯이 너를 사나이로 만들어 줄 거란다. 그것이 바로 내가 너에게 영어를 가르치기 시작한 이유란다. 그리고 너는 이미 프랑스어와 이탈리아어에 유창해. 그것은 네 또래의 아이에게는 드물지."

내 주인이 항상 나를 최고로 대해 주시는 것을 알았지만, 우리의 여행 도중 나는 아이들을 때리지 않는 왕초를 만나 본 적이 없었다. 나는 걱정스러웠다.

우리는 타고 남은 재와 썩은 채소들로 뒤덮인 길 양편에 눈 더미가 쌓여 있는 어느 더러운 거리에 도착했다.

"우리가 어디에 있는 거예요?" 내가 물었다.

"파리란다, 애야." 비탈리스 할아버지께서 대답하셨다.

왕초

p.143 살면서 나중에 파리라는 도시가 얼마나 아름다운 곳인지 알게 되었지만, 그 도시에 대한 나의 첫 인상은 아주, 아주 나빴다. 그것은 아마도 내가 오직 빈민가 지역만을 보았기 때문일 것이었다.

p.144 비탈리스 할아버지께서는 지금까지 내가 보았던 가장 음침하고 더러운 집으로 나와 까삐를 데리고 가셨다. 비탈리스 할아버지께서 문을 두드리시자 바싹 여윈 한 소년이 문을 열어 주러 나왔다. 그 소년은 나보다 두세 살 정도 많아 보였다.

"가로폴리 씨가 안에 계시니?" 비탈리스 할아버지께서 물어보셨다.

"아니요, 가로폴리 씨는 두 시간이 지나야 돌아오실 거예요." 그 소년이 대답했다.

"두 시간이 지나면 오신다는 것이 확실하니?" 비탈리스 할아버지께서 물으셨다.

"아주 확실해요." 소년이 대답했다. "그때가 저녁 식사 시간인데 가로폴리 씨 말고 다른 사람이 저녁을 차린 적이 없거든요."

"음, 혹시 나보다 먼저 가로폴리 씨가 돌아오시면, 비탈리스가 두 시간 후에 다시 올 거라고 전해 드려라."

"잘 알겠습니다, 어르신"

비탈리스 할아버지는 나에게 거기 머무르면서 쉬라고 말씀하셨다. 비탈리스 할아버지께서는 자신이 돌아올 것이라고 나를 안심시키셨다.

"너는 이탈리아 인이니?" 비탈리스 할아버지의 무거운 발자국 소리가 더 이상 들리지 않을 때쯤 그 소년이 나에게 물었다.

p.145 "아니, 나는 프랑스 인이야." 나는 프랑스어로 대답했다.

"다행이네."

"왜 그런 건데?"

"네가 만약 이탈리아 인이라면, 가로폴리 씨를 위해 일하러 이곳에 온 것을 터이고, 그것이 너한테는 나쁜 소식이기 때문이지." 소년은 속삭이기 시작했다.

"가로폴리 씨는 무자비한 분이니?" 내가 물었다.

그 소년은 대답하지 않았지만, 소년의 얼굴 표정이 말보다 더 많은 것을 말해 주었다. 마치 더 이상 대화가 계속되기를 바라지 않는다는 듯이 그 소년은 벽난로 쪽으로 갔다. 내 손이 차가워서 나는 가서 그 소년 옆에 앉았다. 내가 손을 난로 쪽으로 뻗었을 때, 나는 소년의 배에서 꼬르륵 소리가 나는 것을 들을 수 있었다.

"배고프니?" 내가 물었다.

"가로폴리 씨는 늘 우리를 굶겨." 소년이 말했다.

p.146 "너는 어쩌다 여기로 오게 된 거야?"

"내 이름은 마띠아이고, 가로폴리 씨는 내 삼촌이야. 우리 엄마는 이탈리아 루카에서 내 누이인 크리스티나와 살고 계신데, 그들은 아주 가난해. 가로폴리 삼촌이 작년에 나를 이곳에 데려왔어. 가로폴리 삼촌은 여기에 많은 남자아이들을 데리고 있고, 우리는 모두 힘든 일을 하고 있어. 지금 내가 하고 있는 일은 다른 애들이 아무것도 훔치지 못하게 음식을 지키는 일이야. 그런데 가로폴리 삼촌은 나를 믿지 않아. 그래서 모든 음식 단지에 다 자물쇠를 채워놓았지. 거기다가 나는 다른 아이들보다도 더 적은 음식을 받아. 지금 벌을 받고 있는 중이거든."

"왜?" 내가 물었다.

"나는 예전에 거리에서 사람들에게 흰 쥐 두 마리를 구경시켜 주는 일을 했어." 마띠아가 계속 말했다. "그 일이 가로폴리 삼촌이 나에게 준 첫 번째 일이었지. 하지만 나는 충분한 돈을 가져오지 못했어. 그 때문에 나는 매일 두들겨 맞았고, 결국 부엌에서 감시 임무를 맡게 된 거야."

"왜 충분한 돈을 가져오지 못했던 거야?" 나는 물었다.

p.147 "쥐를 보여주는 이 집 출신의 또 다른 아이가 있었는데 나는 못생긴 반면에 그 아이는 예쁘거든. 사람들이 항상 그 애에게 돈을 주었어."

어색한 침묵이 흘렀다.

"내가 아주 창백하니?" 마띠아가 나에게 물었다. "나는 더 이상 밖에 나가지 않고, 여기에는 거울도 없어서 나는 내가 어떻게 보이는지 모르거든."

"다른 사람들보다 특별히 더 창백해 보이지는 않아." 내가 대답했다.

"너는 착하게 굴려고 그렇게 말하고 있는 거야." 마띠아가 말했다. "하지만 내가 아파서 나는 기뻐. 난 몹시 아프고 싶어."

"진심으로 그렇게 말하는 것은 아니지, 그렇지?" 나는 놀라서 물었다.

"내가 아프면, 나를 병원에 보내거나 죽게 내버려두겠지." 마띠아는 심각하게 말했다. "어느 쪽이 되었든 여기서 굶주리고 거의 죽을 만큼 두들겨 맞는 것보다는 나아."

p.148 "내 생각에 너는 이미 병원에 가야 할 정도로 충분히 아파 보여." 나는 말했다.

"그거 잘됐다!" 마띠아는 힘없는, 띄엄띄엄 들리는 목소리로 소리쳤다. "가로폴리 삼촌이 곧 올 거야. 그러니까 그만 이야기해야 해."

문이 열리고 거의 마띠아만큼이나 바싹 야윈 한 아이가 방 안으로 들어왔다. 그 아이는 팔 밑에 바이올린 케이스를 들고 있었다. 그런 다음, 한 명씩 소년들이 돌아왔다. 소년들은 각자 자신의 침대 위에 있는 못에다 자신의 악기를 걸었다. 음악가가 아니라 그냥 훈련받은 동물들을 구경시키는 일을 하는 소년들은 자신들의 동물을 우리 안에다 넣고 먹이를 주었다.

그때 무거운 발자국 소리가 출입구 쪽에서 들렸고 회색 외투를 입은 땅딸막한 한 남자가 방 안으로 들어왔다. 가로폴리 씨였다. 방 안으로 들어오자마자 가로폴리 씨는 무서운 표정으로 나에게 시선을 고정시켰다. 마띠아는 재빨리 그리고 공손히 가로폴리 씨에게 비탈리스 할아버지의 전갈을 전했다.

"아, 그러니까 비탈리스가 여기 있다는 말이지." 그 무자비한 남자가 말했다. **p.149** "그가 무엇을 원한다더냐?"

"비탈리스 할아버지께서 오셔서 직접 말씀하실 거예요." 내가 대답했다.

"아, 맹랑한 꼬마 녀석 좀 보게. 너는 이탈리아 인이 아니냐?"

"아니에요, 저는 프랑스 인이에요."

"좋아, 같이 저녁이나 먹자." 탁자 상석에 앉으며 가로폴리 씨가 말했다. 가로폴리 씨는 담배 파이프에 불을 붙였다. "자, 나의 작은 천사들아, 일을 시작하자. 마띠아, 장부를 가져오너라."

가로폴리 씨는 자기 오른쪽에 있는 소년에게 신호를 했다.

"너 어제부터 나에게 1상팀 빚지고 있어." 가로폴리 씨가 말했다.

"오늘도 1상팀이 부족해요, 가로폴리 씨." 그 소년은 몸을 바르르 떨며 말했다.

가로폴리 씨의 얼굴이 분노로 빨개졌다. p.150 가로폴리 씨는 그 소년에게 셔츠를 벗게 한 뒤에 채찍으로 그를 두들겨 패기 시작했다.

첫 번째 채찍질이 그 소년의 살을 베고 들었을 때, 내 눈에는 눈물이 가득 고였다. 가로폴리 씨는 곁눈질로 나를 쳐다보았다.

"인정이 있는 아이가 한 명 있구나." 가로폴리 씨가 나를 가리키며 말했다. "같이 지내는 친구가 고통받는 것을 볼 때 웃어대는 너희 못된 놈들과는 다르군."

다행히도, 나는 더 이상 그 잔혹한 행위를 견디지 않아도 되었다. 그 순간에 문이 활짝 열리고 비탈리스 할아버지께서 들어오셨다.

비탈리스 할아버지께서는 이미 무슨 일이 일어나고 있는지 잘 알고 계셨다. 집 쪽으로 다가오다가 비탈리스 할아버지께서는 날카로운 비명소리를 들으셨다. 비탈리스 할아버지께서는 가로폴리 씨에게 달려가 그의 손에서 채찍을 낚아채셨다. 그런 다음, 경멸하는 표정으로 팔짱을 낀 채 가로폴리 씨 앞에 서 계셨다.

"수치로군! 참으로 수치스런 일이야!" 비탈리스 할아버지께서 외치셨다.

p.151 "내 말이 그 말이오." 가로폴리 씨가 중얼거렸다.

"그 아이 말고! 당신 말이오! 당신이 수치스럽소!" 비탈리스 할아버지께서 외치셨다. "참으로 하기 비겁한 짓이군! 자기 몸도 지키지 못하는 이 불쌍한 아이들을 괴롭히다니."

"당신이 상관할 바가 아니오, 한심한 늙은 양반." 가로폴리 씨가 목소리를 바꾸면서 소리쳤다.

"당신 말이 맞소." 비탈리스 할아버지께서 반박하셨다. "경찰이 이 일에 대해 뭐라고 이야기하는지 두고 보도록 하지."

"나를 협박하는 것이오?" 가로폴리 씨가 화를 내며 소리쳤다.

"그렇소." 가로폴리 씨의 분노에 전혀 움츠러들지 않고 비탈리스 할아버지께서 대답하셨다.

"아, 비탈리스, 그러니까 경찰에 이야기하시겠다고?" 가로폴리 씨가 미소를 지었다. p.152 "글쎄올시다. 나 역시 작은 비밀 하나를 알고 있는데. 당신 일이야 내가 알 바는 아니지만, 당신 일에 관심이 많은 사람들이 있지. 내가 할 일이라고는 이름 하나만 대는 거지만. 그때는 누가 수치스럽게 될까?"

비탈리스 할아버지께서는 침묵을 지키셨다.

"레미야, 이리 오너라." 비탈리스 할아버지께서 내 팔을 잡고 나를 문 쪽으로 끌어당기며 말씀하셨다.

"오, 여기 있으면서 나랑 잡담이나 하지 않겠나, 친구?" 가로폴리 씨가 이제는 깔깔대면서 큰 소리로 말했다.

"나는 당신 친구가 아니오." 비탈리스 할아버지께서 비통하게 말씀하셨다. "앞으로 그럴 일도 절대 없을 테고."

그러고는 더 이상 아무 말도 하지 않은 채 우리는 그 집에서 나왔다. 비탈리스 할아버지께서는 여전히 내 손을 꼭 붙잡고 계셨다.

"고맙습니다." 나는 큰 소리로 말했다.

"뭐가?" 비탈리스 할아버지께서 말씀하셨다.

"저를 데리러 다시 와 주신 거요." 내가 말했다. 그때 내가 조금 더 대담한 아이였다면, 나는 비탈리스 할아버지의 목을 얼싸안았을 것이었다.

가련한 비탈리스 할아버지

p.153 "우리 지금 어디로 가는 거죠?" 나는 비탈리스 할아버지께 물어보았다.

"내가 예전에 잠을 자곤 했던 경마장을 찾아보러 정티이로." 비탈리스 할아버지께서 대답하셨다. "피곤하니, 레미야?"

p.154 "괜찮아요. 가로폴리 씨 집에서 쉬었거든요." 내가 대답했다.

아무 말 없이 비탈리스 할아버지께서는 계속 걸어가셨다. 비탈리스 할아버지의 등은 이제 심하게 굽어 있었고, 매우 쇠약해 보였다. 이따금씩 비탈리스 할아버지께서 내 어깨에 잠시 몸을 기대려고 멈춰 서실 때면 나는 그분의 온몸이 떨리는 것을 느꼈다.

"편찮으세요?" 비탈리스 할아버지께서 다시 걸음을 멈추셨을 때 나는 여쭤 보았다.

"그런 것 같구나." 비탈리스 할아버지께서 대답하셨다. "나는 매우 피곤하고, 또 너무 늙었어. 이 추위가 내 늙은 피에는 너무 모질구나. 따뜻한 잠자리와 불 앞에서 먹는 저녁 식사가 있으면 좋겠어. 하지만 그건 꿈이지. 계속 가자꾸나."

날은 어둡고 길은 끊임없이 교차했지만, 비탈리스 할아버지께서는 주변 지리를 잘 아는 사람처럼 걸어가셨다. 비탈리스 할아버지께서는 그 길을 완벽하게 알고 계시는 것처럼 보였다. 그래서 나는 우리가 제시간에 경마장에 도달할 수 있으리라고 확신하면서 따라갔다. 갑자기 비탈리스 할아버지께서 걸음을 멈추셨다.

"저쪽에 있는 한 무더기의 나무들이 보이니? 비탈리스 할아버지께서 물어보셨다. p.155 나는 쳐다보았다. 아무것도 없었다.

"아무것도 안 보여요." 내가 대답했다.

"얘야, 네 시력을 약하게 만드는 것은 두려움이란다." 떨리는 손을 내 어깨 위에 올리시며 비탈리스 할아버지께서 말씀하셨다. "다시 보거라."

"정말로요, 아무 나무도 보이지 않는걸요." 나는 대답했다.

"그러면 저 큰 도로는 보이느냐?"

"큰 도로도 보이지 않아요."

"그렇다면 우리가 실수를 했구나." 그 말씀과 함께 비탈리스 할아버지께서는 오른쪽으로 방향을 바꾸시더니 다시 걷기 시작하셨다. 나는 비탈리스 할아버지를 따라 갔다.

"도로에 깊게 파인 홈이 있느냐?" 30분 정도 후에 비탈리스 할아버지께서 물어보셨다.

"아니요," 내가 말했다.

"그렇다면 우리는 되돌아가야 한다."

우리는 돌아섰다. 우리는 이제 살을 에는 차가운 바람과 마주하고 있었다.

p.156 "우리는 교차로에서 뻗어나가는 길로 가야 해." 비탈리스 할아버지께서 힘 없는 목소리로 말씀하셨다. "그곳이 보이면 나에게 말해다오."

우리는 바람과 맞서 싸우면서 계속 걸었다. 비탈리스 할아버지께서 경마장 입구일 것이라고 말씀하셨던 곳에 다다랐을 때, 우리는 단지 벽돌로 쌓은 큰 담벼락만을 발견했다. 상황은 최악이었다. 비탈리스 할아버지께서 정신이 혼미해지신 것이 분명했다. 나는 그곳에 애초부터 경마장 같은 것은 없었던 것이 아닐까 하고 의심하기 시작했다. 비탈리스 할아버지께서는 마치 백일몽을 꾸고 계시는 듯 잠시 서 계셨다. 까뻬가 참을성을 잃고 짖기 시작했다.

"계속 찾아볼까요?" 내가 여쭤 보았다.

"아니, 경마장은 벽으로 막혔어." 비탈리스 할아버지께서 대답하셨다.

"벽으로 막혔다고요?"

"응, 사람들이 입구를 폐쇄해 버렸어. 우리가 안에 들어가는 것은 불가능할 거야."

"음, 그러면, 우리 어디로 갈까요?" 나는 여쭤 보았고, 시시각각 점점 더 걱정이 늘어갔다.

p.157 "우리는 파리로 돌아갈 거야. 경관을 만나면 그에게 우리를 경찰서로 데려가 달라고 부탁할 거야. 유쾌하지는 않겠지만, 나는 너를 추위로 죽게 내버려 둘 수는 없다, 얘야. 이리 오거라, 레미야. 이리 와."

비탈리스 할아버지께서는 점점 더 느리게 걸으셨다. 내가 비탈리스 할아버지께 말을 걸려고 했을 때, 그분은 나에게 조용히 하라고 신호를 하셨다. 우리는 이제 그 도시에 가까워졌다. 갑자기 비탈리스 할아버지는 걸음을 멈추셨다. 나는 비탈리스 할아버지의 체력이 바닥났다는 것을 알았다.

"조금 쉬어야겠구나." 비탈리스 할아버지께서 희미한 목소리로 말씀하셨다. "더 이상 못 가겠어."

커다란 정원으로 이어지는 문이 하나 있었다. 거센 바람이 엄청난 양의 지푸라기들을 문 옆에 있는 퇴비 더미 위와 거리로 날려 보냈다.

p.158 "여기에 앉자." 비탈리스 할아버지께서 말씀하셨다. 나는 내가 모을 수 있는 지푸라기들을 전부 모아서 비탈리스 할아버지 옆에 앉았다.

"이리 오거라." 비탈리스 할아버지께서 말씀하셨다. "와서 내 가까이 앉고, 까뻬를 네 무릎 위에 올려 놓거라. 까뻬가 네 몸을 따뜻하게 유지시켜 주는 데 도움이 될 거야."

비탈리스 할아버지는 편찮으셨다. 내 몸을 비탈리스 할아버지 옆으로 바짝 당기자, 비탈리스 할아버지께서 몸을 숙여 내 머리에 입을 맞추셨다. 그것이 비탈리스 할아버지께서 나에게 해 주신 두 번째 입맞춤이었으며, 나는 그것이 마지막일 것이라고는 전혀 생각하지 못했다. 나의 마음은 바르브랭 어머니, 아서, 그리고 밀리건 부인 생각으로 헤매고 다녔고, 나는 잠이 들었다.

새로운 친구들

p.159 나는 전에 한 번도 본 적이 없는 방에서 잠이 깼다. 한 남자 어른과 그의 네 명의 아이들이 침대 주위를 에워싸고 있었다.

"비탈리스 씨요? 까뻬는요?" 손을 올리며 내가 물었다.

p.160 "이 애가 자기 아버지를 찾고 있어요." 한 여자아이가 남자 어른에게 말했다.

"비탈리스 할아버지는 제 아버지가 아니에요." 내가 말했다.

"오, 알겠다." 그 아저씨께서 말씀하셨다. "그 노인은 돌아가셨단다. 우리가 너를 발견했을 때 그분은 이미 돌아가신 상태였어. 네 개가 너를 따뜻하게 해 주어서 너를 살린 거란다."

"까뻬가요?" 내가 물었다. 나는 모르는 사람들 앞에서 울지 않으려고 무진장 애를 썼다.

"까뻬?"

"네, 그 개요."

"모르겠다. 걔는 사라져 버렸어. 노인의 시신을 따라갔단다."

그런 다음 그 아저씨는 자신을 원예업자라고 소개하시고, 계속해서 그날 아침에 비탈리스 할아버지와 까뻬와 부둥켜안고 있는 나를 발견한 것이라고 말씀해 주셨다. 그분이 나를 자신의 집 안으로 데려오셨고 경찰에게 가셨으며, 경찰이 와서 비탈리스 할아버지의 시신을 거두어 갔다.

"저의 생명을 구해 주셔서 고맙습니다, 아저씨." 내가 말했다.

p.161 "고맙다는 인사는 나중에 해도 된다." 그분이 대답하셨다. "지금은 빨리 네 몸 상태를 좋아지게 하는 것에 대해서만 신경 쓰자. 자, 여기 리즈가 너에게 수프를 좀 가져다줄 게다." 그분은 막내, 그러니까 반짝거리는 큰 눈을 가진 소녀를 가리키셨다.

나는 말없이 수프를 먹었고 다른 사람들은 나를 지켜보았다. 수프를 다 먹고 리즈에게 고맙다고 말한 후, 나는 가려고 자리에서 일어났다.

"어디를 가려는 거니?" 그 원예업을 하시는 아저씨께서 나에게 물어보셨다. "여기에 머물면서 나를 위해 일해 주지 않을래? 매일 아침 아주 일찍 일어나야 하고 하루 종일 열심히 일해야 할 거야. 그렇지만 네가 어젯밤에 겪었던 일을 겪어야 할 필요는 절대로 없을 거야. 네 침대와 음식도 갖게 될 거야. 가장 좋은 점은 네가 그것들을 벌었다는 것을 알게 되는 만족감을 갖게 될 거라는 것이지. 그리고 네가 내가 생각한 대로 착한 아이라면 앞으로 너는 우리 가족의 일원이 될 거야."

p.162 리즈는 나를 보고 미소 지었다. 나는 내가 방금 들은 말을 거의 믿기 힘들었다. 나는 그저 원예업자 아저씨를 빤히 바라보았다. 리즈가 일어서더니 나에게 달려와서 내 손을 잡았다.

"그래, 네 생각은 어떠니, 얘야?" 아저씨께서 물어보셨다.

'가족이라니!' 나는 마음속으로 생각했다. '내가 혼자 지내지 않아도 된다니!'

몇 년간 함께 살았던, 나에게는 아버지와 다름없던 분이 이제 돌아가셨다. 그리고 내가 무척 사랑했던 내 동료이자 친구인 착한 까삐 역시 사라져 버렸다. 아저씨께서 나에게 해 주신 제안이 이 나쁜 상황에서 나온 좋은 일이었다. 나는 재빨리 내 하프 끈을 어깨에서 스르르 내렸다.

"좋아." 아저씨께서는 웃으며 말씀하셨다. "네 얼굴을 보니 네가 기뻐한다는 것을 알 수 있구나. 저쪽 벽 위에 네 하프를 걸어 두어라. 만약에라도 우리와 함께 사는 것이 지겨워진다면, 그 하프를 내려서 떠나면 돼. p.163 단지 계절을 제대로 골라서 떠나야 한다는 것만 기억해라. 한겨울에 떠나지는 말거라."

원예업을 하시는 그 아저씨의 성함은 삐에르 아깽이었고 그분은 당신을 삐에르라고 부르라고 하셨다. 삐에르 아저씨께는 알렉시스와 벵자맹이라는 두 아들이 있었고, 언니 에띠에뜨와 그 집의 막내인 리즈라는 두 딸이 있었다.

리즈는 말을 하지 못했다. 아주 어렸을 때, 리즈는 병으로 말하는 능력을 잃었다. 다행스럽게도, 리즈가 벙어리라는 것이 리즈의 지능까지 손상시키지는 않았다. 그와는 반대로, 리즈는 그녀 또래의 소녀들에 비해 아주 똑똑했다.

그들의 어머니가 돌아가신 후에, 에띠에뜨가 그 집안의 어머니 역할을 해 오고 있었다. 에띠에뜨는 요리하고 청소를 하며 형제자매들과 아버지를 돌보기 위해 집에 있으려고 일찍 학교를 그만두었다. 에띠에뜨는 겨우 열네 살이었지만, 그녀의 얼굴은 이미 진지하고 슬펐다. p.164 그것은 어린 소녀의 얼굴이 아니었다.

나는 내 하프를 벽에 걸고 나서 그 가족들과 함께 자리에 앉아 전날 밤에 무슨 일이 있었는지 말하기 시작했다. 내가 정원으로 열리는 문에서 박박 긁는 소리를 들었을 때, 나는 그들에게 우리가 경마장에서 자기를 바랐었다는 것을 막 말하려던 찰나였다. 박박 긁는 소리는 애처롭게 낑낑대는 소리로 이어졌다.

"까뻬! 까뻬!" 나는 재빨리 일어나면서 소리쳤다.

하지만 리즈가 나보다 앞서 문에 도착했다. 리즈가 문을 열었다.

까뻬는 나에게 뛰어들어 나를 쓰러뜨렸다. 나는 까뻬를 팔에 안았다. 기쁨으로 약간 멍멍거리고 온몸을 바르르 떨며 까뻬는 내 얼굴을 핥았다.

"그러면 까뻬는요?" 나는 삐에르 아저씨께 여쭤보았다. 삐에르 아저씨는 내 질문의 뜻을 이해하셨다.

"음, 까뻬는 물론 너와 함께 있어야지." 삐에르 아저씨께서 대답하셨다.

p.165 비탈리스 할아버지의 시신을 가져갔던 경관들이 까뻬와 함께 왔으며, 그들은 나를 심문하고 싶어 했다. 나의 걱정을 눈치 채시자마자 삐에르 아저씨께서 당신이 나를 경찰서에 데려다 주겠다고 제안하셨다. 우리가 경찰서에 도착했을 때, 나는 오랫동안 심문을 받았고, 내가 아는 전부를 이야기했다.

"그렇다면 지금은?" 경찰서장이 물었다.

"우리가 이 아이를 돌볼 것입니다." 삐에르 아저씨께서 끼어드셨다. "그러니까 우리가 그렇게 하도록 해 주시면요."

경찰서장은 동의했고 삐에르 아저씨의 친절한 행위에 대해 칭찬했다.

심문을 받는 동안 나는 내가 만난 비탈리스 할아버지의 유일한 지인인 가로폴리 씨에 대해 말했다. 경찰서장은 나에게 자신들을 그 집으로 안내해 줄 것을 요청했다.

p.166 곧 우리는 그 거리와 그 집을 찾았다. 우리가 초인종을 울렸을 때, 문으로 나온 사람은 마띠아가 아니었고 바싹 여윈 다른 소년이었다. 마띠아는 아마도 병원으로 옮겨진 것 같았다. 경관을 보고 내가 누구인지 알아채자마자 가로폴리 씨의 얼굴이 창백해졌으며 그는 겁을 먹은 것처럼 보였다. 그러나 가로폴리 씨는 곧 경관이 단지 비탈리스 할아버지에 관해 자신에게 몇 가지 질문을 하러 왔다는 것을 깨달았다.

"그러니까 비탈리스가 죽었군요?" 가로폴리 씨가 말했다.

"우리는 당신이 비탈리스 씨에 대해 말해 줄 수 있는 전부를 말해 주었으면 하오." 경찰서장이 말했다.

"나는 비탈리스에 대해 그다지 많이 알지는 못합니다." 가로폴리 씨가 이야기를 시작했다. "그의 이름은 비탈리스가 아닙니다. 그의 진짜 이름은 까를로 발찌니죠. 까를로 발찌니는 35년에서 40년 전 쯤에 이탈리아에서 가장 훌륭한 가수였습니다. 그는 로마, 베니스, 플로렌스, 런던 그리고 파리에 있는 모든 유명한 장소에서 노래했지요. 그러던 어느 날, 알 수 없는 이유로 까를로는 자신의 멋진 목소리를 잃었습니다. p.167 그는 가수들 중 최고가 될 수 없다면 노래를 하고 싶지 않았고 자신의 재능에 어울리지 않는 싸구려 무대에서 노래하며 본인의 위대한 명성을 망치는 것을 거부했지요. 결국 까를로는 세상으로부터, 또한 전성기 시절에 자신을 잘 알았던 모든 이들로부터 숨어 버리겠다고 결심하게 되었던 겁니다. 까를로는 몇몇 다른 일을 해 보았지만 하나도 성공하지 못했습니다. 결국 그는 개를 훈련시키는 일을 하게 되었고 그 일을 꽤 잘했습니다. 제가 그의 비밀에 대해 알게 된 것은 순전히 우연에 의해서였습니다."

가엾은 까를로 발찌니 씨. 내 사랑하는 주인님. 가엾은 비탈리스 할아버지!

재앙

p.168 나는 몹시 앓게 되어 비탈리스 할아버지의 장례식에 갈 수 없다. 나는 폐렴에 걸렸다. 의사는 내가 병원에 머물러 있기를 원했으나, 삐에르 아저씨의 가족은 너무 걱정스러워서 나를 그곳에 남겨두지 못했다. 에띠에뜨가 얼마나 착한지 안 것은 내가 병이 난 기간 중이었다. 에띠에뜨는 어머니가 자기 아이를 보살피듯 나를 보살폈다. p.169 에띠에뜨가 집안일로 바쁠 때에는 리즈가 내 옆에 앉아서 나를 돌봐주었다. 에띠에뜨는 천사 같았으며, 나는 그녀가 자신의 작은 날개를 퍼덕거리고 날아가는 것을 상상하곤 했다.

나는 아주 오랫동안 아팠고, 내 새 친구들을 도와주고 싶어서 마음이 불편했다. 그러던 어느 날, 나는 마침내 정원에서 다른 사람들과 함께 일을 할 만큼 충분히 튼튼해졌다. 이후 며칠 동안, 가족들은 원예에 관해 내가 알아야 하는 모든 것을 참을성 있고 친절하게 가르쳐 주었다.

하루하루가 지나갔고 몇 달이 지나갔다. 나는 너무나 행복해서 때때로 그것이 지속되지 않을 것이라고 생각했다. 8월의 어느 날, 우리는 공원으로 소풍을 갔다. 리즈와 나는 우리 주위를 껑충껑충 뛰는 까뻬와 함께 앞질러 달렸고, 다른 사람들은 웃으면서 따라왔다.

"기다려라." 뻬에르 아저씨께서 갑자기 말씀하셨다. 뻬에르 아저씨께서는 하늘을 올려다보았다. p.170 회색 구름이 빠르게 하늘을 덮고 있었으며, 바람은 점점 더 거세졌다.

"돌아가자." 뻬에르 아저씨께서 계속 말씀하셨다. "폭풍이 올 거야. 베니와 알렉시스, 너희는 나와 같이 간다. 우리는 가서 정원을 덮어 놓아야 해. 레미, 너는 여자아이들을 집에 데려다 주거라." 그 말씀과 함께 뻬에르 아저씨와 그의 아들들은 달리기 시작했다.

에띠네뜨와 나는 리즈의 손을 잡았다. 이제 천둥과 번개가 치고 있었고, 구름이 너무 많아서 거의 밤처럼 느껴졌다. 그때 갑자기 우박이 섞인 폭우가 쏟아졌고, 우리는 커다란 출입구 아래 있는 피할 곳을 찾아 달려야 했다.

"오, 유리 틀!" 에띠네뜨가 소리쳤다. 유리 틀은 원예업자들의 가장 귀중한 자산 중 하나였다. 그것들이 산산조각 난다면 뻬에르 아저씨의 일에는 치명적일 것이었다.

폭풍우는 단지 약 6분 동안 계속되었다. p.171 우박이 땅을 뒤덮었다. 리즈는 얇은 신발을 신고 그 위를 걸을 수가 없었으므로 내가 안고 갔다.

우리는 곧 집에 도착했고 정원으로 달려갔다. 모든 유리 틀이 조각조각 깨져 있었다. 우박과 우리의 아름다운 꽃들과 깨어진 유리 틀들이 한때 우리의 아름다운 정원이었던 곳에 모두 한데 쌓여 있었다. 모든 것이 파괴되었다.

나는 후에 에띠네뜨로부터 뻬에르 아저씨께서 10년 전에 정원을 구입하여 직접 집을 지으셨다는 것을 알게 되었다. 그분은 또한 원예업자에게 필요한 필수 재료들을 구입하기 위해 그분께 땅을 판 사람으로부터 돈도 빌리셨다. 뻬에르 아저씨께서는 15년 동안 연간 할부로 돈을 갚으셔야 했다. 그 남자는 욕심이 많았고, 이미 받은 10년 치의 납입금도 가지고 있으면서 땅과 집을 회수할 기회를 기다리고 있었다.

p.172 곧 재산 압류 공무원이 퇴거 통지서를 가지고 우리 집으로 왔다. 그러나 뻬에르 아저씨는 항상 외출 중이어서 그 통지서는 송달되지 못했다. 어느 날, 뻬에르 아저씨께서는 평소보다 늦게 집으로 돌아오셨다.

"얘들아, 다 끝났어." 뻬에르 아저씨께서 말씀하셨다. "나는 너희를 떠날 거야."

"왜요! 왜요!" 남자아이들이 울기 시작했다. 리즈는 뻬에르 아저씨의 목에 팔을 둘렀다.

"나는 내 빚을 갚을 돈이 없어서 여기 있는 모든 것을 팔아야 해." p.173 삐에르 아저씨께서 우리에게 말씀하셨다. "게다가 나는 5년 동안 감옥에 가야 해."

우리 모두는 울기 시작했다. 그런 다음 삐에르 아저씨께서는 나에게 그분의 여동생 까뜨린 고모에게 우리에게 와 달라고 부탁하는 편지를 쓰라고 말씀하셨다. 그러나 까뜨린 고모는 제시간에 도착하지 못했고, 경찰이 삐에르 아저씨를 데리러 왔다.

삐에르 아저씨께서는 애정을 담아 자기 아이들을 한 명씩 안고 입 맞추며 작별인사를 하셨다. 나는 옆에 서서 지켜보았으나, 그분은 자기 아이들을 껴안아 주신 것처럼 나에게 오셔서 나를 껴안고 똑같이 애정을 담아 입 맞추어 주었다.

까뜨린 고모는 몇 시간 후에 도착하셨다. 까뜨린 고모는 변호사 집안의 보모였으며, 다섯 명의 궁핍한 아이들을 부양할 방법이 없으셨다. 까뜨린 고모는 변호사에게 조언을 구하셨고, 우리에게 그분의 계획을 말씀해 주셨다. 리즈는 가서 까뜨린 고모와 함께 살 예정이었다. 알렉시스는 바르스에 있는 삼촌과 살기로 했고, 베니는 생캉탱에 있는 화초 재배자인 또 다른 삼촌과 살기로 했다. 에띠네뜨는 해변에 사는 고모에게 가서 살기로 했다.

p.174 "그러면 저는요?" 내가 소심하게 말했다.

"하지만 너는 우리 가족에 속하지 않잖니." 까뜨린 고모께서 대답하셨다. 나는 할 말이 하나도 없었다. 아이들은 모두 나를 그들과 함께 머무르게 해 달라고 사정했지만, 그것은 모두 소용없었다. 까뜨린 고모께서는 우리에게 위층으로 올라가서 하룻밤을 자라고 말씀하셨다. 우리가 모두 아침에 각자의 길로 갈 예정이기 때문이었다.

우리가 위층으로 올라갔을 때, 모든 아이들이 내 주위에 모여 울기 시작했다. 아이들은 자기들보다 나에 대해 더 걱정했다.

"잘 들어." 내가 말했다. "비록 우리가 피로 맺어져 있지는 않지만, 나는 너희의 형제야."

"물론이지!" 그들 모두가 소리쳤다.

"나는 착한 형제가 할 일을 할 거야." 나는 계속해서 말했다. "나는 내 양가죽 외투를 입고 내 하프를 들고 너희가 사는 곳으로 차례로 갈 거야.

나는 너희들 중 한 명의 소식을 다른 사람에게 전달할 거야. 그러니까 너희는 모두 계속 연락할 수 있을 거야. p.175 나는 내 노래와 내 춤곡을 잊지 않았어. 그러니까 난 살기에 충분한 돈을 벌 거야."

그들은 모두 그 생각을 아주 마음에 들어 했다. 나는 그들이 그 생각을 아주 반겨서 기뻤다. 우리는 오랫동안 이야기했고, 그런 다음 에띠에뜨는 우리를 잠자리에 들게 했다. 그날 밤 누구도 많이 자지 못했고, 그 중에서도 내가 가장 못 잤다.

다음날, 모두가 작별 인사를 하기 약 1시간쯤 전에, 아이들은 나를 정원 안으로 불렀다. 에띠네뜨가 나에게 바늘과 실이 가득 들어 있는 상자를 하나 주었다. 내 옷을 수선해야 할 자리에 자신이 없을 것을 걱정했기 때문이었다. 알렉시스는 나에게 두 개의 5프랑 짜리 동전 중 하나를 주었고, 벵자맹은 자신의 칼을 나에게 주었다. 이것은 나를 크게 감동시켰다. 그들이 모두 자신이 소중히 여기는 무엇인가를 나에게 주었기 때문이었다. 그런 다음 리즈가 장미나무로 가서 장미꽃 두 송이를 꺾었다. p.176 리즈는 한 송이는 나에게 주고 또 한 송이는 자기가 보관했다.

"리즈!" 까뜨린 고모께서 부르셨다. 마차가 와 있었고, 짐은 이미 마차 안에 있었다. 나는 하프를 잡고 까뻬를 불렀다. 내가 옛날 옷을 입은 것을 보았을 때 까뻬는 기뻐하며 뛰어와 짖었다. 우리는 함께 다른 아이들이 가는 것을 지켜보았다. 그들은 그들이 안 보일 때까지 우리에게 손을 흔들었고, 나는 그들 모두가 눈에 눈물이 맺힌 것을 볼 수 있었다. 그것이 파리에서 보낸 행복했던 2년간의 마지막이었으나, 나는 울지 않았다.

비록 모든 것이 안 좋게 끝났지만, 나는 여전히 행복했다. 지금 세상에서 내가 혼자가 아니어서 나는 행복했다. 나는 나를 자신들의 가족 일원으로 여기는 사랑하는 친구들이 있었다. 나는 또한 인생에서 새로운 목표가 생겼다. 그것은 유능해져서 나를 사랑하는 모든 사람들에게 기쁨을 주는 것이었다.

마띠아

p.177 나의 방랑을 시작하기 전에, 나는 지난 2년 동안 나에게 아버지였던 사람을 보러 갔다.

"아, 레미야, 너를 기다리고 있었단다." 내가 클리시 감옥에서 면회실로 들어갔을 때 삐에르 아저씨께서 말씀하셨다. p.178 "다른 아이들과 함께 너를 데려가지 않은 것에 대해 내가 까뜨린을 꾸짖었단다." 그 말씀은 나를 기쁘게 했다.

"네가 다시 방랑을 떠난다는 것을 들었단다." 삐에르 아저씨께서 계속해서 말씀하셨다. "나는 네가 걱정이 되는구나."

"하지만 삐에르 아저씨 가족들이 계속 연락하실 수 있게 하려고 그러는 거예요." 나는 결연한 목소리로 말했다. 삐에르 아저씨께서 웃으시며 나를 보셨다.

"너는 착한 마음을 가졌구나." 삐에르 아저씨께서 말씀하셨다. "다른 말은 하지 않겠다, 얘야. 신께서 너를 돌봐주실 거야." 나는 삐에르 아저씨를 힘껏 껴안았다. 그리고 나자 내가 가야 할 시간이 되었다.

"자, 얘야. 이것을 가져가라." 삐에르 아저씨께서 당신의 주머니에서 은시계를 꺼내시면서 말씀하셨다. "네가 그것을 기념품으로 받으면 좋겠구나. 그것은 아주 값나가는 것은 아니지만, 내가 가진 전부란다."

감옥을 떠나올 때 나는 삐에르 아저씨를 떠나는 것이 매우 슬펐다. 그러나 곧 나는 나에게 내 자신의 시계가 생겼다는 것을 기억했다! 나는 단지 어린 소년에 불과했고 나에게 바로 내 소유의 은시계가 생긴 것이었!

p.179 까삐도 기쁜 것 같았다. 처음에 나는 까삐가 나를 위해 기뻐한다고 생각했으나, 곧 나는 까삐가 무언가를 원한다는 것을 깨달았다. 까삐는 자기가 비탈리스 할아버지와 함께 일했던 시절에 했던 것처럼 시각을 말하고 싶어 했다.

나는 까삐에게 시계를 보여 주었다. 정오였다. 까삐는 마치 기억해 내려고 애쓰는 것처럼 얼마 동안 시계를 보았다. 그런 다음 꼬리를 흔들면서 열두 번을 짖었다. 까삐는 기억했다! 이것은 좋은 소식이었다. 우리는 내 시계를 가지고 돈을 벌 수 있었다!

나는 오래된 프랑스 지도를 샀고, 남쪽으로 걷기 시작했다. 교회 옆을 지날 때 나는 벽에 등을 기대고 있는 어린 소년을 보았다. 나는 그것이 가로폴리 씨 집의 바싹 여윈 소년이었던 마띠아인 것을 알고 놀랐다. 마띠아는 1인치도 자라지 않았으나, 그것은 그였다. p.180 마띠아는 나를 알아보았고, 그의 창백한 얼굴에 갑자기 미소가 번졌다.

"아, 너구나." 마띠아가 말했다. "내가 병원으로 가기 전에 우리 가로폴리 삼촌 집에서 만났잖아."

"아직도 가로폴리 씨가 네 주인이니?" 내가 물었다.

"가로폴리 삼촌은 감옥에 있어." 마띠아가 미소 지으며 말했다. "삼촌이 아이 한 명을 때려 죽여서 그들이 삼촌을 잡아갔거든."

그 바싹 여윈 소년은 계속해서 자기가 가로폴리 씨에 의해 한 곡마단에 임대되었었다고 말했다. 그가 돌아왔을 때, 가로폴리 씨와 소년들은 사라졌고, 한 이웃사람이 무슨 일이 있었는지 그에게 말해 주었다.

"무엇을 해야 할지 모르겠어." 마띠아가 계속해서 말했다. "나는 돈도 없고 몹시 배도 고파."

나 자신도 부자는 아니었지만, 가엾은 마띠아에게 무엇인가를 줄 정도는 가지고 있었다.

"여기서 나를 기다려." 내가 말했다.

나는 빵집으로 달려가서 커다란 롤빵과 우유 한 병을 샀다. 나는 그것들을 마띠아에게 주었고, 그는 1분도 안 되어 모든 것을 게걸스레 먹어치웠다.

p.181 "이제 무엇을 할 거니?" 내가 물었다.

"모르겠어. 너는 어때?" 마띠아가 말했다.

내게는 아직도 이해되지 않는 이유로, 나는 터무니없는 허풍을 떨었다.

"음, 나는 극단의 단장이야." 나는 자랑스럽게 말했다. 비록 나의 극단이 오로지 까삐만으로 이루어져 있었지만, 이것은 어느 정도 사실이었다.

"나를 네 극단에 넣어줄래?" 마띠아가 한 순간의 망설임도 없이 물어보았다.

"솔직히 말하면, 저 개가 내가 가진 극단의 전부야." 나는 미소를 짓고 까삐를 가리키며 말했다.

"상관없어." 마띠아가 말했다. "그냥 나를 데려가 줘. 내가 너의 겸허한 하인이 될게. 그리고 나는 돈을 바라지도 않아. 내가 원하는 것은 때때로 먹는 약간의 음식이 전부야."

p.182 나는 곤경의 시기에 나를 도와준 많은 사람들을 만났으며, 지금 나는 마띠아를 도와야 할 특별한 책임감을 느꼈다.

"나와 함께 가자." 내가 말했다. "하지만 하인으로서가 아니라, 마띠아, 내 친구로서 함께 가는 거야." 우리는 악수를 나누고 함께 파리에서 걸어 나왔다.

우리가 어느 작은 공원에서 쉬고 있는 동안, 나는 마띠아에게 나의 소지품들을 보여주기로 결심했다. 내 가방을 끄르고 나는 내 소지품들을 풀밭 위에 자랑스럽게 펼쳐 놓았다. 나는 세 벌의 면 셔츠, 세 벌의 양말과 다섯 장의 손수건을 가지고 있었는데, 그것들은 전부 상태가 좋았다. 나한테는 또한 약간 닳은 한 켤레의 구두도 있었다. 마띠아는 놀라서 입을 딱 벌렸다.

"그러면 너는 무엇을 가지고 있니?" 내가 물었다.

"나는 오로지 내 바이올린만 가지고 있어." 마띠아가 대답했다.

"자, 이제 우리는 친구니까 우리 물건들을 공유할 거야. 너는 셔츠 두 벌, 양말 두 켤레, 그리고 손수건 세 장을 가져도 돼. p.183 하지만 공평하게 하기 위해서 네가 내 가방을 한 시간 동안 들고 나는 그 다음 한 시간 동안 가방을 들 거야."

나는 에띠에뜨의 바늘 상자와 리즈의 장미꽃을 넣어둔 작은 상자도 펼쳐 놓았다. 나는 마띠아가 그 상자를 만지지 못하게 했으며, 그것을 뚜껑도 들지 않고 가방에 도로 집어넣었다.

"나를 기쁘게 하고 싶다면 네가 이 상자를 절대로 건드리지 않았으면 좋겠어." 내가 말했다. "그것은 선물이었거든."

"그것을 절대로 건드리지 않겠다고 약속할게." 마띠아가 말했다.

우리가 다시 쉬기 위해 멈춰 섰을 때, 나는 마띠아에게 바이올린을 연주해 달라고 부탁했다. 나는 마띠아가 거의 비탈리스 할아버지만큼이나 연주를 잘하는 것을 발견하고 기분 좋게 놀랐다.

마띠아를 감동시키고 싶어서 나는 하프를 잡고 유명한 노래들을 몇 곡 부르기 시작했다. 내가 마띠아를 칭찬해 주었던 것처럼 마띠아는 나를 칭찬해 주었다. p.184 우리는 둘 다 재능이 있었다.

우리는 다시 걷기 시작했고, 우리가 우연히 마주치게 되는 다음 마을에서 공연을 하고 돈을 좀 벌기 위해 나는 마띠아에게 내 노래들을 가르쳐 주었다.

다음 마을에서 우리는 어느 큰 집의 뒷마당에 부유해 보이는 사람들이 큰 무리를 지어 있는 것을 보았다. 그들은 술을 마시고 웃고 있었으며, 곧 우리는 그것이 결혼식이라는 것을 깨달았다. 나는 성격이 좋아 보이는 한 아저씨에게 가서 그와 다른 하객들이 '레미 극단'의 뮤지컬 공연을 좋아할지 물었다.

그분은 내 질문에 대답하지 않으셨다. 그분은 단지 두 개의 손가락을 자기 입에 집어넣으시더니 까삐가 깜짝 놀랄 정도로 아주 커다란 휘파람을 부셨다.

"이보게들! 노래를 좀 들어볼까?" 그 아저씨가 소리치셨다.

"오, 음악! 그러라고!" 모두가 소리쳤다.

사람들이 두 개의 커다란 통을 가져왔고, 마띠아와 나는 그것들을 임시 무대로 사용했다. p.185 우리가 연주를 시작했을 때 모든 군중이 열광했고 열렬히 춤을 추었다.

"너희 중 누가 코넷을 연주할 수 있니?" 어떤 부인께서 물어보셨다.

"제가 할 수는 있는데, 전 코넷을 가지고 있지 않아요." 마띠아가 대답했다.

"내가 가져다주마." 그 부인께서 말씀하셨다.

우리는 자정까지 연주했다. 그날 저녁, 나는 마띠아가 한 번 들은 곡은 거의 어느 곡이든 연주할 수 있다는 것을 발견했다.

"이제 되었어요." 신부가 말했다. "어린 소년들이 피곤해 보여요. 이제 우리 모두 음악가들에게 뭔가 주기로 하죠."

나는 내 모자를 까뻬에게 던졌고, 까뻬는 공중에서 그것을 잡았다.

"우리 비서에게 사례를 해 주세요." 내가 말했다.

p.186 군중은 박수갈채를 보냈고, 까뻬가 절하는 방식에 모두가 즐거워했다. 내 모자는 은화로 가득 찼고, 그 위에 신랑이 5프랑 짜리 동전을 얹어 주었다! 우리는 그날 밤에 총 32프랑을 벌었다.

마음이 후한 신랑신부는 우리를 건초 두는 곳에서 자게 해 주었다. 다음날 아침, 우리는 곧바로 시장으로 갔다. 우리는 거창한 아침 식사를 즐기고 마띠아를 위해 코넷을 사려고 중고 악기 가게로 갔다. 그런 다음 우리는 큰 짐 하나를 번갈아 들고 다니는 대신 차라리 둘 다 항상 작은 짐을 들고 다닐 수 있도록 작은 가방을 하나 샀다.

우리는 돈이 많았으므로 나는 바르브랭 어머니를 방문하러 가기로 결심했다. 이제 나는 부자였으므로 어머니께 근사한 선물을 가져갈 수 있었다. 나는 무엇이 어머니를 행복하게 해 드릴지 알았다. 나는 어머니께 젖소를 한 마리 사 드리고 싶었다. 제롬 아저씨가 그곳에 계실지도 모르기 때문에 내가 그 젖소를 직접 어머니께 데리고 갈 수는 없을 터였다. p.187 나는 마띠아가 나보다 앞서 그 젖소와 함께 가고 그로 하여금 어머니를 나에게 모셔오도록 하려고 했다.

그러나 나는 젖소 한 마리가 얼마나 하는지조차 몰랐다. 나는 전혀 몰랐다. 젖소가 아주 클 필요는 없었다. 살이 찐 젖소일수록 값이 더 비쌌기 때문이었다. 또한 큰 젖소일수록 먹이도 더 많이 필요할 것이었다. 나는 내 선물이 바르브랭 어머니에게 불편함의 원인이 되게 하고 싶지는 않았다.

샤바농으로 가는 도중에 우리는 옆 마을에 도착했고, 마띠아와 나는 가장 가까운 여관으로 들어갔다. 나는 그곳에서 한 농부 아저씨를 만났고, 그분께 내가 원하는 것과 같은 젖소 한 마리가 얼마인지 여쭤 보았다. 농부 아저씨는 웃음을 터뜨리시고 탁자를 쾅 치셨다.

p.188 "이 꼬마 음악가가 젖소 한 마리가 얼마나 나가는지 알고 싶어 한다네!" 그 농부 아저씨께서 방 안에 있던 모두에게 소리치셨다. "그가 말하기를 '아주 크지 않지만, 많은 양의 우유를 줄 아주 건강한 놈'이면 한다는군!"

모두 웃었지만, 나는 상관하지 않았다. 나는 진지했다.

"네, 젖소는 질 좋은 우유가 나와야 하고 너무 많이 먹지 않아야 해요." 내가 말했다. "그리고 고삐에 끌려 골목길을 다녀도 싫어하지 않아야 해요."

내가 진지한 것을 보고 농부 아저씨께서는 당신이 마침 내가 찾고 있는 바로 그런 젖소를 가지고 있다고 나에게 말씀하셨다. 농부 아저씨는 나에게 젖소가 150프랑 나갈 것이라고 말씀하셨으며, 그것은 싼 물건이라고 하셨다.

"그 젖소는 질 좋은 우유를 주고 적게 먹는 젖소야." 농부 아저씨께서 말씀하셨다. "그보다 더 싼 비슷한 젖소를 한 마리라도 발견한다면 너는 아주 운이 좋은 걸 거야."

150프랑이라니! 그것은 많은 돈이었다. 나는 심지어 비탈리스 할아버지나 삐에르 아저씨도 그 정도로 많은 돈을 가지고 계시는 것을 본 적이 없다고 생각한다. p.189 나는 농부 아저씨께 감사를 표하고 마띠아와 함께 우리 방으로 갔다.

'만일 마띠아와 내가 우리의 공연을 계속하면, 그리고 어제처럼 운이 좋으면, 우리는 많은 돈을 벌 수 있을 거야.' 나는 속으로 생각했다. '나는 필요한 것만 쓰고 저금을 할 거야. 그리고 시간이 지나면 우리한테 젖소를 살 만큼 충분한 돈이 생길 거야.'

그러나 이 계획은 시간이 걸릴 것이었다. 게다가 나는 바르스로 가서 베니를 먼저 만나야 했다. 우리는 가는 길에 최대한 많은 공연을 할 수 있었다. 내 계획이 먹힌다면 우리가 샤바농으로 돌아갈 때쯤이면 나는 바르브랭 어머니께 젖소 한 마리를 사 드릴 만큼의 충분한 돈이 생길 것이었다. 내 계획에 반대가 있는지 나는 마띠아에게 물었다. 마띠아는 반대하지 않았다.

옛 친구들과의 만남

p.190 우리의 여행이 4개월째이던 어느 때인가 우리는 바르스의 교외에 이르렀다. 나는 가죽 지갑 하나를 샀으며, 그 안에는 130프랑이 들어 있었다. 나는 마띠아에게 감사했다. 그가 없었더라면 까삐와 나는 그 정도 액수에 가까운 돈을 하나도 벌지 못했을 것이기 때문이었다.

p.191 우리는 알렉시스를 방문하려고 바르스로 가는 중이었다. 나는 알렉시스의 행방을 알지 못했다. 내가 아는 전부는 알렉시스의 삼촌이 '트뤼에르'라고 불리는 어느 광산에서 일한다는 것뿐이었다.

그 광산에 도착했을 때, 우리는 알렉시스의 삼촌 가스빠르 씨가 어디에 사는지 들었다. 우리가 그 집에 도착했을 때, 한 아주머니께서 문을 열어주셨다.

"가스빠르 삼촌께서 여기 사시나요?" 내가 물었다.

"그렇단다." 아주머니께서 말씀하셨다. "누구니?"

"저는 그분의 조카 알렉시스를 보러 여기 왔어요." 내가 대답했다.

"오! 너는 레미가 분명하구나." 아주머니께서 말씀하셨다. "알렉시스가 계속 너를 기다리고 있었단다. 저 아이는 누구냐?" 아주머니께서 마띠아를 가리키셨다.

"그 애는 제 친구예요." 내가 말했다.

알렉시스의 숙모님인 그 아주머니께서는 계속해서 알렉시스와 그의 삼촌이 6시까지는 돌아오지 않을 것이라고 말했다. 놀랍게도, 알렉시스의 숙모님께서는 우리에게 안으로 들어와서 기다리라고 말씀하지 않으셨다. p.192 그러한 접대에 난처함을 느끼면서 나는 알렉시스의 숙모님께 감사를 표하고 떠났다. 나는 이제 마띠아가 내 친구들을 나쁘게 생각할까 봐 걱정스러웠다.

마을 빵집에서 먹을 것을 구한 후, 우리는 광산으로 돌아가서 입구 근처에 앉았다. 정확히 6시에 먼지투성이에 지칠 대로 지친 광부들이 서둘러 나오기 시작했다.

나는 알렉시스가 나에게 달려들 때까지 그를 알아보지 못했다. 알렉시스는 머리부터 발끝까지 검은 먼지로 덮여 있었으므로 나는 그를 쉽게 다른 사람으로 오해할 수도 있었을 것이었다. 까삐 역시 알렉시스를 보고 기뻐했으며, 껑충 뛰어올라 알렉시스의 얼굴을 핥기 시작했다.

40세 가량의 한 남자가 알렉시스 뒤에 서 있었다.

"그러니까 네가 분명 레미인 게로구나." 그분께서 말씀하셨다. 그분은 삐에르 아저씨와 똑같이 친절하고 온화한 얼굴과 부드러운 목소리를 가지고 계셨다. 왜 그런지 이유는 분명했다. 그분이 삐에르 아저씨의 형제인 가스빠르 삼촌이시기 때문이었다.

p.193 "그리고 너는 분명 그 유명한 까삐인 게로구나." 가스빠르 삼촌께서 말씀하셨다. "나는 네가 내일 우리를 즐겁게 해 주면 좋겠구나. 내일은 일요일이니까. 알렉시스가 그러는데 너의 개가 학교 선생과 희극 배우를 합친 것보다 더 영리하다고 하더구나."

특히 우리가 가스빠르 숙모님으로부터 차가운 대접을 받은 후라서 그분이 그처럼 다정하다는 것이 나는 기뻤다. 마띠아와 나는 가스빠르 삼촌 집에서의 저녁 식사에 초대되었고, 이에 우리는 기꺼이 동의했다.

알렉시스의 숙모님은 몹시 수다스러운 분이었으며, 그분이 열심히 일하는 남편을 위해 준비한 저녁 식사는 다소 불충분해 보였다. 그러나 가스빠르 삼촌은 한 마디의 불평도 하지 않고 드셨다.

p.194 그날 밤에 마띠아와 나는 알렉시스의 방에서 묵었으며, 우리들 중 아무도 많은 잠을 자지 못했다. 알렉시스와 나는 서로에게 아주 많은 질문거리가 있었고, 알렉시스와 마띠아 역시 잘 지냈다.

우리는 며칠 동안 알렉시스와 함께 머물렀다. 그런데 내가 바르스를 떠나려고 한 그날 커다란 석탄 덩어리가 알렉시스의 손에 떨어져 그의 손가락을 거의 짓뭉개고 말았다. 알렉시스는 며칠 동안 집에 머무르지 않을 수 없었고, 이 때문에 가스빠르 삼촌께서는 곤란한 상태에 처하셨다. 그분의 손수레를 밀어주는 소년 없이는 그분도 일을 하실 수가 없었다.

"제가 알렉시스의 자리를 대신할 수 있어요." 내가 가스빠르 삼촌께 제안했다.

"네가 밀기에는 손수레가 너무 무거울 것 같구나, 얘야." 가스빠르 삼촌께서 말씀하셨다.

"제가 보기보다는 힘이 세요." 나는 자신 있게 말했다.

"네가 해 보겠다면 나를 많이 도와주는 셈이 될 거야." 가스빠르 삼촌께서 웃으시며 말씀하셨다.

p.195 "네가 광산에 내려가 있는 동안 내가 까삐와 함께 마을로 들어

가서 젖소를 살 나머지 돈을 벌게." 마띠아가 말했다.

마띠아와 내가 길 위에서 보낸 시간은 그를 완전히 바꾸어놓았다. 마띠아는 더 이상 내가 파리에서 만났던 그 아프고 창백해 보이는 소년이 아니었다. 마띠아는 이제 건강하고, 행복하고 낙천적인 소년이었고, 나의 사랑하는 친구였다.

나는 까삐에게 내가 광산에 내려갈 것이고 나는 까삐가 마띠아와 함께 가서 쇼를 공연하기를 원한다고 설명해 주었다. 평소와 마찬가지로, 까삐는 내가 하는 모든 말을 이해했고 자신의 찬성 의사를 나타내려고 짖었다.

다음날, 나는 가스빠르 삼촌을 따라 광산으로 들어갔다. 나는 손수레를 미는 모든 고용인들이 한 사람만 제외하고는 모두 어린 남자아이들임을 알아챘다. p.196 그분은 모두가 교수님이라고 부르는 한 노인이었다. 그분은 광산 안에서 지지대를 만들던 목수이셨는데, 큰 석탄 덩어리가 떨어져 손가락을 뭉개면서 자신의 일을 그만둘 수밖에 없으셨다. 나는 광부가 된다는 것이 무엇을 의미하는지 막 알게 되었다.

광산에 갇히다

p.197 며칠 후, 나는 가스빠르 삼촌 뒤에서 손수레를 밀며 광산 안에 있었다. 갑자기 사방에서 끔찍한 굉음이 들렸다. 그것은 흐르는 물 소리였다. 나는 가스빠르 삼촌께 달려갔다. 그분은 나보다 약 열 발자국 정도 앞에 계셨다.

p.198 "광산으로 물이 들어오고 있어요!" 내가 소리쳤다.

"바보 같은 소리 하지 마라, 얘야." 가스빠르 삼촌께서 미소 지으며 말씀하셨다.

"농담이 아니에요. 들어보세요!" 내가 다시 소리쳤다.

가스빠르 삼촌께서는 일을 멈추시고 그 소음에 귀를 기울여 들어 보셨는데, 그 소리는 이제 점점 더 커지고 있었다.

"목숨을 보존하려면 뛰어라! 광산이 물에 잠기고 있어." 가스빠르 삼촌께서 소리치셨다.

우리는 사다리를 향해 달리기 시작했고, 도중에 나는 교수님께서 아직도 당신의 손수레를 밀고 계시는 것을 보았다.

"교수님! 교수님!" 내가 소리를 질렀다. "빨리요! 저희와 함께 가세요!

광산이 물에 잠기고 있어요."

나는 교수님의 팔을 잡고 그분이 따라 오시도록 도와드렸다. 물은 빠르게 차오르고 있었다.

우리가 모두 사다리를 올라가고 있을 때 한 줄기의 물이 쏟아졌고 우리의 램프의 불을 모두 꺼뜨렸다.

p.199 "꽉 붙들어!" 가스빠르 삼촌께서 소리치셨다.

우리는 사다리의 계단에 꽉 매달렸다. 그들의 절규를 듣고 나는 아래에 있던 몇 사람이 사다리에서 떨어졌다는 것을 알 수 있었다.

우리가 첫 번째 층계참에 도착했을 때, 램프를 든 7~8명의 광부들이 우리가 있는 방향으로 달려오고 있었다.

"우리는 수갱에 도착해야 한단다, 얘야." 교수님께서 말씀하셨다. "그곳이 우리가 살아남을 수 있는 유일한 장소야. 나에게 램프를 다오."

그 조용한 노인이 지금은 그 집단에서 가장 권위 있는 사람이었다. 교수님보다 훨씬 더 힘이 세고 더 젊은 다른 사람들이 이제 그분의 명령에 순종했다.

교수님께서는 신속히 우리를 가장 가까운 수갱으로 이끄셨다. 몇 사람은 들어가기를 거부하고 다른 방향으로 갔다. p.200 그곳에 우리들이 있었다. 가스빠르 삼촌, 세 명의 광부인 빠제스 아저씨, 꽁뻬루 아저씨, 베르고뉴 아저씨, 까로리라는 이름의 석탄 실은 차를 미는 사람, 그리고 나 자신이었다. 나는 두려움으로 떨고 있었으나, 한 마디도 하지 않았다. 광부들이 공포에 질리기 시작하자, 교수님께서 앞으로 나서셨다.

"걱정 마. 우리는 익사하지 않을 테니까." 교수님께서 말씀하셨다. "우리는 공기가 있는 작은 공간에 있고, 압축된 공기가 물이 올라오는 것을 막아 주고 있어. 유일한 문제는 물이 차오르는 것을 멈췄다는 것인데, 그것은 광산이 물로 가득 찼다는 의미인 게 분명하거든."

나는 150명의 광부들 중에서 몇 명이나 통로로 탈출했을지, 아니면 우리처럼 대피할 곳을 찾았을지 궁금해지기 시작했다. 몇 시간이 지났고, 그 시간은 기나긴 고요함 속에서 수십 년처럼 느껴졌다.

"그들이 우리를 구조하려고 애쓰는 것 같지 않아." 마침내 침묵을 깨고 가스빠르 삼촌께서 말씀하셨다. p.201 "아무 소리도 들리지 않는군."

"자네는 어떻게 자네 동료들을 그렇게 생각할 수 있지?" 교수님께서 소리치셨다. "사고에서 광부들은 절대로 서로를 버리지 않는다는 것을 알 만

큰 자네는 충분히 오래 여기서 일했잖나?"

"교수님 말씀이 맞아요." 가스빠르 삼촌께서 중얼거렸다.

"걱정 말게." 교수님께서 계속 말씀하셨다. "그들은 우리를 구조하려고 최선을 다하고 있어. 그들은 시간이 좀 걸릴 거야. 여기 아래로 우리에게 터널 구멍을 뚫고, 그런 다음 물을 빼야 할 테니까 말이야."

사람들은 이것이 얼마나 오래 갈지 토론하기 시작했다. 우리가 우리의 지하 무덤에서 적어도 8일은 그대로 있어야 할 것이라는 데 그들은 모두 동의했다.

p.202 8일이라니! 침묵이 흘렀다. 그 침묵은 오랫동안 계속되었고, 무수한 생각이 내 머릿속을 스쳐갔다. 곧 우리 모두의 마음은 의기소침과 절망에 감염되었고, 그와 함께 임박한 죽음에 대한 생각도 들었다.

나는 매우 졸렸으나, 잠이 들 정도로 안전하다는 느낌이 들지는 않았다. 물이 쏟아져 내릴 위험이 있었다. 내가 깨어 있으려고 애쓰는 것을 보시고서 교수님께서 나를 당신의 품 안에 안고 당신의 무릎 위에서 자게 해 주셨다.

얼마 후, 몸집이 큰 근육질의 어른인 꽁뻬루 아저씨께서 왈칵 울음을 터뜨리셨다.

"착하신 신께서 나를 벌주고 계신 거예요." 꽁뻬루 아저씨께서 소리치셨다. "나는 후회합니다! 정말 후회해요! 내가 여기서 살아 나가면 내 죄를 속죄해야 할 거라고 맹세 드립니다. 내가 나가지 못한다면 당신들이 나를 대신해서 배상해 줘야 할 거예요. 루께드 씨 기억하시죠? 그는 비달 씨로부터 시계를 훔친 것에 대해 5년형을 선고받았어요. p.203 고백합니다! 내가 그 도둑이었어요! 내가 그 시계를 훔쳤다고요. 그 시계는 제 침대 밑에 있어요."

"도둑놈!" 빠제스 아저씨와 베르고뉴 아저씨 두 분께서 소리치셨다. "우리가 네 놈을 물속으로 던져 넣어야 하겠군."

교수님께서는 그분들께 그런 일을 하지 말라고 설득하셨다. 모두가 한 가지 조건으로 꽁뻬루 아저씨를 벌주지 않는다는 데 동의했다. 즉, 꽁뻬루 아저씨는 구석에 남겨지고 아무도 그에게 말을 하거나 그에게 관심을 기울이지 않는다는 것이었다.

빠제스 아저씨, 베르고뉴 아저씨, 그리고 가스빠르 삼촌께서는 각자 물 한 병을 허리띠에 묶으셨다. 꽁뻬루 아저씨를 제외한 우리 모두는 이따금씩 그 병에서 찔끔찔끔 목을 축였다.

꽁삐루 아저씨는 나에게 물을 조금 달라고 부탁하셨지만, 아저씨들은 나에게 아무것도 주지 못하게 하셨다. p.204 마침내 꽁삐루 아저씨는 당신의 장화를 한 짝 벗어서 수갱 입구로 걸어가셨다. 꽁삐루 아저씨는 당신의 장화에 물을 담으시려고 상체를 굽히셨으나, 물에 손이 닿지 않으셨다. 꽁삐루 아저씨께서는 다시 시도하려고 두 손과 두 발을 모두 사용하여 엎드리셨으나, 미끄러져서 어두운 구멍 속으로 떨어지셨다.

물이 내가 앉아 있었던 곳으로 튀었다. 나는 꽁삐루 씨를 뒤따라 뛰어내릴 준비를 하려고 앞으로 몸을 수그렸으나, 가스빠르 삼촌과 교수님께서 각각 내 팔을 잡으셨다. 두려움으로 몸을 떨면서 나는 도로 물러섰다.

광산 안에 우리가 며칠을 갇혀 있었는지 모른다. 그때 갑자기 램프를 켤 생각이 났다. 램프를 아끼려고 우리는 절대적으로 필요한 때에만 그것들을 사용하기로 결정했다. 램프가 켜졌을 때 모두가 수면을 보려고 서둘러 왔다. 물이 내려가고 있었다!

몇 시간이 더 지난 후, 우리가 죽기 전에 마지막 소원을 적어야 한다고 베르고뉴 아저씨께서 제안하셨다. 우리는 램프를 밝혔고 베르고뉴 아저씨께서는 당신의 주머니에서 연필과 종이 한 장을 꺼내어 우리의 소원을 쓰기 시작하셨다. 나는 내 개와 하프를 마띠아에게 주고 알렉시스에게는 리즈에게 가서 내 대신 리즈에게 입맞춤을 해 주고, 그녀에게 내 조끼 주머니에 있는 말린 장미꽃을 주라고 부탁했다.

p.205 몇 시간 후 우리는 수위가 상당히 줄어들고 있는 것을 보았다. 나는 내가 사다리로 헤엄쳐 가서 구조대원들에게 우리가 어디에 있는지 말해 줄 수 있다고 동료 아저씨들께 말씀드렸다.

"해 봐, 레미야." 가스빠르 삼촌께서 소리치셨다. "네가 성공하면, 너에게 내 시계를 주마!"

교수님께서는 처음에는 동의하지 않으셨으나, 내가 우기자 당신 손으로 내 손을 잡으셨다.

p.206 "네가 가능하다고 생각한다면 그렇게 하거라." 교수님께서 말씀하셨다. "하지만 우리를 위해 네 목숨을 걸지는 말거라."

"할 수 있어요." 난 자신 있게 말했다. 비탈리스 할아버지와의 여행 중에 나는 수영하는 법을 배웠었다.

"그러면 가라, 레미야." 교수님께서 말씀하셨다. "하지만 먼저 내게 입맞춤을 해 다오."

나는 교수님과 가스빠르 삼촌께 입맞춤을 해 드리고 물로 들어갔다.

"그동안 계속 소리를 질러 주세요." 뛰어들기 전에 내가 말했다. "아저씨들의 목소리가 저를 인도해 줄 거예요."

나는 온 힘을 다해 헤엄쳤고, 내 동료들은 깜깜한 물속에서 나를 인도해 주시려고 목청이 터지도록 큰소리로 소리치셨다. 나는 내가 사다리가 있어야 할 곳에 도착했다고 확신했으나, 사다리는 그곳에 없었다! 나는 빠르게 숨이 차오르고 있었고, 내 동료들의 목소리를 향해 헤엄쳐 돌아왔다. 가스빠르 삼촌께서 물에서 나를 끌어내 주실 때 나는 내가 죽을 것이라고 확신했다. p.207 가스빠르 삼촌과 교수님께서는 당신들의 셔츠를 벗어서 그것들을 내 몸에 둘러주셨으며, 그런 다음 내 몸을 따뜻하게 유지시켜 주려고 안아 주셨다.

몇 시간이 다시 지났다. 그러고 나서 기쁘게도 우리는 곡괭이를 휘두르는 소리와 양수기의 윙윙거리는 소리를 들을 수 있었다. 우리는 우리의 자유에 보다 가까워졌으나, 동시에 점점 더 약해져 갔다.

갑자기 물속에서 소리가 났고 나는 거대한 불빛이 우리를 향해 다가오는 것을 보았다. 한 기술자 아저씨가 몇 사람을 우리에게 안내하고 있었다. 그 기술자 아저씨는 우리가 있는 곳으로 올라온 첫 번째 사람이었고, 내가 뭐라고 먼저 말을 꺼내기도 전에 그분은 나를 팔로 안으셨다.

나의 눈은 감겼고, 눈을 다시 떴을 때는 대낮이었다! 무엇인가가 나의 뺨을 만졌다. p.208 그것은 까삐였다. 나는 여전히 기술자 아저씨의 팔에 안겨 있었고, 까삐는 내 얼굴을 핥으려고 껑충 뛰어올랐다. 마띠아는 까삐 뒤에 있었고, 그가 와서 내 몸에 팔을 둘렀다. 마띠아의 눈물이 내 목 위로 떨어졌다.

대규모의 사람들이 있었으나, 그들은 모두 침묵했다. 그들은 모두 우리의 약해진 감각에 충격을 주지 않으려고 조용히 할 것을 요청받은 상태였다. 군중의 맨 앞에는 우리의 구조를 기도하기 위해 광산 입구에 오신 성직자들이 계셨다. 우리를 보셨을 때 그분들은 먼지 속에 무릎을 꿇고 앉아 감사의 기도를 올리셨다.

많은 사람들이 기술자 아저씨에게서 나를 데려가겠다고 제안했으나, 그분은 당신이 나를 데려가겠다고 고집하셨다. 기술자 아저씨는 서둘러 나를 사무실로 데려가셨고, 그곳에는 우리를 맞을 침대가 준비되어 있었다.

나는 이틀 후에 다시 걸을 수 있었고, 마띠아, 알렉시스, 그리고 까삐가 와서 나를 집으로 데려갔다. p.209 가는 도중 몇몇 마을 사람들이 나에게 다가와 눈에 그렁그렁 눈물이 맺힌 채로 내 손을 잡고 흔들었다. 그들은 내가 구조된 것이 기적이라고 했다.

그러나 고개를 돌리는 다른 사람들도 있었다. 그들은 사랑하는 사람들을 위해 애도하는 중이었다. 그들은 자기네 아버지와 아들들이 여전히 광산 안에 있는데 왜 신께서 이 고아를 구해 주도록 허락하셨는지 이해하지 못했다.

다시 길을 떠나며

p.210 모두의 바람을 저버리고, 마띠아와 나는 광산에서의 비극적인 사고가 있은 지 몇 주 뒤에 바르스를 떠났다. 내가 광산에서 일하는 동안 마띠아는 10프랑을 더 벌었다. 이제 나는 바르브랭 어머니께 젖소를 사 드리기 위해 딱 10프랑만 더 모으면 되었다!

나는 마띠아에게 날마다 읽기 수업을 계속 해 주었다. p.211 이따금씩 나는 또한 마띠아에게 내가 알고 있는 노래들을 가르쳐 주었다. 아마도 내가 좋은 선생이 아니었을 수도 있고, 아니면 마띠아가 좋은 학생이 아니었을 수도 있지만, 이유가 무엇이었든 간에 처음에는 진도가 더디었다. 하지만 약간의 격려에 힘입어 마띠아는 아주 빠르게 배우기 시작했다. 곧 마띠아는 유창하게 읽고 쓸 수 있었고, 음악에 있어서는 이미 나보다 나았다. 나는 마띠아에게 더 이상 가르쳐 줄 것이 없다고 실토했다.

"우리 진짜 선생님한테 함께 음악 수업을 받아 보는 것이 어때?" 마띠아가 물었다.

"아주 좋은 생각이야." 내가 대답했다. "다음에 나오는 큰 마을에서 우리는 좋은 선생님을 찾을 수 있을 거야."

우리가 가고 있는 다음 큰 마을은 망드였다. 우리는 여관 안으로 들어가 여관 주인아주머니께 어디에서 훌륭한 음악 선생님을 만날 수 있는지 알고 계시냐고 여쭤 보았다.

p.212 "물론이지. 에스삐나수 씨에 대해서 들어본 적은 있겠지!" 여관 주인아주머니께서 큰 소리로 말씀하셨다.

우리는 여관 주인아주머니께 우리가 마을 밖에서 왔다고 말씀드렸고 그분은 지구상에서 가장 뛰어난 음악가인 에스뻬나수 씨가 마을 중심지에서 이발사로 일하고 있다고 알려주셨다.

다음날 아침 우리는 악기를 챙겨서 마을 중심지에 있는 이발소로 갔다. 우리는 안으로 들어갔다.

"에스뻬나수 씨세요?" 마띠아가 물었다.

"내가 에스뻬나수인데." 손님에게 면도를 시켜 주고 계시던 이발사 아저씨가 대답하셨다.

"저희는 아저씨께 저희에게 음악을 가르쳐 주실 수 있는지 여쭤 보러 왔습니다." 마띠아가 말했다.

"그러면 아무거나 연주해 보거라." 에스뻬나수 아저씨께서 미소를 지으며 말씀하셨다.

마띠아는 자신의 바이올린을 꺼내어 한 곡을 연주하기 시작했다.

이발사 아저씨께서는 손님의 면도를 끝내셨다. 동시에 마띠아는 연주를 끝마쳤다. **p.213** 에스뻬나수 아저씨께서는 박수를 치시고, 마치 평생 동안 마띠아를 알고 지냈고 아껴 오신 것처럼 애정을 담아 그를 바라보셨다.

"정말 굉장하구나!" 에스뻬나수 아저씨께서 감탄하셨다.

그러자 마띠아는 에스뻬나수 씨로부터 클라리넷을 빌려 다른 곡을 연주했다. 그 다음에 그는 코넷을 연주했다.

"세상에! 너는 신동이로구나!" 에스뻬나수 아저씨께서 큰 소리로 말씀하셨다. 네가 나와 함께 이곳에서 머문다면 내가 너를 위대한 음악가로 만들어 주마. 아침에는 내가 손님을 받는 것을 돕고 나머지 시간에는 음악을 공부하는 거지."

나는 마띠아가 어떤 대답을 할까 궁금해서 그를 쳐다보았다. 나는 친구를 잃게 되는 것일까? 내 형제를?

"아주 좋은 기회야, 마띠아." 내가 말했지만, 내 목소리는 떨렸다.

p.214 "제 친구를 떠나라고요?" 마띠아가 내 어깨 위에 자기 팔을 얹으면서 소리쳤다. "고맙습니다, 아저씨. 그렇지만 절대로 그렇게 할 수는 없어요."

에스뻬나수 아저씨께서는 자신의 뜻을 굽히지 않고 마띠아에게 당신이 마띠아가 파리에 있는 콩세르바투아르(국립음악원)에 가서 공부할 수 있게 도와주겠다고 말씀하셨다.

"너는 언젠가는 위대한 음악가가 될 거야." 에스뻬나수 아저씨께서 말씀하셨다. "나는 그것을 확신해!"

"레미를 떠나라고요?" 마띠아가 말했다. "절대로 안 돼요!"

"흠, 그렇다면, 최소한 내가 너한테 주는 책을 한 권 받아 다오." 에스삐나수 아저씨께서 애석해하며 대답하셨다. "너는 그 책으로 공부할 수 있을 게다." 에스삐나수 아저씨께서는 서랍에서 책 한 권을 꺼내셨다. 「음악의 이론」이라는 제호가 붙어 있는 책이었다. 에스삐나수 아저씨께서는 펜을 가져오시더니 자리에 앉아 맨 앞 페이지에 다음과 같이 적으셨다.

"유명한 음악가가 되었을 때, 망드의 이발사를 기억해 주기를."

진정한 우정

p.215 우리가 위셀에 도달했을 때, 우리는 둘이 합쳐 220프랑의 돈을 갖고 있었다. 우리에게는 운 좋게도, 그 마을은 소 시장이 한창 열리고 있었고 마띠아는 우리가 갖고 있는 220프랑의 돈으로 살 수 있는 가장 좋은 젖소를 사야 한다고 했다.

p.216 우리는 아름다운 갈색 젖소를 샀고, 다시 샤바농을 향해 걷기 시작했다. 샤바농에 도착했을 때, 우리는 바르브랭 어머니께서 여전히 같은 집에서 살고 계시는지 물어보려고 경찰서로 갔다. 정말 기쁘게도, 바르브랭 어머니께서는 같은 곳에서 계속 살고 계시고 제롬 아저씨는 파리로 떠나셨다는 이야기를 들었다.

우리는 바르브랭 어머니께서 살고 계시는 집으로 갔고, 나는 떨리는 손으로 문을 두드렸다.

"누구세요?" 바르브랭 어머니께서 문을 열면서 말씀하셨다.

나는 대답하지 않고 어머니를 빤히 바라보았고 어머니 역시 나를 빤히 쳐다보셨다.

"오, 주여, 내 아들 레미니?" 바르브랭 어머니께서 말씀하셨다.

나는 바르브랭 어머니를 팔로 안았다.

"엄마!"

"내 아들! 내 아들!" 나는 바르브랭 어머니의 눈물을 닦아 드렸다.

p.217 "이제 다 컸구나." 바르브랭 어머니는 나를 팔 길이만큼 거리를 두고 붙드신 상태로 외치셨다. "이제 몸집도 크고 힘도 세구나! 오, 내 아들 레미야! 그런데 저 아이는 누구니?" 바르브랭 어머니께서 마띠아를 가리키며 물어보셨다.

"그 아이의 이름은 마띠아예요." 나는 어머니께 말씀드렸다. "그리고 마띠아는 저에게 형제와 같아요." 바르브랭 어머니께서는 마띠아를 껴안고 나에게 하셨던 것처럼 마띠아에게도 입 맞추어 주셨다.

바로 그때, 젖소가 크게 울기 시작했다.

"젖소구나! 네 젖소니?" 바르브랭 어머니께서 외치셨다.

마띠아와 나는 웃음을 터뜨렸다.

"어머니 것이에요." 내가 큰 소리로 말했다.

바르브랭 어머니께서는 멍한, 깜짝 놀란 태도로 나를 보셨다.

"마띠아가 젖소 값을 지불하는 것을 도와주었어요." 내가 말했다.

"참 예쁜 젖소구나." 바르브랭 어머니께서 큰 소리로 말씀하셨다. **p.218**

"오, 얘들아, 뭐라고 고맙다고 해야 할지 모르겠구나."

내가 바르브랭 어머니께 까뻬를 소개한 후, 우리 모두는 함께 안으로 들어가 저녁을 먹었다.

"네 가족이 너를 찾고 있단다, 레미야." 마띠아가 화장실에 갔을 때 바르브랭 어머니께서 말씀하셨다. "그래서 제롬이 지금 파리에 가 있는 거란다. 제롬이 너를 찾고 있어. 네 부모님들은 또한 매우 부자이신 것 같은데, 그것은 너한테 좋은 소식이지. 너는 대학에 가서 좋은 교육을 받을 수 있을 거야."

바로 그때 마띠아가 돌아왔다. 나는 방금 들은 말을 마띠아에게 전부 해 주었다.

"정말 잘됐다." 마띠아는 말했지만, 그다지 기뻐 보이지는 않았다.

다음날 아침, 바르브랭 어머니께서는 당장 파리로 떠나 나의 진짜 부모님을 찾으라고 나에게 말씀하셨다. 나는 내 부자 부모님을 찾게 되면 더 많은 선물을 가지고 돌아오겠다고 바르브랭 어머니께 말씀드렸다.

"레미야, 가난한 네가 지금 나에게 선물해 준 저 젖소가 네가 부자가 된 후에 나한테 줄 수 있는 어떤 선물보다 훨씬 더 값지단다." 바르브랭 어머니께서 말씀하셨다.

p.219 바르브랭 어머니께 긴 작별 인사를 고한 후에, 마띠아와 까뻬 그리고 나는 다시 길을 떠났다. 파리로 가기 전에 들러야 할 곳이 한 군데 더 있었다. 나는 리즈가 보고 싶었다.

나는 마띠아가 불안해하는 것을 알아챘다. 나는 이유를 알았다. 마띠아는 지금 나의 부자 부모님께서 나를 찾고 계시는 것을 걱정하고 있었다.

나는 마띠아에게 우리 둘 사이에 달라질 것은 하나도 없으며, 내 부모님께서 그가 나와 함께 살도록 해 주실 것이라고 말했다. 마띠아는 여전히 걱정스러워 보였다.

"마띠아, 너는 내 형제야." 내가 마띠아의 손을 잡으며 말했다. "내 부모님께서 네가 나와 머무르게 해 주지 않으신다면, 나는 그분들과 같이 머무르지 않을 거야."

p.220 "고마워, 레미." 마띠아가 미소를 지으며 말했다.

나는 리즈에게 선물을 사 주고 싶었지만 많은 돈을 가지고 있지 않았다. 나는 내가 어머니께 선물해 드린 젖소가 내가 부자가 된 뒤에 드릴 수 있는 그 어떤 것보다도 더 값지다고 바르브랭 어머니께서 말씀하신 것이 기억났다. 나는 리즈도 선물에 대해 같은 생각을 할까 궁금했다. 다음 마을에서 나는 금발 머리에 푸른 눈을 가진 사랑스러운 인형을 샀다.

어느 날씨가 따뜻한 저녁에, 우리는 멀리서 리즈가 사는 집을 보았다. 집 안에서 피운 밝은 난로 불빛으로 창문이 밝혀져 있었다. 내 심장이 빨리 뛰기 시작했다. 우리가 그 집 가까이 다가갔을 때, 난 리즈가 저녁 식탁에서 그녀의 고모 옆자리에 앉아 있는 것을 보았다. 나는 어깨에서 하프를 내려 땅바닥에 두었다.

"그래, 세레나데야." 마띠아가 속삭였다. "아주 좋은 생각이잖아!"

나는 연주하고 노래를 부르고, 리즈를 바라보았다. p.221 리즈는 고개를 들더니 눈을 반짝이며 주위를 둘러보았다. 리즈는 의자에서 뛰어내려와 문밖으로 달려 나왔다. 나는 연주를 멈추고 리즈를 껴안았다. 리즈는 나를 꽉 껴안고 까뜨린 고모께서 밖으로 나오셔서 우리를 안으로 들어오라고 하실 때까지 놓아 주지 않았다. 리즈는 재빠르게 저녁 식탁 위에 접시 두 개를 올려놓았다.

"실례가 안 된다면, 우리에게 접시 하나만 더 놓아 줄 수 있을까?" 내가 말했다. 우리가 작은 친구를 하나 데려왔거든."

나는 가방에서 인형을 꺼내어 리즈 옆의 의자에 놓았다. 나는 리즈의 얼굴 표정을 절대 잊지 못할 것이다.

어머니, 동생들, 그리고 누이들

p.222 나는 리즈의 곁을 떠나고 싶지 않았으나, 우리는 헤어져 우리의

길을 가야 했다. 나는 가능한 한 빨리 돌아오겠다고 리즈에게 말했다.

"내가 네 마리의 말이 이끄는 마차에 너를 태우러 올 거야." 나는 떠나면서 리즈에게 말했다.

p.223 나는 내 부모님을 만나기 위해 몹시 파리에 도착하고 싶어 했다. 마띠아가 없었더라면, 나는 우리의 음식을 위해 절대적으로 필요한 것을 벌기 위해서만 멈추었을 것이었다.

"최대한 많이 벌자." 나에게 억지로 하프를 들게 하면서 마띠아가 말했다. "제롬 아저씨를 곧바로 찾을지 어떨지 모르잖아. 너는 네가 거의 굶어 죽을 뻔했던 시절을 잊은 것 같다."

"오, 그런 적 없어." 내가 말했다. "하지만 제롬 아저씨를 찾는 것은 쉬울 거라고 장담하지."

"네가 교회에 기대어 있는 나를 발견했을 때 내가 얼마나 배가 고팠는지 나는 잊지 않았어." 마띠아가 말했다. "나는 파리에서 절대로 다시 배고프고 싶지 않아."

"우리 부모님께 도착하면 먹을 것들이 많을 거야." 내가 대답했다.

"너는 부자가 되면 아주 게을러질 거야." 마띠아가 말했다.

p.224 우리가 파리에 가까워질수록 나는 더욱 행복해졌다. 그러나 마띠아는 점점 더 우울해졌다. 우리가 파리의 관문에 도착했을 때, 마띠아는 자기가 여전히 가로폴리 씨를 두려워하고 있다고 말했다.

나는 가로폴리 씨에 대해 까맣게 잊고 있었다. 나는 마띠아에게 나 혼자서 제롬 아저씨를 찾아보고, 가로폴리 씨에게 무슨 일이 일어났는지 알아보러 그의 집으로 가 보겠다고 말했다. 나는 노트르담 대성당 밖에서 7시에 나랑 만나자고 말했다.

까삐에게 마띠아를 보호해 달라고 말한 후, 나는 제롬 아저씨에서 바르브랭 어머니께 보낸 마지막 편지에 의거해 그분이 머물고 계시는 깡딸 호텔로 갔다.

깡딸 호텔로 가는 도중 나는 가로폴리 씨에 대해 뭔가 알아낼 수 있을까 싶어서 그의 집으로 갔다.

"가로폴리 씨는 돌아왔나요?" 나는 그 거리에 사는 가로폴리 씨의 이웃 중 한 사람에게 물었다.

"아니, 가로폴리 씨는 감옥에서 석 달을 더 있게 되었어." 그 이웃이 말했다. p.225 이는 마띠아에게 좋은 소식이었다.

나는 곧 깡딸 호텔에 도착했는데, 이 호텔은 형편없는 하숙집에 더 가까워 보였다.

"실례합니다." 나는 접수처에 있는 늙은 아주머니한테 말했다. "제롬 바르브랭 씨가 여기 사시나요?"

"그는 죽었어." 아주머니께서 차갑게 대답하셨다.

"돌아가셨다고요!" 내가 소리쳤다. 나는 어안이 벙벙했다. 이제 어떻게 부모님을 찾으란 말인가?

"네가 그들이 찾고 있는 소년이 분명하구나." 늙은 아주머니께서 말씀하셨다.

"네, 네, 제가 그 소년이에요." 내가 말했다. "제 가족이 어디에 있는지 아세요?"

"아니, 그것이 내가 아는 전부야." 늙은 아주머니께서 말씀하셨다.

나는 늙은 아주머니로부터 아무것도 알아낼 수 없었으므로 몸을 돌려 대성당으로 걸어갔다. p.226 나는 30분 먼저 대성당에 도착했다.

7시가 되기 조금 전에 나는 즐겁게 짖는 소리를 들었고, 그런 다음 그늘 속에서 까삐가 뛰어나왔다. 곧이어 마띠아가 나타났다. 나는 일어난 모든 일과 이제 나한테 가족을 찾을 희망이 얼마나 없는지 마띠아에게 말했다. 마띠아는 내가 필요로 했던 모든 동정심을 보여 주었다. 마띠아는 우리가 내 부모님을 찾기를 나만큼이나 바랐다.

다음날 나는 바르브랭 어머니께 아저씨의 사망에 대한 내 애통한 마음을 표현하기 위해 편지를 썼다. 나는 아저씨가 돌아가시기 전에 그분으로부터 소식을 들은 것이 없었는지 바르브랭 어머니께 여쭤 보았다. 답장에서 바르브랭 어머니께서는 제롬 아저씨께서 자신이 죽을 경우 런던 링컨 광장의 그레스앤갤리 사무소와 연락을 취하라고 했다고 알려 주셨다. 그들은 나를 찾고 있는 변호사들이었다. 마띠아는 우리가 당장 런던으로 떠나야 한다고 제안했고, 나는 열정적으로 찬성했다.

p.227 런던에 도착하기까지는 2주가 걸렸다. 그것은 힘든 여행이었으나, 우리는 매 순간을 즐겼다. 그레스앤갤리 사무소의 문 앞에 도착했을 때는 내 심장이 너무나 빠르게 뛰어서 나는 정신을 차릴 때까지 잠시 기다려 달라고 마띠아에게 부탁해야 했다. 마띠아는 사무원에게 내 이름과 우리가 왜 그곳에 있는지 말했다. 그 사무원은 짧은 신음 소리를 내더니 그 회사의 소장인 그레스 씨의 개인 사무실로 우리를 데리고 갔다.

그레스 씨는 내 삶에 관한 모든 세부사항에 관해 내게 물어보셨다. 나의 대답은 내가 그레스 씨가 찾는 그 소년임을 확신시킨 것 같았다. 그레스 씨는 나에게 런던에 내 가족이 있으며 자신이 나를 즉시 그들에게 데려다 주겠다고 말씀하셨다.

p.228 "네 아버지, 네 어머니, 네 형제자매들이 모두 너를 기다리고 있단다." 그레스 씨가 얼굴에 온화한 표정을 지으며 말씀하셨다.

"오, 네 성은 드리스콜이야." 그레스 씨가 덧붙여 말씀하셨다. "네 아버지의 성함이 존 드리스콜 씨란다."

쓰디쓴 실망

p.229 우리가 나의 가족의 집에 도착했을 때 마띠아와 나는 말문이 막혔다. 그것은 내가 꿈속에서 상상했던 웅장한 저택이 아니라 좁고 진창인 거리에 있는 오래된 더러운 집이었다. 나의 가족에게 소개되었을 때 우리는 더욱 놀랐다. p.230 그들은 더러운 옷을 입고 있었고, 그들 중 아무도 예의범절이라고는 없어 보였다.

"너는 이제 나의 장남이다." 나의 아버지께서 말씀하셨다. "너는 우리가 결혼한 지 2년째 되던 해에 태어났단다. 네가 6개월이었을 때 내가 결혼하고 싶어 했던 한 여자가 우리에게서 너를 훔쳤지. 우리는 네가 죽었다고 생각했어. 3개월 전, 그 여자는 아파서 죽어가고 있었기 때문에 자신이 한 일을 실토했단다. 나는 즉시 프랑스로 건너갔고 샤바농의 경찰은 너에게 일어났던 모든 일을 나에게 말해 주었단다. 나는 제롬 씨에게 약간의 돈을 남기고 일단 너를 찾으면 그레스앤갤리 사무소로 편지를 쓰라고 말했지. 나는 제롬에게 여기 주소를 줄 수 없었어. 우리는 겨울 동안에만 런던에 있기 때문이지. 다른 계절 동안에 우리는 내 포장마차로 잉글랜드와 스코틀랜드를 여행한단다. 우리는 물물 거래로 먹고 사는 보따리장수야. 너는 우리를 이해하지 못하니까 처음에는 조금 낯설 수도 있을 거야. p.231 너는 곧 영어를 배울 것이고 네 동생과 누이들과 대화할 수 있을 거야."

나는 나의 진짜 부모와 내가 꿈꾸어 왔던 부모 사이의 불일치에 충격을 받았다는 것이 부끄러웠다.

"그들이 부유하든 가난하든 귀족이든 평민이든 그것은 중요하지 않아." 나는 혼잣말을 했다. "정말로 중요한 것은 사랑과 애정이야. 사랑할 가족을 가졌다는 것에 나는 감사해야 해."

"저녁 식사를 하자, 얘야." 나의 아버지께서 나와 마띠아에게 말씀하셨다. 아버지께서는 구운 쇠고기를 자르기 시작하셨고 식탁에 앉은 우리들 각자에게 아주 큼직한 조각과 감자를 약간씩 주셨다.

나는 내 형제자매들이 식탁에서 매우 험하게 행동한다는 것을 알아챘다. 그들은 포크와 칼로 먹기보다는 손가락으로 더 자주 먹었다. p.232 그들은 손가락들을 고기국물에 담그고 그것들을 핥았으나, 내 부모님께서는 개의치 않으시는 듯했다.

나는 우리가 불을 둘러싸고 앉아서 함께 저녁을 보내기를 바랐으나, 내 아버지께서는 당신이 친구들을 기다리고 있다고 말씀하셨다. 아버지께서는 마띠아와 나를 우리가 식사를 하고 있었던 방에서 이어져 있는 마구간으로 데리고 가셨다. 마구간에는 두 개의 커다란 포장마차가 있었다. 포장마차 중 한 대에는 두 개의 작은 침대가 위 아래로 있었다.

"여기 있다, 얘들아." 아버지께서 말씀하셨다. "잘 자거라."

참담한 발견

p.233 내 가족과의 생활은 끔찍했다. 그들과 함께 살기 시작한 이후 곧 마띠아와 나는 밤에 어떤 수상한 사업적인 거래가 벌어지고 있다는 것을 알아챘다. 우리는 수상쩍어 보이는 사람들이 거의 매일 집에 도착한다는 것을 알아챘다. p.234 그들은 옷이 가득 담긴 가방을 넘겨주었으며, 나의 아버지께서는 그들에게 돈을 주셨다. 이는 모두 야음을 틈타 이루어졌고, 그들은 항상 감시당하는지 알아보려고 주위를 살폈다.

곧 우리는 나의 부모님께서 훔친 물품들을 거래한다는 것을 알았다. 더욱 나쁜 것은 그들이 나의 형제자매들을 런던의 거리로 내보내서 사람들의 호주머니를 털게 한다는 것이었다. 매일 저녁, 아이들은 얼마나 집에 가져왔는지에 따라 칭찬을 받았다.

어느 날, 나와 마띠아가 까삐를 훈련시키고 있는 동안 나의 아버지께서 오셨다. 아버지께서는 까삐에게 깊은 인상을 받은 듯하셨다.

"정말로 훌륭한 개를 가지고 있구나, 얘야." 아버지께서 나에게 말씀하셨다.

"그렇고말고요." 마띠아가 말했다. "까삐는 자기에게 가르치는 것을 무엇이든 배울 수 있어요. 프랑스에서는 우리가 많은 돈을 벌게 도왔지요."

p.235 다음날 아침, 나의 아버지께서는 까뻬가 내 남동생들인 알렌과 네드와 함께 외출할 것이라고 말씀하셨다.

"하지만 까뻬는 저 말고는 누구의 말도 듣지 않아요." 내가 이의를 제기했다. 나는 내 아버지에서 아마도 몰래 까뻬를 팔려고 하시는 것 같다고 생각했다. 아버지께서는 까뻬가 잘 보살핌을 받을 것이라고 나에게 보장해 주셨고, 까뻬는 알렌과 네드와 함께 현관을 나섰다.

다음 며칠 동안 까뻬는 아침에 내 동생들과 함께 나갔다가 저녁에 돌아왔다. 놀랍게도 까뻬는 그 아이들과 함께 있는 것이 아주 즐거운 듯했으며, 그들도 까뻬를 잘 보살피는 것 같았다.

어느 일요일, 마띠아와 나는 까뻬를 산책시키다가 한 남자의 고함 소리를 들었다.

"도둑이야! 저들을 멈춰 세워 주시오!" 어떤 목소리가 우리 뒤에서 소리쳤다. p.236 우리는 몸을 돌려 어떤 아저씨에서 우리를 가리키며 뛰어오시는 것을 보았다.

"레미! 봐!" 마띠아가 까뻬를 가리키며 말했다. 까뻬는 입에 가방을 하나 물고 있었고, 그것은 우리 중 누구의 것도 아니었다.

"못된 개구나!" 내가 까뻬에게 소리치자 까뻬가 가방을 땅바닥에 떨어뜨렸다. "이제 도망쳐!"

우리 셋은 그 화난 남자가 보이지 않을 때까지 길과 골목 사이를 뛰었다. 나의 가족이 내 어여쁜 개이자 사랑스런 친구인 까뻬를 도둑으로 만든 것이었다!

그날 밤, 마띠아와 나는 잠을 이룰 수 없었다.

"있잖아, 레미, 나를 신경 쓰이게 만드는 무엇인가가 있어." 마띠아가 침묵을 깨고 말했다.

"그것이 무엇인데?"

"드리스콜 가족이 네 가족이 아닌 것 같은 느낌이 들어."

"왜 그렇게 말하는 거니?" 내가 물었다.

"너는 그들과 전혀 닮지 않았어." 마띠아가 낮은 소리로 말했다. p.237 "그들은 모두 살결이 희지만, 너는 까무잡잡하지. 네 얼굴의 생김새도 전혀 비슷한 구석이 없어. 내 생각에 네가 네 아버지라고 믿고 있는 존 드리스콜 씨는 네가 아기였을 때 너를 훔쳤을지도 몰라."

"하지만 아버지께서는 나에 관해 모든 것을 알고 계셔." 내가 말했다.

"그리고 아버지께서 나를 훔쳤다고 할지라도, 밝혀낼 방법이 없잖아."

"나에게 생각이 있어." 잠시 생각한 후에 마띠아가 말했다. "바르브랭 어머니께 편지를 써서 제롬 아저씨께서 너를 발견하셨을 당시에 네가 입고 있었던 옷에 대해 묘사해 달라고 부탁하자. 그런 다음 우리는 존 드리스콜 씨에게 네가 없어졌을 때 입고 있던 옷에 대해 설명해 달라고 할 거야. 만일 두 묘사가 다르면, 너는 존 드리스콜 씨가 네 아버지가 아니라는 것을 알게 되는 것이지."

p.238 나는 마띠아가 제안한 대로 했으며, 일주일 후에 우리는 바르브랭 어머니로부터 답장을 받았다. 답장에는 다음과 같이 적혀 있었다.

"나의 사랑하는 레미야. 너의 상황에 대해 놀랍기도 하고 유감스럽기도 하구나. 제롬이 나에게 말해 주었던 것과 또한 네가 발견되었을 때 입고 있던 옷에서 나는 내가 아주 부자인 가족의 일원이었다고 생각했단다. 나는 아직도 네가 발견되었을 때 입고 있었던 옷을 가지고 있단다. 너는 영국 아기들처럼 긴 유아복과 속치마를 입고 있었다. 너는 흰색 플란넬 유아복과 아주 세련된 아마포 유아복, 흰색 비단이 안감으로 덧대어지고 아름답고 하얀 자수 장식이 가장자리에 달린 흰색의 큼지막한 캐시미어 외투를 입고 있었고, 레이스가 달린 예쁜 보닛 모자를 쓰고 있었단다. 또한 작은 비단 장미 매듭이 달려 있는 양모 양말을 신고 있었어. 이상하게도 너의 작은 플란넬 조끼와 플란넬 유아복에서 작은 부분들이 잘려나가 있었단다. 내 걱정은 말거라, 얘야. p.239 네가 약속한 그 모든 멋진 선물들은 내게 필요 없단다. 네가 나에게 준 젖소가 내가 필요한 전부란다. 젖소가 아직 건강하고 나에게 많은 양의 우유를 준다고 말하게 되어 기쁘구나. 젖소를 볼 때마다 나는 너와 네 꼬마 친구 마띠아를 생각한단다. 그럼 잘 있으렴, 사랑하는 레미야. 그리고 또 편지 하거라."

"바르브랭 어머니는 좋은 분이셔." 마띠아가 말했다. "나까지 생각해 주시다니! 이제 드리스콜 씨가 뭐라고 말씀하시는지 보자."

"아마 잊어버리셨을 거야." 내가 말했다.

"자기 아이가 유괴되었을 때 입었던 옷을 잊어버리는 사람이 어디 있니? 아이를 찾을 수 있는 것은 오로지 옷을 통해서일 뿐인데."

"아버지께서 뭐라고 하시는지 먼저 들어보기나 하자."

내가 유괴당했던 날에 내가 어떻게 입고 있었는지를 아버지께 여쭤 보기는 어려웠다. p.240 나의 질문에 아버지께서는 내 얼굴을 똑바로 바라보셨다. 아버지께서는 내가 그런 질문을 했기 때문에 매우 화가 나신 듯했다. 그러나 나는 대담하게 아버지를 바라보았다. 나는 내 인생을 통틀어 누군가를 그보다 더 대담하게 바라본 적이 없었다. 그때 아버지께서 미소 지으셨다. 그 웃음에는 무언가 딱딱하고 잔인한 것이 있었지만, 여전히 미소를 띠고 있기는 하셨다.

"우리에게서 네가 유괴되었던 그날 너는 플란넬 유아복과 아마포 유아복을 입고, 레이스가 달린 보닛을 쓰고, 흰색 양모 양말을 신고 있었고, 흰색의 자수 장식 캐시미어 외투를 입고 있었지." 아버지께서 태연하게 말씀하셨다. "네 옷들 중 단 두 벌에만 네 진짜 이름인 프랜시스 드리스콜, 즉 F.D.가 표시되어 있었어. 그렇지만 이 표시는 너를 유괴한 여자에 의해 오려졌단다. 그 여자는 네가 절대로 발견되지 않게 확실히 처리하고 싶었지. 내가 아직도 가지고 있는 너의 출생증명서를 보여주마."

p.241 아버지께서는 서랍 속을 뒤지시더니 곧 나에게 큰 종이 한 장을 보여주셨다.

"괜찮으시다면, 마띠아가 저를 위해 번역해 줄 거예요." 내가 소심하게 말했다.

"물론이지." 나의 아버지께서 대답하셨다.

마띠아는 나의 출생증명서를 번역해 주었다. 그것은 내가 8월 2일 목요일에 태어났고, 나는 존 드리스콜과 그의 아내 마거릿 그레인지의 아들이라고 적혀 있었다.

"더 이상 무슨 증거를 요구할 수 있겠어?" 그날 밤 일단 우리가 포장마차에 들어가자 나는 마띠아에게 말했다.

"그렇다고 쳐도, 보따리장수인 드리스콜 씨가 어떻게 자기 아이에게 레이스가 달린 보닛과 자수로 장식된 외투를 사 줄 수 있지?" 마띠아가 말했다. "나처럼 너도 보따리장수들이 부유하지 않다는 것을 알잖아."

"그들이 보따리장수들이기 때문에 그런 것들을 싸게 살 수 있었는지도 몰라." 내가 말했다.

p.242 "너는 드리스콜 씨의 아이가 아니야." 마띠아가 넌더리를 내며 고개를 흔들면서 말했다. "너는 드리스콜 씨가 훔친 아이야!"

수상한 방문자 그리고 탈출

p.243 봄은 더디게 왔지만 마침내 우리 가족이 런던을 떠날 그날이 돌아왔다.

"이 무시무시한 집을 떠나서 프랑스로 돌아가자." 마띠아가 주장했다. 나는 마띠아에게 내가 머물러야 한다고 말했다. 어쨌든 그들은 내 가족이었다.

p.244 우리가 런던을 떠나기 전날 밤에, 가장 최신 유행의 옷을 차려 입은 키 큰 아저씨 한 분이 그 집으로 오셔서 나의 아버지를 만나기를 청하셨다. 그분들은 조용히 이야기를 나누셨고, 영어로 말씀하고 계셨기 때문에 나는 그분들이 무슨 이야기를 하고 계신지 알아들을 수가 없었다. 그분들이 나에게 가까이 오라고 하셨고 새하얗고 송곳니처럼 뾰족한 치아의 소유자였던 그 아저씨께서는 나에게 건강에 관한 질문을 하셨다. 몇 분 동안 질문을 하신 후에, 그 아저씨께서는 우리에게 조심히 떠나라는 인사를 남기고 가셨다.

나중에, 마띠아는 자신이 내 아버지와 그 낯선 아저씨 사이의 대화를 엿들었다고 나에게 말해 주었다.

"그 아저씨는 네 친구 아서의 삼촌인 제임스 밀리건 씨야. 그 아저씨는 아서가 매우 아프다고 말씀하셨지만, 밀리건 씨는 아서가 살아남을까 봐 걱정하고 계셔. 네 아버지와 밀리건 씨는 밀리건 씨가 그 유산의 유일한 상속자가 될 수 있게 아서가 죽기를 바라는 것 같아!"

p.245 나는 내 가족으로부터 도망쳐 밀리건 부인과 아서를 찾아 그 위험에 대해 그들에게 알려야 한다는 것을 알았다. 그러나 마띠아와 내가 구체적인 계획을 짜내기도 전에 포장마차에는 짐이 실렸고 우리는 런던을 빠져나가고 있었다.

우리가 처음으로 멈춘 곳은 경마장 밖에서 열린 한 시장이었다. 그곳에서 마띠아는 자기 친구 중 한 명을 만났다. 마띠아가 가쏘 곡예단에 있을 때 알게 된 밥이라는 젊은 영국 청년이었다. 나는 밥이 마띠아에게 인사하는 태도로 봐서 밥이 마띠아를 매우 좋아한다는 것을 알 수 있었다. 밥은 금세 나와 까삐도 마음에 들어 했다. 이제 우리는 나이도 많고 힘도 더 센 친구가 생긴 것이었으며, 밥과의 이 우정이 나중에 얼마나 값진 것으로 드러날지 그 당시에 우리는 전혀 알지 못했다.

p.246 마띠아는 밥에게 우리가 내 가족과 제임스 밀리건 씨에 대해 알게 된 모든 것에 대해 말했다.

"너희들은 곤란한 상황에 처해 있는 것 같구나." 밥이 걱정스러운 표정을 지으며 말했다. "그러면 그 밀리건 부인이랑 그분의 아들은 지금 어디에 있는 거니?"

"그들은 아마도 프랑스에 있는 운하들에서 그들의 유람선으로 여행하는 중일 거야." 마띠아가 말했다.

"그렇다면 너희들이 가야 할 곳은 바로 그곳이겠네." 밥이 말했다. "오늘 밤 내가 와서 너희들을 데리고 갈게. 그러니까 잠들면 안 돼. 내가 너희들을 마차로 리틀 햄프턴으로 데려다 줄 거야. 그곳에는 프랑스에 가서 노르망디에서 나오는 버터와 달걀을 가지고 오는 배를 가지고 있는 나의 형이 있어."

"까삐는 어떡하지?" 마띠아와 내가 동시에 물었다.

"걱정 마." 밥이 말했다. "나는 개 도둑들의 속임수를 알아. 그러니까 까삐는 마차에서 너희들 바로 옆 자리에 있을 거라고 보장할게."

p.247 그날 밤, 밥은 약속한 대로 해 주었으며, 어느 사이엔가 마띠아, 까삐 그리고 내가 말이 끌고 있는 마차 안에 있었다.

"잠을 좀 자 둬, 얘들아." 밥이 말했다. "리틀 햄프턴에 도착하면 깨워 줄게."

밥이 우리를 깨웠을 때는 아침이었다. 밥 옆에는 방수모를 쓰고 방수포로 만든 외투를 입은 험상궂게 생긴 한 선원이 있었다.

"이 쪽은 우리 형이야." 밥이 말했다. "우리 형이 너희들을 자기 배로 데려다 줄 거야. 그럼 몸조심해, 내 꼬마 친구들아."

유람선을 찾아서

p.248 우리가 프랑스에 도착해 처음으로 한 일은 지도를 사서 리즈의 집으로 이어지는 운하를 따라가는 최단 경로를 알아내는 일이었다. 우리가 그 집에 도착했을 때, 한 아주머니가 문가에 서 계셨다. 우리는 전에 그 아주머니를 한 번도 본 적이 없었다.

"쉬리오 부인이 어디 계신지 아시나요?" 우리가 물었다. p.249 그것은 리즈의 고모의 성함이었다.

"쉬리오 부인은 더 이상 여기 살지 않아." 그 아주머니께서 말씀하셨다. "그 부인은 이집트에 있단다."

"쉬리오 부인이 이집트에 계시다고요?" 마띠아와 나는 놀라서 서로를 빤히 쳐다보았다.

"그러면 리즈는요?" 나는 필사적으로 물었다. "리즈도 그녀의 고모와 함께 이집트로 갔나요?"

"그 말 못하는 어린 소녀 말이냐?" 아주머니께서 대답하셨다. "아니. 그 애는 어느 영국인 부인과 함께 유람선을 타고 떠났단다."

리즈가 유람선에 타고 있다니! 우리는 꿈을 꾸고 있던 것일까?

"네가 레미니?" 아주머니께서 물어보셨다.

"네."

"리즈가 너에게 이 편지를 남겼다." 아주머니께서는 나에게 봉투 하나를 건네셨다. 나의 꼬마 리즈가 글 쓰는 법을 배웠던 것이다! 편지에는 이렇게 쓰여 있었다.

"그리운 레미. 내 고모부께서 지난주에 운하에서 익사하셨어. p.250 내 고모는 고모 친구 분 가족과 함께 그 댁 아이들의 보모로 일하시려고 이집트로 가겠다고 결심하셨어. 고모는 나를 함께 데리고 가실지 말실지 결정하지 못하셨어. 그런데 어제, 어떤 아름다운 영국인 부인과 그녀의 병든 아들이 여객선을 타고 운하를 따라 온 거야. 우리의 사정에 대해 들으시더니, 그 부인께서는 나를 자기 아들의 친구가 될 수 있게 당신들과 함께 데리고 가겠다고 제안하셨어. 나는 내일 여객선을 탈 것이고, 우리는 스위스로 갈 거야. 가능하면 최대한 빨리 방금 막 너한테 이 편지를 전해 준 아주머니께 보내는 편지로 스위스 주소를 네게 보내도록 할게. 리즈."

진짜 어머니를 찾아서

p.251 그 어느 때보다도 더 열정적이었던 우리의 공연은 우리에게 스위스로 신속하게 갈 수 있는 충분한 돈을 벌게 해 주었다. 일단 스위스로 간 뒤에 우리는 베베라는 마을로 갔는데, 그곳은 영국인들 사이에서 유명한 휴양지였다.

p.252 우리는 나의 나폴리 노래를 연주하고 노래하며 모든 거리를 지나 다녔다. 어느 오후에, 우리는 정원 뒤편에 서 있는 한 별장 앞의 도로 한가운데서 노래하고 있었다. 별장 앞에는 벽돌로 만든 담이 있었다. 갑자기 우리에게 힘없는 이상한 목소리로 노래하는 소리가 들렸다. 누구일까? 그것은 정말 이상한 목소리였다!

"레미!" 힘없는 목소리가 불렀다.

"누구야?" 나는 물었다.

"나야." 리즈가 정원에서 우리를 향해 달려오며 대답했다. 리즈가 말을 하고 노래하고 있는 것이었다!

많은 의사들이 예전에 리즈가 언젠가는 말을 다시 할 수 있게 될지도 모른다고 말했었다. 나중에 우리는 리즈가 내 목소리를 들었을 때 느꼈던 격렬한 감정의 충격이 리즈의 말할 수 있는 능력을 자유롭게 풀어 주었다는 것을 알았다.

"밀리건 부인은 어디 계시니?" 나는 흥분해서 말했다. "그리고 아서는?"

p.253 리즈는 나를 정원 안으로 데려갔다. 밀리건 부인께서 나에게 달려와 두 팔로 나를 껴안고 애정을 담아 내 뺨에 입을 맞추어 주셨다.

"정말 가엾은 아이로구나." 밀리건 부인께서 내 옷 상태를 보며 말씀하셨다. "어떻게 하다 여기에 온 거니? 우리를 찾으러 스위스까지 이 먼 길을 온 거니?"

내가 밀리건 부인을 마지막으로 본 이후로 지금까지 일어났던 모든 일들을 밀리건 부인께 계속 말씀드렸다. 그러는 동안 내내 아서는 내 손을 꼭 붙잡고 있었다.

내가 이야기를 다 끝마쳤을 때, 밀리건 부인은 울기 시작하셨으며 내 평생에 내가 안겨 본 어떤 포옹보다도 더 세게 나를 꽉 끌어안으셨다. 밀리건 부인께서는 마띠아와 내가 당신의 별장에 머물러도 된다고 말씀하시며 우리를 안으로 데리고 들어가셨다.

이후 며칠 동안 밀리건 부인께서는 매우 분주해 보이셨다. 심부름꾼들이 별장을 들락날락거렸고 닷새째 되던 날, 재단사 아저씨께서 오셔서 나와 마띠아에게 매우 값 비싸고 좋은 옷을 만들어 주셨다. p.254 그날 저녁에, 문을 두드리는 소리가 들렸다.

"레미야, 가서 문 좀 열어주겠니?" 밀리건 부인께서 말씀하셨다.

기쁘게도, 내가 문을 열었을 때, 나는 바르브랭 어머니께서 내 앞에 서 계시는 것을 보았다. 바르브랭 어머니의 팔에는 아기 옷 몇 벌, 흰색 캐시미어 외투, 레이스가 달린 보닛 모자, 양모 양말이 들려 있었다.

"자, 이제 우리도 준비를 하자." 밀리건 부인께서 말씀하셨다. "아서의 삼촌인 제임스 밀리건도 곧 이곳에 오실 거다."

모든 일이 너무 빠르게 일어나고 있었으며, 내가 무슨 말을 할 기회를 갖기도 전에, 제임스 밀리건 씨가 도착하셨다. 나를 보았을 때 제임스 밀리건 씨의 얼굴이 창백해졌다.

"이것이 무슨 의미지요?" 제임스 밀리건 씨가 물어보셨다.

"제가 마침내 찾은 제 장남을 소개해 드리려고 서방님 보고 오늘 이곳에 와 달라고 부탁드렸어요." 밀리건 부인께서 목소리를 떨며 말씀하셨다. p.255 "하지만 서방님은 이미 이 아이를 보신 적이 있지요, 그렇지 않나요? 서방님께서는 이 아이를 훔쳐간 그 남자의 집에서 이 아이를 보셨지요. 그때 이 아이의 건강 상태에 관해 알아보러 그곳에 가셨던 거잖아요."

"형수님께서 무슨 말씀을 하시는 건지 모르겠는데요." 제임스 밀리건 씨가 말씀하셨다.

"이제 다 끝났어요, 제임스." 밀리건 부인께서 말씀하셨다. "내 아들을 길러 주신 이 마음씨 고운 부인께서 나에게 증거물을 가지고 오셨어요. 보세요! 이것들은 내 아들이 유괴되었던 날 입고 있던 옷들이에요. 그리고 존 드리스콜 씨는 지난주에 절도죄로 체포되었고, 모든 사실을 털어놓았어요."

제임스 밀리건 씨는 마치 우리를 죽이고 싶다는 듯 우리를 바라보시더니 휙 뒤돌아서셨다. 문지방에서 제임스 씨는 다시 돌아서셨다.

p.256 "판사가 이 아이의 이야기를 어떻게 생각할지 알아봅시다."

이제 내가 나의 어머니라고 할 수 있는 나의 어머니께서는 밀리건 씨의 얼굴을 빤히 보았다.

"나는 그 문제를 직접 법원으로 가져갈 수도 있었지만 그렇게 하지 않았어요. 서방님이 제 남편이 동생이시기 때문이죠."

그 말에 제임스 씨의 얼굴은 더욱 창백해졌다. 한 마디 말도 없이, 제임스 씨는 돌아서서 자신의 말에 올라타고 도망가 버렸다.

난생 처음으로 나는 나의 어머니께 입 맞추었고 어머니도 나에게 입 맞추어 주셨다.

"내가 비밀을 지켰다고 네 어머니께 말해 줄래?" 마띠아가 우리에게 달려 나오며 말했다.

"너는 알았어?" 내가 물었다.

"내가 마띠아에게 이 모든 것을 너에게 말하지 말라고 말했단다. 네가 나의 아들이라는 것은 믿었지만, 확실한 증거를 확보해야 했고, 바르브랭 부인께 옷을 가지고 이곳에 오시도록 해야 했거든." 나의 어머니께서 말씀하셨다. "만일 결국에 우리가 실수했다고 하게 된다면 우리가 얼마나 불행했겠니? p.257 우리에게는 이 증거품들이 있고 우리가 다시 헤어지는 일은 없을 거야. 엄마랑 네 동생 아서랑 함께 살고 싶지 않니?" 그런 다음 어머니께서는 마띠아와 리즈를 가리키셨다. "그리고 물론, 네가 가난했을 때 너를 사랑해 준 사람들과도 함께 말이야."

꿈이 이루어지다

p.258 내가 나의 가족과 재회한 지도 몇 년이 흘렀다. 나는 지금 내 선조들의 집, 밀리건 공원에 있는 한 유서 깊은 성에서 산다.

내 아내와 나는 막 우리의 첫 아이를 얻었다. 내 소중한 친구 마띠아의 이름을 따서 이름을 지어 준 잘생긴 사내아이다. 내 아름다운 부인 리즈는 우리 아들의 탄생을 축하하려고 우리가 힘들었던 시절의 모든 친구들을 초대했다.

p.259 나의 어머니께서 내 동생의 팔에 기대어 여기로 오고 계시다. 내 어머니를 부양하고 있는 사람은 이제 그 아들이다. 왜냐하면 우리 어머니가 점점 쇠약해진 반면 아서는 이제 몸집이 크고 힘이 세졌다. 내 어머니보다 몇 걸음 뒤에서 한 늙은 프랑스 여인이 흰색 외투를 입힌 작은 아기를 안고 오고 계시다. 사랑하는 바르브랭 어머니이며, 그 작은 아기는 내 아들 마띠아다.

마띠아는 에스삐나수 아저씨께서 말씀하셨던 대로 위대한 음악가가 되었다. 마띠아는 비엔나에서 일련의 성공적인 음악회를 막 마친 상태였으며, 지금 마띠아도 이곳으로 오고 있는 중이다.

하나둘씩 우리 손님들이 도착한다. 오래 전에 내게 아버지 같은 인물이셨던 삐에르 아저씨께서 오셨다. 이제 삐에르 아저씨는 나의 장인이시다. 까뜨린 고모님과 에띠엔느도 왔다. p.260 식물 탐험에서 막 돌아온 햇볕에 탄 젊은이도 있다. 그는 유명한 식물학자인 벵자맹 아깽이다. 그의 뒤에 한 청년과 노인 한 분이 오고 있다. 바르스에서 온 늙은 교수님과 알렉시스이다. 말쑥하게 보이는 남자가 끄는 마차 한 대가 도착하고 있다. 억세 보이는 선원 한 명이 그 남자 옆에 앉아 있다. 고삐를 쥐고 있던 그 신사는 밥인데 그는 이제 매우 성공한 상태이고, 그의 옆에 있는 남자는 내가 영국에서 탈출하도록 도와준 밥의 형이다. 마침내 나의 가장 소중한 친구이자 내 아들의 대부인 마띠아가 도착한다. 우리는 팔을 벌려 서로를 껴안고 큰 소리로 웃는다. 비탈리스 할아버지만 이곳에 우리와 함께 계실 수 있다면! 친절하고 착한 비탈리스 할아버지. 나는 결코 비탈리스 할아버지를 잊지 못할 것이다.

축하연이 끝났을 때, 마띠아는 나를 창문 쪽 한옆으로 끌고 간다.

"우리는 그동안 아무 상관도 없는 사람들을 위해 수없이 연주해 왔잖아." 마띠아가 말한다. "이제 우리가 사랑하는 사람들을 위해 연주를 해 보는 것이 어때?"

p.261 "너에게는 음악 없이는 즐거움도 없구나, 그렇지?" 내가 웃으며 말한다.

나는 아름다운 벨벳 천으로 안감이 대어진 상자 하나를 가져온다. 그 상자 안에는 우리의 오래된 악기가 들어 있다. 그것들은 합쳐서 단돈 1프랑에도 안 팔릴 물건이지만, 우리에게 있어서 그것들은 세상의 보물보다 더 가치 있다.

"네가 너의 나폴리 노래를 불러 줄래?" 마띠아가 부탁한다.

"그래." 나는 대답한다. "그 노래가 리즈에게 자기 목소리를 돌려주었지."

우리 손님들이 우리 주위로 모여든다. 개 한 마리가 천천히 앞쪽으로 다가온다. 까삐는 이제 매우 늙었고 귀가 안 들리지만, 시력은 여전히 좋다. 까삐는 입에 받침 접시를 물고 있다. 까삐는 뒷다리로 걸으려고 애쓰지만 충분한 힘이 없다. p.262 까삐는 한숨을 내쉬며 자리에 앉아 관객들에게 인사한다.

우리의 노래가 끝나고 까삐는 있는 힘을 다하여 자리에서 일어나 동전을 모으러 돌아다닌다. 까삐가 지금까지 모았던 돈 중 가장 큰 돈이다. 접시 안에는 금화와 은화들밖에 없다. 적어도 200프랑은 모인 것이 분명하다.

나는 내가 어린 시절에 하던 대로 까삐의 차가운 코에 입을 맞춘다. 내 불행한 어린 시절의 기억들이 물밀듯 밀려오고, 나는 좋은 생각이 난다. 나는 손님들에게 모인 돈이 거리의 어린 음악가들을 위한 기관을 설립하는 데 사용될 것이라고 알려준다. 나의 어머니와 내 아내가 모자라는 돈을 기부하겠다고 제안한다.

"친애하는 부인, 이 훌륭한 자선 단체에 제가 조그만 역할이라도 하게 해 주세요." 마띠아가 몸을 숙여 내 어머니의 손에 입을 맞추며 말한다. "런던에서 열리는 제 첫 음악회의 모든 공연 수익이 까삐가 모은 금액에 보태질 것입니다."

p.263 그리고 까삐가 그 말에 동의하며 짖는다.